Guido Adler
Methode der Musikgeschichte

Adler, Guido: Methode der Musikgeschichte
Hamburg, SEVERUS Verlag 2012
Nachdruck der Originalausgabe von 1919

ISBN: 978-3-86347-260-3
Druck: SEVERUS Verlag, Hamburg, 2012

Der SEVERUS Verlag ist ein Imprint der Diplomica Verlag GmbH.

Bibliografische Information der Deutschen Nationalbibliothek:
Die Deutsche Nationalbibliothek verzeichnet diese Publikation in der Deutschen Nationalbibliografie; detaillierte bibliografische Daten sind im Internet über http://dnb.d-nb.de abrufbar.

© **SEVERUS Verlag**
http://www.severus-verlag.de, Hamburg 2012
Printed in Germany
Alle Rechte vorbehalten.

Der SEVERUS Verlag übernimmt keine juristische Verantwortung oder irgendeine Haftung für evtl. fehlerhafte Angaben und deren Folgen.

SEVERUS

METHODE
DER
MUSIKGESCHICHTE

VON

Dr. GUIDO ADLER
O. Ö. PROFESSOR AN DER WIENER UNIVERSITÄT

Inhaltsverzeichnis.

	Seite
Vorwort	III
Einleitung	1

A. Allgemeiner Teil.
    I. Stoff und Aufgabe der Musikgeschichte 6
    II. Grenzen und Einteilung der Musikgeschichte 16
    III. Problemstellung 21
    IV. Das Problem der Notwendigkeit 27
    V. Vorfragen und Analogien der musikhistorischen Methode . 35
    VI. Quellen der Musikgeschichte 55
    VII. Hilfsgebiete und Hilfswissenschaften 94

B. Stilkritik.
    I. Grundlage und Begründung 110
    II. Ausübung 128
    III. Zeitbestimmung 146
    IV. Ortsbestimmung 152
    V. Autorbestimmung 166
    VI. Zusammenhänge und Gegensätze in entwicklungsgeschichtlicher Betrachtung 182

Schlußbetrachtungen 192
Anhang: Verzeichnis von bibliographischen Hilfswerken für musikhistorische Arbeiten 200

Vorwort.

Die Gründe, die mich bestimmten, das vorliegende Buch über »Methode der Musikgeschichte« dem 2. Bande meines »Stil in der Musik« vorangehen zu lassen, ergeben sich mit Notwendigkeit aus dem Inhalt des ersteren. Es bedarf noch eingehender Untersuchungen, die ein einzelner kaum zu leisten imstande ist, um ein meinen Anforderungen halbwegs entsprechendes Buch über »musikalische Stilperioden«, das eben den 2. Teil meines »Stil« bilden soll, auszuarbeiten. Die in der »Methode« erhobenen Ansprüche rechtfertigen meine Zurückhaltung, die mir um so schwerer fällt, da bereits ein Teil der »Stilperioden« in Druck (auf Fahnen) gesetzt ist. Wenngleich ich die Materie zu beherrschen glaube, so bleibt für die von mir ins Auge gefaßten, auch nur elementaren Erfordernisse noch so viel unerforscht, daß Fehlschläge selbst allgemeiner Art vorläufig unvermeidlich erscheinen. Dazu kommt noch ein Umstand: Unsere musikhistorische Arbeit war in einer Stromschnelle begriffen, als der Weltkrieg begann. Dann traten Stockungen ein, die besonders durch die Ausschaltung des internationalen Verkehres hervorgerufen wurden. Die deutsche Wissenschaft hat von jeher das Bestreben gehabt, den Kulturerscheinungen aller Staaten und Völker volle Gerechtigkeit widerfahren zu lassen. Die eingetretenen Hemmungen wirkten auch auf die Ausreifung der »Stilperioden« lähmend. Die Schwierigkeiten werden hoffentlich behoben werden, sobald der allgemeine Friedenszustand eingetreten und der Kontakt auf allen Seiten wieder hergestellt sein wird. Was mich sonst noch zur Fertigstellung und Veröffentlichung des vorliegenden Buches bestimmte, wird in der Einleitung erzählt. Die lange gehegte Absicht mußte endlich ausgeführt, meine Erfahrungen des Lehrbetriebes mußten einheitlich gefaßt werden. Schwer versagte ich mir, mehr Einzelfälle zu bringen, Beispiele ausführlich zu erörtern oder mit Notenbeispielen zu belegen. Die Ausführung und Begründung dieser Exemplifikationen hätte einen vielfachen Umfang des Buches in Anspruch genommen, was besonders heute nicht zeitgemäß ist. Die sachgemäße Durchführung dieser Methode wird sich wohl zur allgemeinen Geltung emporringen und dann werden sich die »Einzelfälle« zur erwünschten lückenlosen Aneinanderreihung zusammenschließen. Dies kann die Arbeit mehrerer Forschergenerationen beanspruchen — wer weiß, ob sie zum vollen Abschluß gebracht werden kann, denn Wissenschaft ist unbegrenzt.

Die Überführung und Einrichtung dieser Methode auf die anderen Gebiete der Musikwissenschaft bedarf eigener Untersuchung. Für diese Zwecke wird besonders der erste (allgemeine) Teil dieses Buches herangezogen werden müssen. Arbeit auf allen Seiten und Anregungen für unabsehbare Zeit!

Wien, November 1918.

Guido Adler.

Einleitung.

Als ich vor dreiunddreißig Jahren den die »Vierteljahrsschrift für Musikwissenschaft« einleitenden Aufsatz über »Umfang, Methode und Ziel der Musikwissenschaft« schrieb, widmete ich der Besprechung der Methode nur wenige Zeilen und verwies eine nähere Auseinandersetzung auf die Zukunft. Die Aufgaben der neu erstandenen Musikwissenschaft mehrten sich, besonders die Herausgabe von »Denkmälern der Tonkunst« nahm und nimmt einen beträchtlichen Teil unserer Arbeit in Anspruch. Von allen Seiten wurden Bausteine für das neue Gebäude der Musikwissenschaft herbeigetragen und jeder richtete sich so gut ein, als er konnte. Verschiedene Forscherschulen und Einzelforscher verfolgten in eigener Art und in gegenseitigem Austausch das Ziel, das uns vorschwebte. Man ging mehr oder weniger empirisch vor und lehnte sich dort und da an die Arbeitsart anderer Wissenschaften an, ohne zu einer eigenen, selbständigen Methode vorzudringen. In meinem Buch über den »Stil in der Musik« suchte ich das Zentrum unserer Betrachtungen und Forschungen zu fassen, die Kriterien, Prinzipien und Arten des musikalischen Stils klarzulegen. Als ich zur Ausarbeitung des zweiten Bandes meines »Stil in der Musik«, der die historischen Stilperioden behandeln soll, mich rüstete — der erste Band kann allerdings für sich bestehen — gewahrte ich von neuem die Unsicherheit der methodischen Behandlung in der Musikgeschichtsforschung, die mir gewisse unentbehrliche Behelfe, die ein Einzelner herbeizuschaffen außerstande ist, zur Verfügung stellen sollte. So entschloß ich mich, mein Versprechen, die Methode einer Untersuchung zu unterziehen, endlich einzulösen. Das Ergebnis meiner Erfahrungen und Studien lege ich hiermit als einen Versuch vor, in diese Materie Licht zu bringen, aus der schier unübersehbaren Menge der Behandlungsarten, wie sie in der musikhistorischen Forschung angewendet werden, eine richtunggebende Linie ausfindig zu machen, aus den Gängen und Irrgängen der Forscherspuren einen Weg zu bezeichnen, der gangbar, rascher und sicherer zum Ziele führen könnte. Bei aller mir möglichen Selbständigkeit meiner Untersuchungen und Ausfindigmachung der von mir gewonnenen Resultate war ich wie natürlich bestrebt, einerseits mit methodischen Verfahren Fühlung zu nehmen, die gelegentlich von einem oder dem anderen namhaften Musikforscher bei diesem oder jenem Stoffe gehandhabt wurde, andererseits suchte ich durch Analogien mit der vorgeschrittenen Methode der Historiker und mit der mählich vorangehenden Methode der Kunsthistoriker (der bildenden Künste) Anhaltspunkte zu gewinnen. Mein Hauptbestreben ist darauf gerichtet, die Eigenart unserer Wissenschaft in Rücksicht zu ziehen und ihre methodischen Bedürfnisse zu befriedigen. Ich will mich vorzüglich auf die Untersuchung der Methode der Musikgeschichte beschränken, ohne den Gesamtumfang unserer Wissenschaft, wie ich ihn in dem beregten Aufsatze aufgestellt habe und wie er bis auf den heutigen Tag wohl allgemein anerkannt ist, außer acht zu lassen. Die Begründung dieses Standpunktes wird sich aus den Untersuchungen selbst ergeben, besonders bei der Auseinandersetzung der spezifischen Aufgaben der Musikgeschichte gegenüber denen der übrigen Zweige der Musikwissenschaft.

Es sei mir gestattet, von vornherein zu bemerken, daß ich mit diesen Aufstellungen nicht eine Schablone, eine methodische Zwangsjacke schaffen, sondern nur Maßnahmen treffen will, deren Handhabung den einzelnen Forscher nicht knebeln, ihm vielmehr die Freiheit der Bewegung auf dem Forschungsgebiete sichern soll. Die Individualität des Forschers kann und soll so gewahrt bleiben, wie die des Schaffenden auf dem Gebiete der Kunst. Allerdings ist auf der wissenschaftlichen Arena der Vorgang des Einzelnen mehr determiniert, als auf künstlerischem Boden die Tätigkeit des Produzierenden, besonders des Genies. Der Reiz der Persönlichkeit soll gewahrt und zur Geltung gebracht werden. Jedoch, wie jeder Künstler es als eine Wohltat empfinden wird, wenn seine Kraft geschult ist, so gilt dies in gleichem, wohl noch in höherem Maße von der Arbeit des Forschers.

Die Fachbildung verlangt einerseits Beschränkung und Konzentrierung, andererseits darf sie den Zusammenhang mit dem Gesamtwissen nicht aufgeben. Jede Wissenschaft hat sich in Relation zu setzen mit Fächern, die ihr mehr oder weniger nahe stehen, abgesehen davon, ob diese geradezu als ihre Hilfsfächer anzusehen sind. Das akademische Studium hat neben der Beschaffung aller szientifischen Mittel für den Verfolg der Forschungsarbeiten vor allem auch für die richtige Handhabung dieser Mittel zu sorgen und dies geschieht durch die Aneignung der Methode. Es hat zunächst für die Ergänzung der Vorkenntnisse, wie sie die Mittelschule übermittelt, Sorge zu tragen, bei der Musikgeschichte vor allem für die Aneignung der satztechnischen Handhabung der Musik — ich sage ausdrücklich so und nicht der »Satzkunst«, weil ich nicht den Schein erwecken will, als ob auf der Universität rein künstlerische Produktion geschult werden soll, wenngleich sie durch musikhistorische Studien vertieft und geläutert wird. Der Wert musikwissenschaftlicher Arbeit wird in dem Maße gehoben und gesteigert, als die kunsttechnische Ausbildung des Musikhistorikers mehr oder weniger vorgeschritten ist. Ein gewisses Maß tonsetzerischer Übung und technischer Einsicht sollte von allen gefordert werden, die in ersprießlicher Weise musikhistorisch tätig sein wollen. Das Schwergewicht liegt aber in dem richtigen methodischen Verfahren. Und da kann auch der Besuch von Instituten für andere wissenschaftliche Fächer förderlich sein, so von historischen und philologischen. So manch einer hat durch die freie Übertragung der dort gewonnenen methodischen Handhabung auf sein Fachgebiet Erkleckliches geleistet. Ich erinnere an Otto Jahn, den Archäologen, und an Philipp Spitta, der von der altklassischen Philologie in sein Fach eindrang. Für die methodische Behandlung der musikgeschichtlichen Themen zogen sie von ihrer Schulung relativ größeren Nutzen, als etwa die zahlreichen Juristen, die sich musikhistorisch mit mehr oder weniger Erfolg betätigten, von ihrer formalen Vorbildung.

Es ist nur bedauerlich, daß sich die Geschichtsforschung bisher fast gar nicht um die Musikgeschichte gekümmert hat (von den modernen »kulturhistorischen« Bestrebungen soll noch die Rede sein), während sie die Kunstgeschichte zu ihren engeren Alliierten zählt und die Tatsachen der Kunstgeschichte als wichtiges Quellenmaterial mit heranzieht. Wir wollen ihr das nicht entgelten, ebensowenig wie der Literaturgeschichte. Wenngleich heute die Musikgeschichte als selbständige Wissenschaft die akademische Anerkennung, das volle akademische Bürgerrecht errungen hat — nach vielen schweren Kämpfen — so könnte es noch scheinen und für möglich gehalten werden, daß ein musikalisch gebildeter Historiker auf dem Gebiete der Musikgeschichte heute fast gleich erkleckliche Leistungen aufzuweisen imstande wäre, wie ein historisch geschulter Musikforscher, der mit seinen eigenen methodischen Mitteln ausgestattet ist. Dem ist nicht so. Nehmen wir ein Beispiel: Ein Historiker, der auch Kunsthistoriker ist, macht eine Spezialuntersuchung über die Echtheit des Mozartschen Requiems, über die echten Teile und die nach Mozarts Tode vorgenommenen Ergänzungen. Er bekennt sich ausdrücklich zu der zu diesem Behufe angewendeten Methode eines Instituts für Geschichtsforschung, die sicherlich auf der Höhe gegenwärtiger Geschichtsforschung stehen dürfte. Papier- und Handschriftenuntersuchung sind exakt, allein die Feststellung der inneren Kriterien, die ja auch von der Geschichtsmethode verlangt wird, läßt völlig im Stich, da eben die musikalisch-stilkritischen Momente spezifischer Art sind, die von der allgemeinen historischen Forschung nicht erkannt sind. Dies zu bestimmen ist einzig möglich durch die Untersuchung, die streng musikhistorisch zu führen ist. So bleibt gerade das Wichtige, Hauptbestimmende, Ausschlaggebende aus. Es wäre ja möglich, daß der Ergänzer des Kunstwerkes die Ergänzungen aus einer zweiten handschriftlichen Vorlage eingetragen haben könnte, wogegen in dem Falle des Requiems von Mozart unwiderlegliche äußere Gründe sprechen, die aber auch hier durch die schwerwiegenden inneren Gründe gestützt werden müssen. Diese letzteren bilden selbst in diesem Falle die unentbehrliche Ergänzung der äußeren, äußerlichen Momente — wenn das Resultat musikhistorisch unanfechtbar sein soll. Und dies müßte es sein. Demgemäß wird es Aufgabe dieser Feststellungen über musikhistorische Methodik sein, den Nachweis und die Klarlegung darüber zu erbringen, daß das Hauptsächliche, der Zentralpunkt der musikhistorischen Arbeit in der umfassenden und eindringenden Schulung zur Stilkritik und Stilvergleichung gelegen ist. Die Zukunft unserer Wissenschaft liegt wohl ausschließlich in den Händen der fachlich geschulten Forscher, wenn auch andere einzelne Bausteine herbeitragen werden, die wieder nur von Fachmännern nach eingehender Prüfung in das Gesamtgebäude unserer Wissenschaft eingefügt werden können.

A. Allgemeiner Teil.

I. Stoff und Aufgabe der Musikgeschichte.

1. Das Gesamtgebiet der Musikwissenschaft wird umgrenzt einerseits von den historisch-philologischen, andererseits von den mathematisch-physikalischen Wissenschaften, wie dies etwa bei der Geographie und anderen Wissenschaften der Fall ist. Die Hilfsgebiete, die Hilfswissenschaften sind demnach auf beiden genannten Territorien zu suchen. Ich darf auf die Auseinandersetzungen und die tabellarische Übersicht, wie ich sie in dem Essay »Umfang, Methode und Ziel der Musikwissenschaft« aufstellte, hinweisen und erwähnen, daß ich in einen systematischen und einen historischen Teil schied. Über die dort aufgestellte Einteilung des systematischen Teiles nach den »in den einzelnen Zweigen der Tonkunst zu höchst stehenden Gesetzen« wird eine Nachprüfung in dem Sinne vorzunehmen sein, ob das Einteilungsprinzip völlig zurecht erhalten werden soll oder muß. Es wird Begriff und Wesen des Gesetzes und der Gesetzmäßigkeit in ihrer Bedeutung für die Musikgeschichte, um deren Methode es sich hier handelt, einer neuerlichen Erörterung unterzogen werden, zumal seit jener Untersuchung sich sogar in der Naturwissenschaft ein Wandel und mannigfache Differenzen in der Erfassung dieses Begriffes und seiner Anwendbarkeit eingestellt haben. Es sei mir gestattet, den Grundriß meines Systemes der Musikwissenschaft knapp zu wiederholen:

I. Stoff und Aufgabe der Musikgeschichte. 7

I. Historisch (Geschichte der Musik nach Epochen, Völkern, Reichen, Ländern, Gauen, Städten, Schulen, Künstlern).
   A. Musikalische Palaeographie (Semeiographie) (Notationen).
   B. Historische Grundklassen (Gruppierung der musikalischen Formen).
   C. Gesetze:
      1. wie sie in den Kunstwerken je einer Epoche vorliegen,
      2. wie sie von den Theoretikern der betreffenden Zeit gefaßt und gelehrt werden,
      3. wie sie in der Kunstausübung hervortreten.
   D. Musikalische Instrumente.
II. Systematisch (Aufstellung der in den einzelnen Zweigen der Tonkunst zu höchst stehenden Gesetze).
   A. Erforschung und Begründung derselben in:
      1. Harmonik (tonal),
      2. Rhythmik (zeitlich),
      3. Melik (Korrelation von tonal und zeitlich).
   B. Ästhetik und Psychologie der Tonkunst:
      1. Vergleichung und Wertschätzung und deren Relation mit den apperzipierenden Subjekten,
      2. Komplex unmittelbar und mittelbar damit zusammenhängender Fragen.
   C. Musikalische Pädagogik und Didaktik:
      1. Allgemeine Musiklehre,
      2. Harmonielehre,
      3. Kontrapunkt,
      4. Kompositionslehre,
      5. Instrumentationslehre,
      6. Methoden des Unterrichtes in Gesang und Instrumentalspiel.
   D. Musikologie (Untersuchung und Vergleichung im Dienste der Ethnographik und Folkloristik).

Hilfswissenschaften des historischen Teiles: Allgemeine Geschichte mit Palaeographie, Chronologie, Diplomatik, Bibliographie, Bibliotheks- und Archivkunde. Literaturgeschichte und Sprachenkunde. Geschichte der Liturgien. Geschichte der mimischen Künste und des Tanzes. Biographistik, Statistik der musikalischen Assoziationen, Institute und Aufführungen usw.

Hilfswissenschaften des systematischen Teiles: Akustik und Mathematik. Physiologie (Tonempfindungen). Psychologie. Logik (das musikalische Denken). Grammatik, Metrik und Poetik. Pädagogik. Ästhetik usw.

Über die dieser Tabelle angereihten Hilfswissenschaften soll mit Rücksicht auf die Bedarfswissenschaft später gesprochen werden. Für jetzt sei nur noch hervorgehoben, daß die Musikwissenschaft nicht als ein Einschiebsel zwischen Musikgeschichte und Musikästhetik angesehen werden kann, wie dies mit dem Begriffe der »Kunstwissenschaft« im Verhältnis zur Kunstgeschichte und Ästhetik gedeutet wurde, sondern kraft dieser Aufstellung umfaßt die Musikwissenschaft alle Zweige, die sich mit der Erforschung der Tonkunst und Tonerzeugnisse überhaupt beschäftigen, sei es historisch, sei es systematisch. Ich nehme auch gegenüber der Musikästhetik keine absolut ablehnende Haltung ein, sondern weise ihr die ihr zukommende Stellung im Rahmen der Gesamtwissenschaft der Musik an, wenngleich ihre Ergebnisse bis heute noch unzuverlässig und zerfahren sind, so daß sie dem Historiker leider wenig Gewinn für seine Untersuchungen bringen. Man nehme etwa den Bericht über den 1. Kongreß für Ästhetik und allgemeine Kunstwissenschaft*) zur Hand, um die Verworrenheit der Anschauungen, die erschrecklich schwankende und unklare Terminologie — ein Babel der Begriffe und Bezeichnungen —, die uferlose Ausdehnung des Terrains mit Befremden wahrzunehmen. Vielleicht wird noch aus dieser Alchymie eine präzisere Wissenschaft, eine wirkliche Chemie der psychischen Phänomene und Bewegungen, soweit sie die Kunst, ihre Produktion und Apperzeption betreffen. Diese meine skeptische Stellung gegenüber den bisherigen zerstreuten, einander widersprechenden Ergebnissen der ästhetischen Untersuchungen und Behauptungen hat durchaus nicht zur Folge, daß ästhetischen Programmen und Selbstbekenntnissen von Künstlern, Kunstparteien, Vorkämpfern und Verteidigern von Kunstrichtungen die Anerkennung als wichtigen, unentbehrlichen Quellen versagt werden sollte, nur dürfen sie

---

*) Berlin 1913, im Auszug veröffentlicht im »Archiv für die gesamte Psychologie«, Bd. XXXII 1914.

nicht als allgemein giltige Kunstlehren, nicht als ästhetisch-wissenschaftliche Aufstellungen angesehen werden. Von läuternder Kraft könnten die psychologisch-ästhetischen Untersuchungen sein — nur haben sie bisher nicht diese Stärke und Reinheit und Greifbarkeit erreicht, um auf die musikhistorische Forschung klärend zu wirken. Seit dem Auftreten einer selbständigen Ästhetik, im 18. Jahrhundert, hat die Tonkunst viel von ihrem festen Gang eingebüßt und war im 19. Jahrhundert mehrfach ein Spielball ästhetisierender Raisonnements, die in die organische Entwicklung Sprünge und Risse brachten. Die neuen musikpsychologischen Studien liegen mehr oder weniger außerhalb des Musikbetriebes, sie sind im besten Falle für die musikgeschichtliche Forschung Anweisungen auf die Zukunft, von denen nicht sicher ist, ob sie je eingelöst werden. Vielleicht könnte die Musikästhetik später imstande sein, der Geschichte der Tonkunst geeignete Hilfsdienste zu leisten. Für die Methode der Musikgeschichte, die den Gegenstand dieser Untersuchungen bildet, kämen die bisherigen Ergebnisse der Ästhetik nur insoweit in Betracht, als sie die Fragestellung, die Problemaufstellungen beeinflussen könnten.

2. Die Aufgabe der Musikgeschichte ist die Erforschung und Darlegung des Entwicklungsganges der tonsetzerischen Produkte; ihr Objekt sind die tonkünstlerischen Erzeugnisse und zwar ihre Entstehung und Ausbildung, ihre Zusammensetzung in Gruppen je nach der Zusammengehörigkeit und Unterscheidbarkeit, ferner die Abhängigkeit, Eigenentfaltung und die Einflußsphäre jeder tonkünstlerischen Persönlichkeit. Man hat die Kunstgeschichte im allgemeinen als »die Erkenntnis der Entwicklung des menschlichen Kunstwollens«*) bezeichnet, somit — wenn ich recht verstehe — als über den Werken stehend die in und aus diesen hervortretenden Bestrebungen und Willensrichtungen in den Vordergrund zu

---

*) Hans Tietze »Methode der Kunstgeschichte«. Leipzig 1913.

stellen gesucht. Allein der Wille ist noch nicht die Tat, die beiden decken sich nicht immer völlig und gerade bei den stärksten Künstlerindividualitäten tritt dies am schärfsten hervor. Es könnte fast behauptet werden, daß in keinem Kunstwerke der Wille, die Schaffensabsicht des Künstlers voll und ganz, restlos durchgesetzt werden kann. Die Kunstgeschichtsforschung hat sich vor allem an das im Kunstwerk selbst zutage Tretende zu halten und erst im Zusammenhalt mit den anderweitig sich geltend machenden Absichten und Strebungen wird sie das über dem Kunstwerk stehende Kunstwollen zum Gegenstand der Betrachtung machen können. Diese Forscherabsicht wird gestützt und gefördert durch Einbeziehung der geistigen Strömungen auf anderen Gebieten, im Gesamtleben der betreffenden Zeit. Aber immer wird die Erforschung des Zusammenhanges der Kunsttatsachen die Hauptaufgabe der Musikgeschichte sein. Es ist wichtiger zu konstatieren, was aus den Kunstwerken als Schaffenswille hervortritt, als den Versuch zu machen, das Kunstwollen im allgemeinen in abstracto zu konstruieren. Die Untersuchung der Verhältnisstellung von dem verwirklichten und dem beabsichtigten Wollen dürfte in den meisten Fällen nur Konjekturalergebnisse zutage fördern. Auch die Gefahr der Entstellung der wahren Kunstabsichten ist dadurch bedrohlich (latent). Daß z. B. Beethoven in der Krone seiner Symphonieschöpfungen, der Neunten, seine Kunstabsichten nicht in völliger Kongruenz von Schöpferwillen und Tat durchgeführt hat, ließe sich auch dokumentarisch belegen durch die uns von seinem Schüler Carl Czerny übermittelte Äußerung, der Meister habe nach der Fertigstellung über Änderungen nachgedacht, die sich nicht etwa nur auf instrumentale Ergänzungen bezogen (wie sie von anderen mit mehr oder weniger Berechtigung und Gelingen vorgenommen wurden), sondern er habe sogar eine Umsetzung des Stimmungs- und Ideengehaltes des letzten Satzes in einen reinen Instrumentalsatz in Erwägung gezogen.

Dreißig Jahre hatte er die Absicht der Vertonung von Schillers Ode an die Freude in sich getragen und verschiedene Vorarbeiten, so die Phantasie op. 80 für Klavier, Chor und Orchester zeigen Ansätze zur endlichen Lösung. Es geht aber nicht an, aus der Bemerkung in den Skizzen »das 4. Stück recht fugiert« die Folgerung zu ziehen, daß »die Form, die der Bedeutung des poetischen Vorwurfs besser als das Vokalfinale entsprochen und dem symphonischen Kolossalbau als Krönung hätte dienen können, die Fuge gewesen wäre«*). In dieser Behauptung tritt ein völliges Versagen in der Auffassung des Grundwesens der Beethovenschen Kunst wie der Fugenform hervor. Der Hinweis auf das B dur-Quartett op. 130 (Fuge op. 133) und die Sonate op. 106 ist hier gänzlich unzutreffend. »Fugiert« und »Fuge« sind zudem nicht identische Dinge. Die Fugenarbeit der Wiener klassischen Schule besteht ihrem künstlerischen Werte und ihrer historischen Bedeutung nach nicht in der Fortsetzung oder Nachahmung der altklassischen Fuge, sondern in der Verwertung und Durchsetzung mit der Hauptform der Wiener Klassiker, dem Sonatensatze, bezw. mit anderen Formen dieser Zeit. Es ist in der Absicht, im »Kunstwollen« der Zeit gelegen, im letzten Satze einer großen zyklischen Form die Mittel der Tonkunst zu vereinigen, und auch zu Vokalmitteln zu greifen — dafür haben wir Belege auch bei mittleren und kleineren Künstlern. Und Beethoven selbst ist in den Skizzen zur »Zehnten« noch darüber hinausgegangen und ihm sind in allmählichem Zuge die Tondichter bis auf unsere Tage gefolgt — die meisten ohne diese erweiterten Absichten Beethovens zu kennen. Daraus ist weder die Begrenztheit der Instrumentalkunst im allgemeinen zu folgern, wie dies Richard Wagner tut, noch die größere Eignung des Instrumentalfinales als Abschluß solch eines Werkes wie dies eine Reihe von Schrift-

---

*) P. Bekker »Beethoven« S. 282.

stellern mit David Friedrich Strauss behaupteten. Es ist demnach wichtiger und dem historischen Erkenntnisdrange mehr entsprechend, aus dem Kunstwerk die Absicht und die Durchführung des Willens des Schöpfers zu erforschen, als in Unter- und Überstellungen Deutungen zu versuchen, die sich außerhalb des historischen Tatbestandes bewegen. Demnach hat sich die Kunstgeschichtsforschung vor allem an das Kunstwerk und das darin verwirklichte Willensideal zu halten, an das im Kunstwerk selbst zutage Tretende. Sowie der Musikhistoriker diesen festen Boden verläßt, gerät er in das Reich bloßer Spekulation und Phantastik. Die Substruktion von Kunstwollen, das nicht im Kunstwerk zutage tritt, ist nicht Aufgabe einer exakten Forschung. Eine Zusammenstellung der in gleichartigen Kunstwerken einer Zeitperiode hervortretenden Schaffensabsichten ist notwendig und fördersam. Da es keine völlige Identität der Strebungen und Willensrichtungen, weder in verschiedenen Werken eines Künstlers, noch in das Gleiche oder richtiger gesagt: Ähnliches anstrebenden Werken verschiedener Künstler gibt — man sehe sich daraufhin etwa die verschiedenen Pastoralkompositionen einer und derselben Zeit an — so wird eine auf das Kunstwollen in abstracto gerichtete Erforschung sich auf die Kunsttatsachen selbst zu stützen und die Folgerungen inductiv zu ziehen haben.

3. Die wissenschaftliche Forschung muß alles heranziehen, was in die Entwicklungsgänge der Tonkunst Licht bringen kann. Sie muß die das Schaffen begleitenden Momente, alle bedingenden Faktoren in den Kreis ihrer Betrachtungen ziehen. Sie muß demnach auch den Zusammenhang mit anderen künstlerischen Betätigungen untersuchen, soweit diese zu dem Organismus der Tonkunst in Beziehung stehen. Sie muß das ganze geistige und seelische Leben der betreffenden Zeit insoweit in Erwägung ziehen, als und welcher Art seine Durcharbeitung und Verwendung in der Tonkunst zu verfolgen möglich ist. Demnach hat die Musikgeschichte alles in-

und außerhalb des Bereiches der Tonkunst heranzuziehen, was dem Zwecke der Klarlegung der tonkünstlerischen Entwicklung dienlich erscheinen kann. Sie darf sich durchaus nicht begnügen, etwa nur oder vorzüglich ihr Augenmerk auf das in den Werken hervortretende Kunstschöne zu richten. Denn die Zuerkennung der Schönheit, in der Kunst im allgemeinen, wie in der Tonkunst im besonderen ist eine relative Erfassung, wandelnd im Wechsel der Zeiten. Während die Ästhetik ihre Absichten mit besonderer Vorliebe, in einzelnen Vertretern ausschließlich auf das Kunstschöne richtete — eine Absicht, die nach meiner Anschauung nie durchgeführt werden kann und jetzt von der Musikästhetik aufgegeben zu werden scheint — könnte die Philosophie der Musikgeschichte, als eine Stütze musikhistorischer Erwägungen, im Umkreis ihrer Betrachtungen ihr Augenmerk auf die Wandlungen in der Auffassung des Musikalisch-Schönen richten. Freilich sind die Tendenzen der im Dienste einer philosophischen Untersuchung der musikhistorischen Ereignisse stehenden Arbeiter so wandelbar und subjektiv zugespitzt, wie die der Männer, die Geschichtsphilosophie im allgemeinen betreiben. Zusammenfassend sei hervorgehoben, daß die Aufgabe der Musikgeschichte nicht die Erkundung des Kunstschönen in der Tonkunst, sondern die Erkenntnis des Entwicklungsganges der Musik in Werken und Schaffenden ist. Sie hat, vom Einzelwerke ausgehend, die Zusammenhänge klarzulegen, die dieses nach rück- und vorwärts verbindet, die es als Produkt seiner Zeit, des Entstehungsortes, des bestimmten Autors, der zugehörigen Schule bestimmen lassen. Sie hat die Einflüsse, die sich von innen und außen geltend machten, aufzuweisen, sie hat die Eigenart jedes Kunstwerkes zu bestimmen. Erst im Zusammenhange läßt sich ein Musikwerk kunsthistorisch erkennen und erfassen. Dabei geht der Forscher über das dem Künstler selbst Bewußte hinaus und deckt Dinge auf, die dem

Künstler gar nicht zum Bewußtsein kamen, denn der »Zeitgeist« (nach Hegels Bezeichnung) wirkt am Webestuhle der Geschichte, am Fortgang der Ereignisse, beeinflußt die Entstehung der Tatsachen und bringt den einzelnen, auch den Größten, auch das Genie in seine Hörigkeit. Kein Künstler, kein Kunstwerk steht außerhalb des organischen Entwicklungsganges. Auch die extremsten Experimente müssen sich ihm einordnen. Die Zusammenhänge können sowohl zeitlich, chronologisch, wie rein essentiell, über der Zeiten Lauf bestehend, betrachtet werden. Das erstere ist das für die Musikgeschichte Bestimmende, Ausschlaggebende.

4. Die Aufmerksamkeit des Musikhistorikers muß darauf gerichtet sein, aus der Folge der Erscheinungen den Zusammenhang und die Kontinuität zu erkennen. Sowie jeder Organismus auf Kontinuität und Veränderung beruht, so auch der Gesamtorganismus jeder Kunst. In jeder organischen Entwicklung gibt es Hemmungen, Entgegenstellungen, Aberrationen, die als solche erkannt und nicht willkürlich in die Kontinuität eingezwängt werden sollen. Der Ablauf der Kunsttatsachen muß so betrachtet werden, wie er sich auf Grund der Folge und des Nebeneinander der Einzelwerke kombinieren und gedanklich rekonstruieren läßt. Es muß vermieden werden, die Unterbrechungen, Störungen, Lateralbewegungen und Rückschritte in der Weise umzudeuten, um eine gerade aufsteigende Entwicklungsreihe zu gewinnen, künstlich zu konstruieren, die Kurve in eine gerade Linie umzugestalten. Die Erkenntnis der Immanenz der Kunstentwicklung bedarf nicht solcher falschen Mittel. Überall in Leben und Kunst machen sich Anomalien, Rückbildungen bemerkbar. In dem Begriff der Fortentwicklung liegt nicht der der höheren Vollkommenheit in den Erzeugnissen einer nachfolgenden Zeit eingeschlossen. Auf Erhöhung kann Senkung folgen. Auch solche Absenkungen können ihre Reize haben, geradeso wie in den Perioden höchster Kunstentfal-

I. Stoff und Aufgabe der Musikgeschichte. 15

tung die niederstehenden Kunstzweige dies für sich vindizieren können. Aus dem Gesamtverlaufe der vielverzweigten Kunsterscheinungen ergibt sich eine Stetigkeit der Entwicklung, die trotz aller Schwankungen besteht und deren Erkenntnis und Feststellung Aufgabe der Musikgeschichte ist.

Der Kontinuität des künstlerischen Gebahrens liegt eine Kausalität der Erscheinungen zugrunde, die nicht im Sinne des Kausalgesetzes zu fassen ist, wie es von den Realwissenschaften aufgestellt ist, demzufolge jede Veränderung eine Ursache habe. In der Musikgeschichte ist jedes Ereignis an eine Summe von Umständen geknüpft, allein es muß nicht mit Notwendigkeit eintreten. Das eine geht nicht aus dem anderen von selbst hervor, sondern wird auf Grund des Vorangegangenen frei geschaffen. Der Kausalnexus der künstlerischen Tatsachen und Geschehnisse besteht also nicht auf dem Verhältnisse von Ursache und Wirkung im naturwissenschaftlichen Sinne, sondern von Bedingung (Vorbedingung) und freier Schaffenswirksamkeit. Die Gesetzmäßigkeit der Entwicklung (von der noch die Rede sein wird) ist nicht an das Kausalgesetz gebunden, sondern es ist in ihr nur ein Prinzip der Kausalität im allgemeinen zu beobachten, demzufolge das Nach- wie das Mit- und Nebeneinander der Erscheinungen und Tatsachen sei es gemeinsame Vorbedingungen (ohne die der Ablauf sich nicht vollziehen könnte, auf Grund derer er sich nicht vollziehen muß) sei es verschiedene Ursprünge hat, die beide (gemeinsame Vorbedingungen und verschiedene Ursprünge) in einem Zusammenhang stehen, der von der Forschung erkannt und klargelegt werden soll. So bestehen z. B. im 17. Jahrhundert mehrere Fugenformen nebeneinander, jede aus und für sich gehend und doch alle von gewissen gleichen Bedingungen abhängig; sie schließen sich endlich als Vorformen (wie ich dies bezeichne) zur Zentralfugenform der altklassischen Zeit zusammen. Neben dieser erhalten sich verschiedene Derivationen der Vorformen der

Fuge, die in der nachfolgenden Zeit unter ganz veränderten Modalitäten ihre Wiederverwendung finden. Dieser Prozeß vollzieht sich mit Notwendigkeit, aber nicht im Sinne des absoluten Kausalgesetzes, sondern im Zusammenhang der Erscheinungen als freie Schaffenstat der betreffenden Kunstschulen und Künstler.

Daß für die Erklärung des organischen Ablaufes der Kunsterscheinungen auch psychologische Grundsätze herangezogen werden, ist gerade für die Tonkunst von Bedeutung, denn wie der Dichter sagt, »die Seele spricht Polyhymnia aus«. Allein diese Heranziehung kann die spezifisch musikhistorische Forschung nur begleiten, sich nicht, wie dies im allgemeinen Wundt will, an ihre Stelle setzen. Der Historiker kann der psychologischen Mittel nicht entraten; aber selbst der Musikhistoriker wird die Aufeinanderfolge nicht einzig auf psychologe Grundsätze stützen. Er wird sie als Behelf heranziehen, um seine Beobachtungen zu klären und fördernd zu begleiten. Nie darf er sich in ihre völlige Abhängigkeit begeben. Psychologische Folgerungen decken sich nicht notwendigerweise mit den aus dem Ablauf der Kunsttatsachen zu ziehenden Folgerungen. Beide können im einzelnen sich decken oder voneinander abweichen. Dies trifft sowohl beim Entwicklungsgange des einzelnen Künstlers, wie bei Gruppen und zeitlichen Abfolgen zu. Zudem bietet uns der heutige Stand der Psychologie (einschließlich der Völkerpsychologie) zu wenig Anhalt, um einen bestimmenden Einfluß auf unsere Forschung beanspruchen zu können.

II. Grenzen und Einteilung der Musikgeschichte.

1. Um ihrer Aufgabe gerecht zu werden, muß sich die musikgeschichtliche Forschung vor allem auf sich selbst stellen, sich ihrer Eigenart und Selbständigkeit bewußt werden. Zu diesem Behufe hat sie ihren Stoff zu begrenzen, gegenständ-

lich und zeitlich. Sie erstreckt sich auf das Gesamtgebiet musikalischer Produkte. Sie braucht nicht auf die Erwägungen der Ästhetik ängstlich zu horchen, wo eigentliche Kunst beginne und das Naturprodukt vom Kunstwerke zu scheiden sei. Es ist nicht nötig, eine völlige Abtrennung der Volksmusik von der Kunstmusik vorzunehmen; auch die Grenzen zwischen der primitiven und der im höheren Sinne stilisierten Musik sind beweglich. Die historische Folge der Tatsachen gibt den Anhalt für ihre Einstellung. Die Zeitlosigkeit einzelner Gruppen der Erzeugnisse, die chronologisch nicht fixierbar sind, ist nur eine scheinbare und darf den Verfolg der Kontinuität der tonsetzerischen Erzeugnisse nicht verwirren. Primitive, wie exotische Produkte können willkommene Vergleichsmomente, die verschiedenen Arten der Volksmusik einen verläßlichen Ausgangspunkt der Untersuchungen bilden. Mit ihrer Heranziehung überschreitet nicht die musikhistorische Forschung ihre gebotenen Grenzen. Sie wird sich keines Mittels begeben, das ihr zur Vergleichung dienen kann. Die Komparation, die Lamprecht für die Kulturgeschichte als das die Forschung Hauptbestimmende vindiziert, zieht auch die niedersten Tonprodukte in den Kreis musikhistorischer Erwägungen. In der musikalischen Ethnographie (ich bezeichne sie als »Musikologie«, während die Franzosen das Gesamtgebiet der Musikwissenschaft unter diesen Namen zusammenfaßen) werden die musikalischen Roherzeugnisse der Völker untersucht und zueinandergestellt, in der Musikgeschichte werden sie mit allen musikalischen Produkten in Zusammenhang gebracht. Die »vergleichende Musikwissenschaft« dient also den höheren Zwecken der Musikgeschichte. Die musikhistorische Forschung kann kraft ihrer Eigenmethode, der Stilkritik, eine Scheidung und Gegenüberstellung der Tonerzeugnisse niederer, mittlerer, höherer und höchster Art in ganz anderer, verläßlicher Weise vornehmen, als die Ästhetik, außer wenn letztere zu diesem Behufe sich auch der stilkritischen Methode bedienen wollte. Es genügt nicht, der Behauptung des Physiologen Max Verworn*) zu folgen, derzufolge mit der »Überlieferung eines künstlerischen Empfindens die Regung eines klar bewußten Formensinnes« bestimmend sei für die Anfänge der Kunst, sondern alle Kriterien eigentlichen Stiles, die Prinzipien bestimmter Stilbehandlung sind maßgebend für die Einstellung solcher Produkte in das Gebiet der Kunst. Formensinn kann sich, sei es bewußt oder unbewußt, auch in niedrigeren Tonerzeugnissen geltend und bemerkbar machen. Für die Musikgeschichte ist die Verhältnisstellung in der zeitlichen Abfolge das Bestimmende; um das andere kann sie sich nebenher kümmern und sie hat die Mittel, die Betrachtung und Einteilung des Gesamtgebietes der Tonerzeugnisse auf eine wissenschaftlich verläßliche Basis zu stellen.

2. Um ihren Bedürfnissen und Anforderungen zu entsprechen und ihre Aufgabe zweckentsprechend zu lösen, nimmt die musikgeschichtliche Forschung die Einteilung des Gesamtstoffes in sachgemäßer Anlehnung an die Entwicklung der Kunsttatsachen und ihre natürliche Gruppierung vor. Äußerlich können Einteilungsgründe verschiedener Art hervortreten, innerlich kann nur das stilkritische Moment maßgebend sein. Sie kann sich dabei an die historische Methode anlehnen, die über reiche Erfahrungen gebietet und in dem Werke von Ernst Bernheim »Lehrbuch der historischen Methode« (seit 1889 mehrfach aufgelegt) eine vortreffliche Stütze gefunden hat, auf der auch das Werk von Hans Tietze »die Methode der Kunstgeschichte« (1913) mit Anschluß an den akademischen Unterrichtsbetrieb seiner Lehrer Alois Riegel und Franz Wickhoff (deren Andenken das Buch gewidmet ist) fußt. In der Gliederung des Stoffes kann sich die musikgeschichtliche Methode äußerlich diesem Vorgang anschließen, innerlich hat sie ihren eigenen Bedürfnissen zu entsprechen, wie

---

*) Anfänge der Kunst, 1909.

II. Grenzen und Einteilung der Musikgeschichte.

die nachfolgenden Untersuchungen zeigen werden. Man kann den Stoff thematisch-systematisch, oder chronologisch oder örtlich gliedern. Man kann in der erstgenannten Beziehung nach Gruppen ordnen, wie sie im Laufe der Zeiten aufgetreten sind, etwa Choral, Motette, Suite, Sonate, Symphonie, Konzert, Kantate oder allgemeiner: Kammer-Orchester-Solomusik, noch allgemeiner: Vokal-, Instrumentalmusik und wie alle diese Gruppen lauten mögen. Man kann den Stoff in der an zweiter Stelle genannten Art nach größeren oder kleineren Zeitabschnitten oder in der dritten Art örtlich nach Reichen, Ländern, Landschaften, Gauen, Städten usw. gliedern. Man kann ein einzelnes Kunsterzeugnis, einen Künstler, eine Künstlergruppe zum Objekt der Untersuchung machen und wie alle die Gegenstände der Einzeluntersuchungen in unübersehbarer Mannigfaltigkeit lauten mögen — immer wird das stilkritische Moment latent und bei Eingliederung und Abtrennung bestimmend sein. Für die Gesamtdarstellung ist es das leitende Prinzip. Auch bei der Einordnung der Musikgeschichte in die allgemeine Geschichte oder in die Kulturgeschichte, bei Erörterung ihrer Parallelstellung mit anderen näher oder ferner verwandten Kulturgebieten, wie Literatur, bildender Kunst wird das bestimmende Prinzip das stilkritische sein. Jede historische Betrachtung bleibt auch bei Einhaltung eines der anderen Einteilungsprinzipen (thematisch oder örtlich) auf Beobachtung der zeitlichen Aufeinanderfolge der Erscheinungen eingestellt. Was immer zu untersuchen ist, stets macht sich das zeitliche Moment geltend. Man kann keinen Kunststil erörtern, ohne darauf Rücksicht zu nehmen. Ebenso tritt beim Verfolg einer Kunstgattung die Kombination des thematischen mit dem chronologischen von selbst ein. Auch bei einer Untersuchung über örtliche Kunstpflege wird der Stoff in zeitlicher Folge der Tatsachen (natürlich nach stilkritischen Momenten) zu erörtern sein. Allerdings wird bisher zumeist in der Geschichte der Musik eines Ortes, einer politischen Gemeinschaft die äußere Kunstpflege, die Kunstausübung in den Vordergrund gestellt, die soziale Seite und das Assoziationswesen werden besonders berücksichtigt, immer mit Rücksicht auf die zeitliche Folge der Vorgänge. So sehen wir, wie in Wirklichkeit alle drei miteinander gehen, wie die Geschichte selbst das Bild der Verbindung von thematisch-zeitlich-örtlich aufweist und wie nur aus methodologischen Gründen die Trennung vorzunehmen ist. Die synchronistische Zusammenstellung der verschiedenen tonkünstlerischen Betätigungen an einer Pflegestätte kann dabei in ihr Recht treten, gerade wie diese synchronistische Einordnung Platz greift, wenn ein Kunststil sich an verschiedenen Orten gleichzeitig bemerkbar macht und in verschiedenen Erscheinungsarten hervortritt. Bei einer örtlichen Behandlung des Stoffes sind Folgerungen, die aus den am betreffenden Ort erhaltenen Resten historischer Kunstausübung gezogen werden, nur dann berechtigt, wenn sie Zeugenschaft ablegen von der dortigen Kunstpflege, dagegen sind sie irreführend, wenn Kunstwerke einer früheren Epoche erst in späterer Zeit daselbst gesammelt wurden. In dieser Beziehung sind unabsichtliche oder beabsichtigte Täuschungen bemerkbar, eine zwecklose Überfütterung des Stofflichen tritt ein, der gelehrte Apparat überwuchert die historisch reale Zusammenstellung.

Bei dem Verfolg von Entstehen, Blüte und Niedergang einer Stilrichtung wird das zeitliche Mittelglied das Hauptvergleichsmoment bilden. Die Stilkriterien werden von dieser Mittelgruppe aus angelegt werden, so im Werdegang des Chorals von der Stilart des 10. und 11. Jahrhunderts, in der mehrstimmigen a cappella-Musik von den zur Vollreife gediehenen Stilarten des 15. und 16. Jahrhunderts. Dabei können und müssen die Vorstadien und Ausläufer in ihrer historischen Bedeutung und Wichtigkeit erkannt werden, auch wenn sie in einzelnen bestimmenden Stilkriterien abweichen, wie gegenüber dem Mittelstock des diatonisierten Chorales die mit Zwischentönen ausgestatteten Choralarten der Aufgangszeiten und der zu rhythmischer Gleichwertigkeit neigende Choral der Abgangs-(folge-)zeiten, ebenso wie gegenüber der streng vokalen Mehrstimmigkeit der Hochblüte die mit instrumentalen Mitteln in akzessorischer oder subsidiärer ausgestatteten Vorstufen, und die mit instrumentalen Füllstimmen versehenen Stadien der nachfolgenden Zeit.

Wie dies von den großen Kunstbewegungen gilt, die sich über Jahrhunderte erstrecken und trotz aller Gegenbewegungen bemerkbar machen und in mannigfachen Abwandlungen und Abbiegungen zu erkennen sind, so treten auch bei kleineren Gruppen und Zeitabschnitten solche Kennzeichen hervor. Auch die historische Erkenntnis der einzelnen Meister, die zur Vollreife gediehen sind, wird erreicht, wenn die Forschung nach den analogen Prinzipien, in der gleichen Methode betrieben wird. Alle die langgedehnten Kontroversen über Einsatz einer Stilperiode, wie etwa der Renaissance, über zeitliche Gruppierung der Schaffenstätigkeit eines Meisters können nur durch Verständigung über die Wahl der Stilkriterien zu einem gedeihlichen Abschluß geführt werden. Sowie wir Musikhistoriker uns darüber mittelst einer bestimmten Methode geeinigt haben werden, können wir auch der Schlichtung der Differenzen in der kunsthistorischen Forschung, wie auch der allgemeinen Geschichtsforschung (etwa in der offenen Frage über Scheidung des Mittelalters von der Neuzeit) wesentliche Dienste leisten. Wir müssen uns nur über die Art der Anlegung der Stilkriterien einigen und uns vorerst unserer Eigenbetrachtungsweise voll bewußt werden.

III. Problemstellung.

Forschen ist untrennbar mit Fragestellung verbunden. Die gewöhnliche Frage verhält sich zur Problemstellung wie die Vermutung zur Hypothese. Probleme wie Hypothesen können nur auf Grund der bisherigen Erarbeitung des wissenschaftlichen Materiales, entsprechend dem jeweiligen Stande der Wissenschaft aufgestellt und erörtert werden. Die Fragestellung wechselt und richtet sich darnach ein, sie erhält demgemäß ihre Richtung. Mit den Forschergenerationen wechseln die Aufgaben und demgemäß die Probleme. Die Probleme dürfen nicht willkürlich gestellt werden, sollen nicht über die Möglichkeit des Erreichbaren hinausgreifen, sonst gerät ihre Behandlung ins Nebulose, Spielerische, Fantastische. Gewisse Grundprobleme können mehrere Generationen beschäftigen, bis sie zu einer befriedigenden Lösung gelangen. Alle musikhistorischen Probleme sollen darauf gerichtet sein, zur Aufhellung des Werdeganges der Tonkunst beizutragen. Von der Problemstellung hängt viel ab. Die zweckmäßigste Formulierung von Fragen oder Problemen ist ein willkommener Behelf für die Aufgaben der Forschung. Falsche Problemstellung ist ein gefährliches, schädigendes Unterfangen. So die Einstellung des Problems des Ursprunges der Mehrstimmigkeit auf eine der abendländischen Nationen, bei denen die primitiven Stadien dieser Ausübung nachweisbar sind*), oder auf die theoretische Spekulation in Klosterschulen, oder auf die Bedürfnisse der Kirche, oder auf die Zufallserscheinung der Zusammenklänge auf verschiedenen Instrumenten. Das Problem des Verhältnisses des vokalen und instrumentalen Anteiles bei der Ausführung der Kunstwerke in den Zeiten vor der Hochblüte der a cappella-Musik darf nicht einzig auf die Art der Textlegung oder das Fehlen eines Textes eingestellt werden, oder auf die Art der Ornamentik in den betreffenden Abteilungen usw.

Unübersehbar ist derzeit die Reihe der möglichen Problemstellungen. Ihre Lösungen bilden aber nicht das Um und Auf

---

*) Victor Lederer »Heimat und Ursprung der mehrstimmigen Tonkunst« 1906.

der Musikgeschichte. Erst ihre Verhältnisstellung, ihre Zusammensetzung im Hinblick auf den Hauptzweck musikgeschichtlicher Forschung ergibt die nötige Synthese zur Aufhellung des Werdeganges der Tonkunst. Die Musikgeschichte setzt sich nicht bloß aus einzelnen Problemuntersuchungen zusammen, sondern diese ergeben erst die Möglichkeit vereinheitlichender Behandlung, sonst wären sie der Gesamtumfassung gegenüber gerade solche disjecta membra, wie die Einzelwerke und Einzelkünstler gegenüber der Gesamterscheinung innerhalb einer Schaffensperiode. Die Erörterung von Problemen ist ein Sieben des wissenschaftlich verarbeiteten und zu erarbeitenden Materiales, aber die Musikgeschichte soll sich nicht in die Behandlung solcher Einzelprobleme auflösen. Auf der Arena der Problemerörterungen werden gleichsam nur die Vorarbeiten für die Gesamterfassungen und Feststellungen geleistet. Demgemäß kann ich das »Handbuch der Musikgeschichte« von Hugo Riemann nicht als ein seinem Titel entsprechendes Werk ansehen da es, in eine Reihe von Problembehandlungen zerfällt, in welche Datenzusammenstellungen eingefügt sind, ohne zu einem Gesamtbilde der einzelnen Perioden, Schulen und Künstler vorzudringen, was doch gerade Aufgabe eines Handbuches wäre. In der Periode des Chorales wird eine Lösung des rhythmischen Problems versucht, die an sich unhaltbar ist. In der Kunst der Troubadours wird die Modusfrage in den Vordergrund gestellt. In der ars nova des 14. Jahrhunderts das Problem der instrumentalen Ausführung, dann im 15. Jahrhundert das der musica ficta, die »Paraphrasierung des Kirchenliedes« und des weiteren die Durchimitation. In der Opernrenaissance tritt das Formproblem und das des Basso ostinato in den Vordergrund. In der Musik des 18. Jahrhunderts wird das Problem des Anteiles der sogenannten Mannheimer Schule zum Mittelpunkt der Erörterung. Somit tritt infolge einseitiger Problemstellung eine Verwirrung in der Behandlung ein, die das Fehlschlagen musikhistorischer Behandlung zur Folge hat. Dabei würdige ich vollkommen die Verdienste um Behandlung von Einzelproblemen und möchte nur bemerken, daß in den vor dem Erscheinen meines »Stil in der Musik I« (1911) veröffentlichten Teilen dieses Handbuches eine Einteilung nach Stilprinzipien nicht getroffen ist, während in den nachfolgenden (II 2 und 3) schon die Kapitelüberschriften Stilarten einbeziehen und der letzte Teil in den Hauptabschnitten auf stilistische Einteilung gestellt ist ungeachtet des Umstandes, daß der gelehrte Verfasser in dem Vorwort zu II 2 gegen mein Hervorstellen des Stiles für historische Behandlung sogar in persönlicher Weise Stellung genommen hat. Bei der Eile der Veröffentlichung des Schlußbandes konnte der Autor besonders angefangen von der Romantik nicht den bescheidensten Anforderungen an stilkritische Sichtung des Materiales nachkommen. Es liegt mir fern, daraus einen Vorwurf zu machen, da ich bei der Ausarbeitung des zweiten Bandes meines »Stil in der Musik« die für einen einzelnen schier unüberwindlichen Schwierigkeiten der Erarbeitung des gesamten Materiales erfahren habe, die mich veranlaßten, vorläufig von der Fertigstellung und Veröffentlichung der »Stilperioden« Abstand zu nehmen und mir vorerst über die methodischen Wege Klarheit zu verschaffen. An ihrer Verwendung können Generationen von Forschern zu arbeiten haben. Mit der bloßen Behandlung von Einzelproblemen kann man nicht zusammenfassende musikhistorische Werke schreiben, am allerwenigsten Handbücher. Resultate der Problemuntersuchungen müssen in die Darstellung der Kunstentwicklung, in die Behandlung der Kunstschulen und Stilwandlungen, des Eingreifens und der Eigenentfaltung der Künstler, der äußeren und inneren Zusammenhänge des Kunstwerdens und Kunstwollens hineinverarbeitet werden. Problemstellung und Problemlösung darf nicht Selbstzweck, sondern nur Mittel zum Zweck sein.

III. Problemstellung.

Jede Problemaufstellung und Untersuchung, die sich mit dem von einem oder von mehreren Künstlern einer Zeit verfolgten Arbeitsziele und ihrer Arbeitsart beschäftigt und die Absichten dieses Kunstwollens gleichsam an der Wurzel zu fassen sucht, wird zur Aufhellung der Genetik dieser Produktion beitragen. Wir werden z. B. das gesamte Schaffen von Johann Sebastian Bach am intensivsten verstehen lernen, wenn wir seine Stellung zur Religion, die Indienststellung seiner Produktion für kirchliche Zwecke richtig erfassen; von da aus gehen die Fäden auch zu seinen weltlichen Werken und so rechtfertigt sich die von ihm geübte Herübernahme und der Austausch von Werken oder Teilen seiner Werke aus einer in die andere Gruppe. Dabei wird die allgemeine Übung dieses Vorgehens mit in Betracht gezogen und sein Eigenverfahren besonders untersucht werden müssen. Ebenso werden wir die unvergleichliche Vertiefung der Ausdrucksmacht in Beethovens Missa solemnis im Gegensatz zur allgemeinen Verseichtung der Kirchenmusik der gleichen Zeit richtig erfassen, wenn wir die Fragestellung nach dem Verhältnis der äußerlichen Strenggläubigkeit dieser Zeitgenossen zu der freireligiösen, innigst vertieften Lebensanschauung des Meisters richtig aufwerfen. Und so befördert die zweckmäßige Fragestellung die Erkenntnis der Erscheinungen und ihrer Verhältnisse zu- und nacheinander.

Wie in der Wissenschaft der bildenden Künste die Raumprobleme ein wichtiges Untersuchungsobjekt bilden, so in der Musikgeschichte die Zeitprobleme, alles was sich auf Rhythmus, Mensur und Takt bezieht. In der Reihe der Stilfragen schließen sich die über Tonalität, über Ausdruck an. Die Formprobleme sind in der reinen, unvermischten Tonkunst vielleicht die wichtigsten, wohl auch, weil sie am sichersten zu behandeln und zu beantworten sind. Sie begleiten die Grundlage stilkritischer Betrachtung: die Formanalyse der Tonwerke. Sie begleiten sie oder schließen sich an, sind aber nicht der einzige Inhalt der aus der Synthese der formalanalytischen Untersuchungen zu ziehenden Folgerungen. Die Probleme, die sich mit Stilfragen beschäftigen, bilden in der Musikgeschichte gleichsam die Stützen und Hauptmauern für ihren Bau.

Es gibt allgemeine, das Gesamtgebiet der Musikgeschichte umfassende Probleme, die zumeist in Relation stehen mit Problemen, die auf allen oder einzelnen verwandten Geistesgebieten aufgeworfen werden und für das musikhistorische Forschen mit Rücksicht auf seine Bedürfnisse eigens eingestellt werden. Das sind die Großprobleme und daneben die auf Einzelmomente gerichteten Kleinprobleme. Zu den ersteren möchte ich etwa die Frage nach Emotionalismus und Formalismus zählen, nach Verhältnis von Tonkunst und Dichtkunst in Vokalwerken und in der programmatischen Musik, nach Verhältnis von Liturgie und Musik usw., immer in den Wandlungen der einzelnen Stilperioden, Schulen und Künstler, also vom spezifisch musikhistorischen Standpunkte aus. Zu den Großproblemen der Musikgeschichte gehören neben den im vorigen Absatz genannten etwa ataktische Musik im Verhältnis zur taktischen, konstitutive und ornamentale Elemente, Stimmenverhältnis und Stimmführung u. a. Kleinprobleme sind, etwa die Wechselbeziehungen von Suite und Sonate in einem Zeitabschnitt, da beide nebeneinandergingen, die Verwendung gleichartiger Formen in Oper und Oratorium innerhalb gewisser Zeitgrenzen, die Kadenzbildung im logischen Zusammenhang mit dem Vorangegangenen und wie die schier derzeit noch unübersehbare Reihe der Probleme heißen möge. Sonderbar ist, daß einige der hier beispielsweise angeführten Probleme bisher gar nicht oder nicht in wissenschaftlich zweckgemäßer Weise behandelt wurden, weil die Fragestellung eine schiefe, falsche war. Wir sind erst am Anfang der Arbeit.

IV. Das Problem der Notwendigkeit.

Dieses Problem beschäftigt alle Wissenschaften, unter den Geisteswissenschaften besonders die philosophische und die historische Forschung. Dilthey und Rickert behandelten es in der letzten Zeit vom allgemeinen Standpunkt, Simel vom geschichtsphilosophischen, Bernheim und Eduard Meyer vom historischen, Richard M. Meyer vom literarhistorischen, Tietze vom kunsthistorischen Standpunkt*). Auch die Musikgeschichte muß dazu Stellung nehmen, schon behufs Klärung methodischer Behandlung. Dies obliegt mir schon mit Rücksicht auf meine für den systematischen Teil der Musikwissenschaft angeführte »Aufstellung der in den einzelnen Zweigen der Tonkunst zuhöchststehenden Gesetze« und die für die dritte Gruppe des historischen Teiles gegebene Zusammenfassung der »historischen Aufeinanderfolge der Gesetze«. Dies soll des Näheren erklärt, ergänzt und wo nötig, berichtigt werden. Der Musikhistoriker hat, wie schon bemerkt wurde, die Kontinuität des tonkünstlerischen Verlaufes zu erforschen und nachzuweisen. Zweifellos vollzieht sich das Kunstgeschehen, wie jede geistige Betätigung menschlicher Kulturarbeit, nach den Bedingungen innerer Folgemäßigkeit, sagen wir Folgerichtigkeit. Die Frage richtet sich dahin, ob dafür bestimmte Gesetze aufgestellt werden können, die sich in ihrer Art mit den Gesetzen, wie sie von der Naturwissenschaft aufgestellt wurden, decken: etwa das Gravitationsgesetz, das Gesetz der Erhaltung der Kraft, das von der Unzerstörbarkeit des Stoffes, die Gesetze für Verbindung chemischer Stoffe usw. Da muß von vornherein gesagt werden, daß, wie schon hervorgehoben wurde, das

---

*) Während des Druckes dieses Buches kommt mir die Abhandlung »Zum Erweise des allgemeinen Kausalgesetzes« von A. Meinong (Sitzgsber. d. Wr. Ak. d. W. 189/4) zu, deren Ergebnisse ich nicht mehr einbeziehen konnte.

Grundprinzip des Naturgesetzes in dem Sinne, daß B auf A folgen muß, nicht ohne weiteres auf die Geschehnisse der Tonkunst übertragen werden kann. Die Konstanz von Ursache und Wirkung (Folge), wie sie in der Natur besteht, fehlt in dieser absoluten, apodyktischen Art auf dem Gebiete der Tonkunst. Nichtsdestoweniger besteht eine Kontinuität im Ablauf der Tatsachen. Welcher Art sie ist, muß die musikhistorische Arbeit feststellen. Ich möchte, da im historischen Entwicklungsgange eine gewisse Ordnung der Erscheinungen in ihrem Nach- und Nebeneinander unleugbar zu konstatieren ist, diese als relativ bedingte Gesetzmäßigkeit der unbedingt gebundenen Gesetzlichkeit des Naturgeschehens gegenüberstellen. Naturnotwendigkeit und Kunstnotwendigkeit sind demnach zwei einander nicht völlig deckende Begriffe. Wenn schon in den Naturgesetzen der Zufall eine nicht zu unterschätzende Rolle spielt, wie dies mehrfach hervorgehoben und von Franz Exner in seiner Wiener Rektoratsrede (1908) so lichtvoll auseinandergesetzt wurde, so macht sich im Kunstgeschehen das Außerordentliche, die Tat des Genies, als wesentlich mitbestimmendes Moment geltend, allerdings nicht in dem Sinne eines deus ex machina. Auch die Leistungen des stärksten Talentes sind von entwicklungsgeschichtlichen Bedingungen zeitlicher und örtlicher Art abhängig und sind als ein Glied im Gesamtorganismus der Tonkunst, im Gesamtverlaufe der Kunsttatsachen aufzufassen. Diese Folgerichtigkeit der Abwandlung, des Vollzuges, des organischen Fortganges ist nicht identisch mit der Naturgesetzlichkeit.

Es wird wohl von niemandem ernstlich behauptet werden, daß diese oder jene Kunsterscheinung in einem bestimmten Zeitpunkt und an einem bestimmten Orte eintreten mußte, oder daß diese oder jene Persönlichkeit dies oder jenes Kunstwerk schaffen muß, so stark auch die künstlerische Vokation einzelner Schaffender sein möge. Wohl aber ist jedes Kunstwerk wie jede Naturerscheinung von gewissen Vorbedingungen abhängig. Der Musikhistoriker kann solche Bedingungen rückschauend erschließen und den Zusammenhang der Tatsachen feststellen oder — um mit Ernst Mach zu sprechen — »die funktionelle Verbindung« herstellen. Der Musikhistoriker kann ebensowenig wie der Historiker aus dem gegenwärtigen Zustande und den Bewegungen seiner Umgebung eine wissenschaftliche Voraussage, Vorhersage machen. Es kann ein unvorhergesehener »Widerspruch« (ein Gegenereignis) hervortreten und sich geltend machen, wie der Historiker Julius von Ficker sagt: »in der Weltgeschichte wird der Widerspruch so schwer empfunden, daß die für die Weiterentwicklung der Menschheit bedeutsamsten Fragen durch den so unberechenbaren, oft von den geringfügigsten Umständen abhängigen Ausfall eines Schlachttages, wenn nicht für immer, doch für lange Zeit zur Entscheidung gebracht werden«.

In der Kunst repräsentiert innerhalb einer Entwicklungsphase der Typus einer Gattung die gesetzmäßige Erscheinung. Aber auch die atypischen Kunsterzeugnisse stehen im organischen Zusammenhang mit der Gesamtentwicklung. Der Historiker hat aus der Menge der Erscheinungen das Typische und das Individuelle festzustellen, wobei hervorgehoben werden muß, daß das Atypische durchaus nicht gleichbedeutend ist mit dem Individuellen, das eine Begleiterscheinung des normalen Typischen in höherer oder niedrigerer Ausführung sein kann. Die Forschung hat das Spezielle neben dem Generellen, das Außerordentliche neben dem Normalen zu beobachten und klarzulegen. Gerade das Außerordentliche wird hier das Ereignis, das für alle Folge mitbestimmend und für die Regelung der Zukunft mitbedingend sein kann; es ist dem Ordnungsgemäßen bei-, öfter übergeordnet. Die Tat eines Einzelnen kann einen tiefen Eingriff in die Wandlungen der Tonkunst bedeuten, ein falscher Griff eines genialen

Künstlers kann unheilvolle Nachwirkungen haben. Vermag er den Fortgang der Entwicklung aufzuhalten? Ich möchte die Frage offen lassen und damit andeuten, daß ich mich da vielleicht im »Widerspruche« mit der These Fickers befinde. Wir müssen für die Kunst neben der inneren Notwendigkeit in der Aufeinanderfolge im großen Zuge der Erscheinungen und Tatsachen die Individualbetätigung verfolgen, die das Mitbestimmende für alles Kunstwirken ist, vielleicht das vorwiegend Bestimmende. Die Kunst ist freier als das Leben, der Wille des Künstlers im Schaffen weniger determiniert als der Wille des Menschen im Handeln des täglichen Lebens, wie der Dichter sagt:

»Freiheit ist nur in dem Reich der Träume
Und das Schöne blüht nur im Gesang.«

Um noch tiefer in diese Erörterungen einzudringen, müßte die Frage des Determinismus und Indeterminismus herangezogen werden.

Die von der Ästhetik aufgestellten Regeln, Normen, sagen wir Gesetze des Kunstschönen, sind für die musikgeschichtliche Forschung von geringer Bedeutung, in mancher Beziehung geradezu irreführend, die Erfassung des künstlerischen Grundcharakters einzelner Perioden, Schulen und Meister erschwerend. Eigentlich hat die »normative« Ästhetik der vorvergangenen Zeit kapituliert und die neuere Richtung der Ästhetik ist auf die psychologische Untersuchung des Schaffens und Genießens, der Phantasietätigkeit und der Apperzeption, der Einfühlung gerichtet. Von dieser ist relativ mehr zu erwarten und sie nähert sich den Prinzipien und der Methode moderner naturwissenschaftlicher Forschung. Weder die Normen der früheren Ästhetik noch die Feststellungen der empirischen und experimentellen Psychologie geben einen festen Anhalt für die Aufstellung musikgeschichtlicher Entwicklungsgesetze im Sinne der Gesetze des Naturgeschehens.

Ähnlich, wenn auch nicht völlig gleich, ist die Bedeutung

der Regeln der Tonsetzkunst, die in den verschiedenen Stilzeiten und Stilarten, oder erst nach Entfaltung derselben aufgestellt werden, für die Erkenntnis des historischen Geschehens oder für die Feststellung von Entwicklungsgesetzen im absoluten Sinne. Die Aufstellung für die dritte Gruppe des historischen Teiles meiner Übersicht über den ganzen Stoff der Musikwissenschaft: »historische Aufeinanderfolge der Gesetze«, bedarf da besonderer Aufhellung und Ergänzung. Ich wollte damit auf die Wichtigkeit der Zusammensetzung, der organischen Verbindung der tonkünstlerischen Werke innerhalb jeder Stilschule und deren Verhältnisstellung zu dem Vorangegangenen und Nachfolgenden hinweisen mit besonderer Rücksichtnahme auf die Bestimmung und Einordnung der Regeln der Tonsetzkunst innerhalb einer Phase. Allein diese theoretischen Konklusionen, die man als Gesetze zu bezeichnen pflegt, sind natürlich nicht Gesetze im naturwissenschaftlichen Sinne, sie sind vielmehr Gebote oder besser gesagt: Verbote besonders behufs Regelung des Satzes, im besonderen behufs reiner, reinlicher Stimmführung. Sie haben nicht absolut bindende Kraft; demnach hat sich kein Künstler an diese als einzig bestimmende, als ausschließlich maßgebende Vorschriften gehalten. Es sind uns Aussprüche von Meistern erster Ordnung erhalten, die bezeugen, daß sie sich innerhalb gewisser Grenzen als berechtigt hielten, ihre eigenen »Gesetzgeber« zu sein. Künstler, die eine strenge Schule durchmachten, werden sich dieser freien Entfaltung ihrer schöpferischen Tätigkeit bewußt. Diese Normen sind — dies bedarf keines Nachweises — nicht zu verwechseln mit den sogenannten Gesetzen historischer Entwicklung. Die Musikgeschichte kann nicht mit Hinblick auf die Normen der Tonsatzlehre eine Gesetzeswissenschaft sein. Vorschrift und künstlerische Produktion verhalten sich in entfernter Analogie zueinander wie Gesetz und Recht, wie Recht und Moral — ja die beiden sind nicht absolut kongruent. Die künstlerische Verantwortung trägt der wahre, echte Künstler in sich als eine Art kategorischen Imperativ. Dieser wird gestützt durch die Gebote und Verbote der Lehre, die sich der Jünger der Tonkunst nach ihrem jeweiligen Stande anzueignen hat, gerade so wie er die Handhabung der normierten Tonsprache erst erwerben muß, besonders da die Musik für ihre höher stilisierten Produkte kein Vorbild in der Natur hat, wenngleich sich die tonkünstlerische Produktion des Einzelnen an gewisse Grundqualitäten der Volksmusik, im besonderen gewisser Urprodukte seiner Nation anzuhalten, anzulehnen vermag.

Die künstlerische Phantasie und Arbeit kann sich über gewisse Forderungen und Normen der Theorie hinwegsetzen, ohne diese in ihrer abstrakten Geltung aufzuheben. Wie das Bild einer »Assunta« nicht das Naturgesetz der Schwerkraft aufhebt, ebensowenig werden durch die Anwendung der temperierten Stimmung, durch die unvermeidliche Verwendung all der die einfachen Rationen der Intervallbestimmung alterierenden Intervalle in der künstlerischen oder primitiven Musik die naturgesetzlichen Rationen der Tondistanzen aufgehoben. Auf der einen Seite ist das bindende Gesetz der Naturerscheinung, auf der anderen Seite die relativ frei zu handhabende Norm der Kunstbetätigung. Das Gesetzliche der Naturordnung deckt sich nicht mit der in gesetzmäßiger Fortentwicklung sich einstellenden Konvention der Kunstordnung.

Der denkende Künstler erfaßt die normative Regelung, die stilistische Ordnung seiner Zeit, auch wenn diese von der Theorie nicht in Maximen und Lehrsätzen gefaßt ist, wie dies zumeist der Fall ist und sich erst nachträglich in langen Nachuntersuchungen vollzieht.

Der Künstler kann sich auch über gewisse Formeln hinwegsetzen, die jeder Kunstgattung, jeder Stilart ihr bestimmtes äußeres Gepräge geben. Jede Zeit hat in der Tonkunst ihr bestimmtes Formalwesen, ich möchte sagen: copia formularum (dieses Wort ist nachgebildet der copia verborum), einen größeren oder kleineren Vorrat von Wendungen und Phrasen, neben denen die großen Künstler auch ihre Spezialidiotismen haben. Diese Formeln sind in ihrem wichtigeren Teile konstruktiver, in ihrem akzessorischen Teile ornamentaler Art. Mit dieser Gegenüberstellung erscheint die Einstellung des Entwicklungsproblemes auf die Ornamentik, wie sie in letzter Zeit mit Aufwendung eines gelehrten Apparates versucht wurde, als ein Versuch, der die Nebensache auf Kosten der Hauptsache in den Vordergrund rückt und somit den natürlichen Standpunkt verrückt. Diese Formeln erstarren besonders dann, wenn sie als Erzeugnisse einer fremden Schule herübergenommen sind oder wenn die Produktionskraft der Schule und der Zeit, in der sie entstanden sind, erlahmt. Solche »angelernte Wendungen« sind ein willkommenes Erkennungszeichen der betreffenden Zeit und Schule, die sie in verschiedener Weise verwenden. Der Einzelkünstler bedient sich ihrer nach seiner Anlage oder sucht sich davon zu emanzipieren. Unter diesen Formeln haben die Finalklauseln eine besonders bindende Kraft, sie wirken in früheren Stilperioden zwingend. Formeln verschiedener Art beherrschen einen ganzen Kunststil, so die Initial-, Medial-, Finalwendungen den Choral, dessen Grundlage eben die Psalmodie mit der Vorherrschaft dieser Tonphrasen in herrlichen Abwandlungen war. Solche Verwendungen zeigen eine gewisse Gesetzmäßigkeit und beherrschen in allen Perioden die Künstler — in der Wiener klassischen Schule z. B. Mozart mehr als Haydn (in der Instrumentalmusik) —, aber auch da kann man nicht von einer Gesetzlichkeit im Sinne des Naturgesetzes sprechen. Die Notwendigkeit des Verfahrens wird verschieden, auch in bewußt freier Weise gehandhabt. Innerhalb solcher Formeln, wir können auch sagen, trotz dieser Formeln gelangt die eigenartige Ausdrucksweise des kräftigen Individualkünstlers zu freier Entfaltung.

Es wäre zweckmäßig, für die verschiedenen Stilperioden und Schulen ein lexikon formularum zusammenzustellen nach der Art eines lexikon phraseologicum, in dem die konstruktiven Wendungen geordnet und gesichtet werden. Auf Grund dessen könnten dann die Eigenzüge der einzelnen Künstler, die ja alle einer Gemeinschaft angehören müssen, sicherer und leichter und auch mit ihren eigenen Idiotismen genauer bestimmt werden. Solche statistische Zusammenstellungen wären ein vollkommener Behelf für stilkritische Bestimmungen. Die Statistik gibt überhaupt eine willkommene Handhabe für manche Feststellungen, die eine gewisse Gesetzmäßigkeit aufweisen. Die Zusammenstellung von Daten aller Art gehört in die Vorhalle musikhistorischer Arbeit. Die äußere Statistik über Menge und Orte der Produktion, über Absatz, Aufträge, Aufführungen, Honorare, Preise usw. Aus all dem kann natürlich nicht die Gesetzmäßigkeit der Kunstentwicklung erwiesen, wohl aber äußerlich gestützt werden. Es ist Material für den äußeren Verlauf der Geschehnisse im Kunstleben, die auch in einer gewissen Gesetzmäßigkeit beim Auf- und Niedergang einer Schule vor sich gehen. Um Gesetze für das historische Geschehen zu konstatieren, wurden, dem Vorgange der Naturforscher folgend, Versuche gemacht, auch die Kunstobjekte nach Einheiten zu messen. Der Germanist Scherer wollte in der Literaturgeschichte solche Einheiten in den Motiven sehen, gleichsam als den literarischen Atomen und Molekülen. Dieser Versuch ist wohl als mißglückt anzusehen und hätte trotz der exakten Verwendung von Motiven und Themen in der Musik auch nicht viel Aussicht, die absolute Gesetzmäßigkeit im naturwissenschaftlichen Sinne zu erweisen, wohl aber könnte im Sinne der Formeln die Konstatierung der Folgerichtigkeit des musikhistorischen Verlaufes eine Stütze erhalten.

Wie schon bemerkt, tauchen in der Naturwissenschaft einzelne Stimmen auf, die die Unwandelbarkeit der aufgestellten Gesetze ins Schwanken bringen; es wird behauptet, daß die Zusammenhänge in gewissem Grade hypothetisch bleiben. Damit wird das Prinzip absoluter Gültigkeit der Gesetze und der strengen Gesetzmäßigkeit der Erscheinungen verlassen. Vielleicht neigen die beiden Linien der naturwissenschaftlichen und der historischen Forschungen, die bisher parallel nebeneinander in einer gewissen Distanz gingen, in weiter Zukunft einander zu und begegnen einander. Nach dem bisherigen Stande der beiden Wissensgebiete muß aus den gegebenen Auseinandersetzungen der Schluß gezogen werden, daß wir in der Musikgeschichte weder das Kausalitätsgesetz anerkennen, noch eine absolute Gültigkeit der Gesetze im naturwissenschaftlichen Sinne, sondern eine innere Folgerichtigkeit im Verlaufe der Kunsttatsachen, eine geregelte Ordnung, eine Notwendigkeit, bei der das Genie durch seine relativ freie Individualbetätigung eine mitbestimmende Bedeutung hat.

V. Vorfragen und Analogien der musikhistorischen Methode.

1. Um das methodische Verfahren in seinen Verzweigungen klarzustellen und um das gesamte Material der Forschung mit Hinblick auf seine methodische Behandlung zu gliedern, müssen neben dem Hauptobjekt, den Kunstwerken auch die bedingenden Faktoren, die die Entstehung mit beeinflußenden Momente, ferner alle sich an die Schaffenstätigkeit anschließenden Folgen in Betracht gezogen werden. Man muß die einzelnen Faktoren in der methodischen Behandlung getrennt erörtern, wenngleich sie in Wirklichkeit ein untrennbares Ganzes bilden. Man muß »getrennt marschieren und vereint schlagen«. Jeder Faktor hat seine eigene Behandlungsart. Der Aufklärungsdienst ist anders zu verrichten, als die Zentralarbeit musikhistorischer Forschung: die der Stilkritik. Jede wissenschaft-

liche Vorarbeit muß in ihrem Dienste stehen. Die äußeren Entstehungsbedingungen sind separat zu untersuchen, abgetrennt von den inneren Bedingungen. Der Zweck, dem das Kunstwerk dient, ist festzustellen und wo ein äußerer Anlaß nicht vorhanden, oder nicht nachweisbar ist, ist die freie Bestimmung zu erwägen und zu erörtern. Die ganze Umgebung des Künstlers und des Werkes ist in Erwägung zu ziehen, die physischen, psychischen und allgemein kulturellen Um- und Zustände sind in ihren Verschlingungen zu verfolgen. Alle subjektiven und alle objektiven Entstehungsmomente sind aufzudecken. Alles, was den Schaffenden betrifft, seine Abstammung, seine Disposition, sein Vorgehen, der Schaffensakt, die zeitliche und örtliche Schaffenslage und Bedingtheit. Neben der Individualpsyche ist die Sozialpsyche seiner Umgebung, das Differenzierende und das Gemeinsame klarzulegen.

2. Die methodische Behandlung aller um das Kunstwerk herumliegenden Umstände und es umschließenden Begebenheiten und Verhältnisse stimmt mit dem in der historischen Methode diesfalls üblichen Verfahren überein und ist nur auf den Zweck der Aufklärung für eigentlich musikhistorische Arbeit einzustellen. Die Musikgeschichte bedient sich diesfalls als Teil der allgemeinen Geschichte aller methodischen Mittel der letzteren. Allein die Untersuchung des rein künstlerischen Entwicklungsganges verlangt ein eigenes Vorgehen, das in einer gewissen Beziehung steht zum historischen wie zum philologischen Vorgang und manche Analogien mit jeder der Letzteren zeigt. Kunstwerke, ihre Entstehung und Wirkung, ihre Einflußsphäre erheben in ihrer Eigenart den Anspruch auf Eigenbehandlung und haben demnach ihr Spezifikum auch im Hinblick auf ihre Methode. Es geht nicht an, das kunsthistorische mit dem historischen Verfahren zu identifizieren, wie dies geschehen ist. Die Liebe, mit der die Historiker gerade die Geschichte der bildenden Kunst behandelt haben, hat manche Vertreter der Letzteren blind gemacht gegenüber

V. Vorfragen und Analogien der musikhistorischen Methode.

den Eigenforderungen und der gebotenen Selbständigkeit des kunstwissenschaftlichen Vorgehens. Wir Musikhistoriker sind nicht so verwöhnt worden und damit behalten wir (soweit überhaupt methodisch zu verfahren versucht wurde) unsere Unabhängigkeit und wollen uns ihrer bewußt werden.

Auch die musikgeschichtliche Arbeit hat mehrere Stadien durchlaufen, die in Analogie stehen mit denen der Geschichtsschreibung und die von Bernheim in drei Kategorien bezeichnet werden als: referierend, pragmatisch, genetisch. Aus der griechischen Literatur, liegen soweit nicht mythische Erzählungen den Hauptinhalt bilden, beschreibende Aufzählungen der Geschehnisse vor, also referierende Art neben Werken lehrhafter Tendenz (pragmatisch). Ebenso aus dem Mittelalter bis hierauf zum Ende des 16. Jahrhunderts. Wir besitzen nur wenige Versuche historischer Bemerkungen aus dem Mittelalter wie z. B. beim Anonymus IV in Coussemaker »Scriptores«, dann bei Tinctoris und Glarean. Von wirklicher Kritik ist nicht die Rede. Die zweite Richtung mit der lehrhaften Tendenz hat im 17. Jahrhundert ihre Hauptvertreter in Michael Praetorius, Athanasius Kircher u. a. Erst im 18. Jahrhundert erwachte der Sinn für Genetik, blieb aber verhüllt und verborgen, konnte sich trotz einzelner Ansätze nicht entfalten. Zudem blieben die Universalhistoriker der Musik, das sind diejenigen, die den ganzen Stoff angefangen von der Schöpfung respektive von König David bis zu ihrer Zeit umfassen wollten, ausnahmslos bei Erfüllung ihrer Absichten stecken, so z. B. Martini schon bei der griechischen Musik, A. W. Ambros in der Musik des 17. Jahrhunderts, Fétis in der des 15. Jahrhunderts usw. Von diesen Universalmusikhistorikern hatte im 18. Jahrhundert Burney ein wenig Neigung und Ahnung genetischer Betrachtungsweise, dann Forkel, der sich von der Vorstellung einer Evolution der Musik im absoluten fortschrittlichen Sinne leiten ließ. Für die Musik der Niederländischen Schulen erkannte Ambros den genetischen Weg und so blieb dieser Teil in seinem Werke der wertvollste bis auf den heutigen Tag. In der Zeit Forkels erwachte auch der Sinn für Denkmälerarbeit. In der monographischen Literatur einschließlich der biographischen wächst allmählich die Tendenz zur genetischen Darstellung, ohne zum Durchbruch zu gelangen. Arrey Dommers Handbuch machte den Versuch genetischer Betrachtung — soweit der damalige Stand der Wissenschaft ihm dies überhaupt ermöglichte. Der Neubearbeiter dieses Handbuches stellt bedauerlicher Weise Hypothesen in den Vordergrund, die den Kern des Werkes unvorteilhaft verletzen. Mit diesen Anführungen einzelner literarischer Erscheinungen sollen nur exemplifikativ die Hauptarten der musikhistorischen Geschichtsschreibung gekennzeichnet werden, die den in der historischen Methode aufgestellten Arten analog sind, aber es soll beileibe keine Detailbeschreibung der Literatur gegeben werden. Ganz genau lassen sich die drei Arten in der Literatur nicht scheiden; eine greift in die andere über. Vielleicht ist keine historische Literatur so den Zufälligkeiten des Tages und Marktes ausgesetzt wie die musikhistorische. Die gangbarsten Handbücher und illustrierten Werke bleiben fast ganz im ersten Stadium, oder in einem kombiniert referierend-pragmatischen Stadium stecken: eine äußerliche Aneinanderreihung mit belehrender Tendenz und ästhetischen, ästhetisierenden, kulturmessenden Werturteilen. Daneben tritt das bummelnde Gefallen an den äußeren Erlebnissen und Schicksalen der Künstler hervor. Da tut eine strengere Handhabung nöt, eine methodisch geschulte Ausführung der genetischen Behandlung, eine geläuterte Auffassung.

2. Die Tonkunst kann als Teil der Gesamtkultur von diesem Standpunkt aus betrachtet, ihre Entwicklungsphasen können in die kulturhistorischen Abschnitte einbezogen, eingereiht werden. Die Vorfrage richtet sich dahin, ob die musikhistorische Methode von dem behufs Konstatierung der kulturellen Fakten und Folgen angewandten Verfahren beeinflußt oder gar geführt

ist. Vor Karl Lamprecht wurde kein eigenes Vorgehen eingeschlagen und auch die von ihm als selbständig hingestellte »kulturhistorische Methode« (1900) bietet dem Musikhistoriker keine besondere Handhabe. Wir erkannten die Notwendigkeit der Erfaßung gesetzmäßiger Entwicklung in der Musikgeschichte, wie dies Lamprecht für die Kulturgeschichte verlangt. Ferner hat jede Zeit, jede Schule bestimmte vorherrschende Typen, die in mannigfachsten Varianten und Abgliederungen auftraten. Der Ausdruck Lamprechts: »Diapason« für eine jeweilige Gesamtdisposition ist der Musik entnommen. Es ist zu konstatieren, daß die kulturhistorische Erforschung sich nicht von dem in der Geschichtswissenschaft üblichen Verfahren unterscheidet, und nur eine besondere Hineigung zur Vergleichung hat, also sich gleichsam mit dem komparativen Verfahren identifiziert. Auch die Musikgeschichte muß sich dessen bedienen, allein im streng stilkritischen Sinne. Sowie sie damit die Werte in Parallele ziehen will — nach Rickert ist alles, was Wert hat, Kulturgut und umgekehrt — begibt sie sich in ein Stadium der Schwankungen und Unsicherheiten. Es gibt meiner Ansicht nach keine absoluten Wertbestimmungen, nur relative. Ob die Musikgeschichte diesfalls von der Kulturgeschichte mehr zu erwarten hat, als von der Aesthetik hängt von dem zukünftigen Stande der beiden Forschungsgebiete ab. Bisher findet sie von diesen beiden Seiten keinen Halt, keine ausschlaggebende Richtschnur. Wir können die Musikgeschichte nicht nach Kulturdiapasons gliedern — wenigstens nicht bisher. Allein Analogien finden sich und vermutlich wird eine streng wissenschaftlich vorgehende Musikforschung noch eine Stütze für die Aufstellungen der Kulturgeschichte. Es ergibt sich also wieder die Notwendigkeit, daß sich vorerst die Musikgeschichte ihrer Eigenpflichten bewußt werde.

3. Tief- und weitgreifend ist der Einfluß, den die Philosophie auf die Musikgeschichte zu nehmen berufen ist. Als Zentral-

wissenschaft senkt sie ihre Ableger in den Boden aller Wissensgebiete. Allein mit Erfolg kann dies erst dann vor sich gehen, wenn das Ackerland genügend gepflügt und vorbereitet ist. So ist es erklärlich, daß sie in die Geschichtswissenschaft erst im 18. Jahrhundert einzugreifen vermochte. Die Gesamtauffassung in geschichtlicher Betrachtung kann von ihr geleitet werden. Sie hat sich auch als Spezialgebiet historischer Arbeit etabliert: in der Geschichtsphilosophie. Der erste Versuch in der Musikgeschichte wurde erst 1837 unternommen und verdankt einem Zufall seine Entstehung: F. J. Fétis setzte der ersten Auflage seiner »Biographie universelle des Musiciens« ein »résumé philosophique de l'histoire de la musique« aus dem Grunde voran, weil die wissenschaftliche Kommission, die sein Werk fördern sollte, der Ansicht war, daß eine bloß lexikographische Anordnung des musikhistorischen Stoffes keine eigentlich wissenschaftliche Behandlung sei. Diese Anschauung entstammte der vorerst besonders von Franzosen vertretenen geschichtsphilosophischen Richtung, die bis auf den heutigen Tag von ihnen mit Vorliebe verfolgt wird. Sie entsprach den Neigungen von Fétis; er faßt seine Absichten und Grundsätze in folgende Sätze zusammen (S. XXIX):

»Je compris les lois de tous les systèmes de musique, qui ont tour à tour imprimé des directions diverses à l'art. Les points de contact de ces systèmes, les causes de leur divergences, celles de transformations succesives, la nécessité d'un certain ordre dans la manière dont ces transformations s'opéraient, tout céla m'apparut sous l'aspect véritable où on doit les considérer. Les qualités et les défauts de toutes les théories, de toutes les méthodes me furent révélés, et l'histoire de toutes les révolutions de la musique ne me parut plus être que le résultat nécessaire de quelques principes féconds agissant incessament à l'insu de ceux mêmes qui s'en servaient«.

V. Vorfragen und Analogien der musikhistorischen Methode. 41

Diese »principes féconds« die wohl auf Montesquieus »De l'esprit des lois« zurückzuführen sind, hätten sich fruchtbringend für seine Absicht der Stilerfassung der Perioden seit dem 17. Jahrhundert erweisen können — wenn die nötigen Vorarbeiten vorhanden gewesen wären, die ein Einzelner nicht leisten kann. In Deutschland, wo die Bewegung namentlich von Herder in Gang gebracht war, konnten sie sich auf dem Gebiete der Musikgeschichte bisher nicht entfalten; sie entspricht nicht der streng wissenschaftlichen, deutschen Arbeitsart, wenigstens so lange nicht, als die Bedingungen hierfür nicht geboten sind, die Ergebnisse der spezifisch musikhistorischen Forschung nicht eine feste Basis hierfür geschaffen haben.

Alles, was von dem Gebiete der Philosophie auf musikhistorische Forschung übertragen werden kann, zusammenzustellen und im Einzelnen zurechtzulegen, kann nicht Aufgabe einer Untersuchung über musikhistorische Methode sein. Da ist der freien Erfassung des Einzelforschers weitester Spielraum gegönnt, da tritt die Individualität in ihre besonderen Rechte. Sowie es eine idealistische und materialistische Geschichtsauffassung gibt, die von philosophischen Grundanschauungen geleitet wird, so greift der besonders scharf in der Philosophie des 19. Jahrhunderts aufgetretene Gegensatz von Optimismus und Pessimismus auch in die Musik dieser Zeit und ihre Erfassung ein. Alle in die Soziologie hineingetragenen philosophischen Anschauungen finden auf diesem Wege auch Eingang in die musikhistorischen Betrachtungsweisen durch die gebotene Rücksichtnahme auf die gesellschaftliche Entstehung und Verwertung der Kunstwerke. Religionsphilosophische Probleme dringen auch in unser Gebiet ein mit Rücksicht auf die hohe Bedeutung und die zeitweise Oberführung kirchlicher Musik und ihrer geistlichen und religiösen Begleiterscheinung. Eine Zurückführung der ganzen musikhistorischen Auffassung auf die »daemonischspirituellen« Triebe, von denen die Musik aller Zeiten und Völker geleitet und beherrscht sei, versicherte Jules Combarieu; damit soll eine religiös-mystische Auslegung der treibenden Kräfte der Musikentwicklung in den Vordergrund gerückt sein. Die in diesem und manch anderem Falle als pseudophilosophische zu bezeichnende Betrachtungsweise begibt sich auf Nebengeleise, die ins Irrland führen.

Für musikhistorische Untersuchungen sind alle Beziehungen wichtiger, die sich in Logik, Psychologie, Erkenntnislehre, in den heute von der Philosophie mit besonderen Eifer betriebenen Untersuchungen über »Wert« und über »Annahmen«, »Möglichkeit und Wahrscheinlichkeit« behufs Klärung methodischer Behandlung bieten. Am allereinschneidendsten, von fundamentaler Bedeutung ist die von der Philosophie in alle Wissensgebiete eingeführte Scheidung der induktiven und deduktiven Methode: Wir werden die Art ihrer Anwendung bei der Untersuchung über Stilkritik, als der musikhistorischen Zentralarbeit des näheren kennen lernen.

4. Aus dem Komplex der allen Wissensgebieten gemeinsamen Probleme haben wir das über Notwendigkeit als eine Grundfrage herausgegriffen und behandelt. In der Erörterung und der Schlußziehung liegt der Schlüssel für das Verhältnis von Musikgeschichte zur Naturwissenschaft auch bezüglich ihrer methodischen Behandlungen. Vor allem ist festzuhalten, daß die Musikgeschichte als eigentlich historische Wissenschaft der Naturwissenschaft ferner steht, als der zweite Teil der Musikwissenschaft: der systematische, der schon durch seine mathematisch-physikalischen Feststellungen engere Beziehungen zwischen beiden Wissensgebieten knüpft. In den zwei Grundeinteilungen der Naturwissenschaft liegen Analogien zur Fächerbildung der Musikgeschichte: die erste ist die in eine beschreibende und erklärende. Der beschreibenden entspricht die Formalanalyse. Sie läßt sich auch in der

Musikgeschichte von der erklärenden nicht gänzlich abtrennen. Man kann nicht einfach beschreiben, ohne wenigstens partiell die Komparation, die Vergleichung ausdrücklich oder stillschweigend heranzuziehen. Wir werden darüber noch zu sprechen haben. Auch die zweite Hauptgruppierung der Naturwissenschaft, die in reine und angewandte findet ihr Analogon in der Musikgeschichte: je tiefer wir in die Erkenntnis der musikhistorischen Vorgänge eindringen, desto mehr stellt sich das Bedürfnis der Anwendung historischer Forschungsergebnisse für praktische Aufführungszwecke historischer Werke ein. Die Musikgeschichtsforschung hat da die Lösung einer großen, weitverzweigten Reihe von Problemen anzustreben, die sich gar sehr von ähnlich gearteten der bildenden Kunst unterscheiden und mehrfach den Kernpunkt musikhistorischer Arbeit betreffen. Für jede Wissenschaft ist ferner von großer, mit den Ausschlag gebender Wichtigkeit die Terminologie. Die Methode der Musikgeschichte begegnet sich da mehrfach mit der Naturwissenschaft, besonders in der Nomenklatur bezüglich der Zusammensetzung der Gruppen und Unterabteilungen. Die Naturwissenschaft scheidet Arten, Gattungen, Familien, Ordnungen und Klassen. Auch die Musikgeschichte nimmt Zusammenfassungen und Scheidungen solcher Art vor: man stellt die Klasse der Instrumentalmusik derjenigen der Vokalmusik gegenüber. In weiterer Unterscheidung können gebildelt werden: die Ordnung der zyklischen Komposition, die Familie der Sonate, die Gattung der Kammersonate, die Art der Kammersonate mit Vorspiel, dann das Individuum z. B. Georg Muffat, Florilegium I., Fasciculus I (Erstes Bündel): Eusebia Ddur bestehend aus Ouverture, Air, Sarabande, Gigue I, Gavotte, Gigue II, Minuet. Diese klassifikatorischen Bestimmungen können nur auf Grund historischer Untersuchung vorgenommen werden. Die Musikgeschichte scheidet ferner höhere und mindere Formen, wie dies auch die Naturforschung vornimmt. Und da kommen wir zu den

Entwicklungserscheinungen. Es wurde behauptet, daß »die Entwicklungsgesetze der Organismen in der Natur auch auf die Musik anwendbar seien, daß sich organische Natur und das Gebiet der Kunst nicht in den formbildenden Gesetzen, aber in dem durch diese geformten Stoff unterscheiden« .... »Erblichkeit, Variabilität, Überproduktion seien in beiden Gebieten identisch«*). So geistvoll solche und ähnliche Zusammenstellungen, wie sie mehrfach versucht wurden, sein mögen, so ergeben sie — ich darf auf die Ausführungen über Gesetzmäßigkeit hinweisen — nicht Parallelen, sondern Analogien näherer oder fernerer Art. Wenn wir die Gesamtentwicklung der Tonkunst vergleichsweise als eine organische bezeichneten, mit Wachsen und Werden, mit Schwinden und Vergehen, so ist dies begründet durch eine gewisse Ähnlichkeit in der Abfolge der Erscheinungen; aber nur innerhalb des systematischen Teiles der Musikwissenschaft können im methodischen Verfahren gewisse Gleichheiten beobachtet werden. In den Formbildungen könnte eine quasi biologische Ordnung nachgewiesen werden. Allein das Animalische im Menschen ist nicht gleichzustellen dem Geistigen und ebensowenig die Entwicklungsgesetze des Ersteren der Entfaltungsordnung des Letzteren. Analogien mannigfacher Art sind zu beobachten. Auch in der Tonkunst haben höhere Kunstformen gewisse Entwicklungszustände durchzumachen, die bei den niederen Kunstformen nicht zu beobachten sind: so hatte innerhalb der Gruppe der Nachahmungsformen der Kanon seine bestimmende Gestalt seit dem ersten Auftreten im Mittelalter, seit dem »Sommerkanon« angenommen, während die Fuge zu ihrer zweckentsprechenden Ausgestaltung erst nach Jahrhunderte langem Ringen vordringen konnte. Dabei sei anerkannt, daß die Ansprüche an den kunstmäßig ausgeführten Kanon sich stetig steigerten, aber sein Wesen nicht zu ändern vermochten. Das bioge-

---

*) Oswald Koller, »die Musik im Lichte der Darwinschen Theorie« (Jahrbuch Peters VII, 1900).

netische Grundgesetz, dem zufolge die Entwicklung des Individuums (Ontogenesis) die abgekürzte Wiederholung seiner Stammesgeschichte (Phylogenesis) ist« könnte vergleichsweise auf die Entwicklung des Künstlers übertragen werden, allerdings nicht in dem Sinne wie dies O. Koller tat, wonach »der werdende Künstler in seinem Studiengang den ganzen Verlauf der Musikgeschichte wiederholt«. Da müßte er ausgehend vom Choral über die primitive Mehrstimmigkeit und die historischen Arten zu seiner Kunst vordringen. Das biogenetische Gesetz ist nur vergleichsweise zu übertragen in dem Sinne wie dies z. B. zwei französische Forscher (Th. de Wyzewa und G. de Saint-Foix) bezüglich Mozart unternommen haben, die den Nachweis zu erbringen suchen, daß der in höchst rationeller Weise sich vollziehende Gang der Ausbildung des jungen Meisters gleichsam den Entwicklungsgang der Wiener Stilschule, der er sich anschloß, widerspiegelt. Diesen Umstand führen die beiden Schriftsteller nicht an, waren aber in dem Drange nach Aufdeckung der Einflüsse gleichsam unbewußt davon geleitet. Aus dem Komplex dieser Analogiefragen möchten wir des Weiteren nicht das der Generation, der Erblichkeit, der Variabilität, des Kampfes ums Dasein, der natürlichen und nachahmenden Zuchtwahl, der unzweckmäßigen Organisation herausgreifen, denn die Erörterungen würden ins Weite und Nebulose geraten. Näher liegt die Erörterung eines Problems, das mit der Deszendenztheorie nicht direkt zusammenhängt, aber für die Musik von hoher Bedeutung ist: die Frage nach dem Typus, dem Typischen oder Normalen, der wissenschaftlichen Typenbildung. Wir wollen dabei nicht das häßliche Wort »Typ« gebrauchen, wie es besonders in der modernen deutschen Literatur in oft willkürlicher, unklar verhüllter Weise angewendet wird.

5. Der Begriff des Typus ist in jeder Wissenschaft verwendbar. Die Psychologie setzt ihn als Gemeinsamkeit gewisser seelischer Phänomene, als Identität, als Regelmäßig-

keit, die gedanklich erkannt und in Einem zusammengefaßt wird. Sie überträgt ihn auch auf die Folge der Erscheinungen, auf die Ordnung in der Aufeinanderfolge, die man sonst als Gesetze bezeichnet. In der Kunst kann der Typus als Vor- oder Urbild ergriffen werden und wie man in anderen Wissenschaften einen »typischen Verlauf« beobachtet, so kann auch in der Kunstgeschichte von einem solchen gesprochen werden. Es geht nicht an, wie es gemeinhin geschieht, den Typus nur als die »mehreren Dingen ein und derselben Art oder Gattung gemeinsame Grundform« aufzufassen, vielmehr umfaßt der Begriff des Typus neben, mit und in der Grundform auch das Grundwesen, die lebendige Gestalt mit allen Qualitäten, die stilkritisch bestimmt werden können. Begnügt man sich mit der Grundform, dann trifft man nur das »Schema« und dieses ist durchaus nicht gleichbedeutend mit »Typus«. Das Schema ist die Gestalt, gleichsam als Muster hingestellt, von einem Kunstwerk abgeleitet oder von mehreren oder allen erreichbaren Gestaltungen einer Art zusammengerafft. Das Schema des Sonatensatzes mit Exposition, Durchführung und Wiederholung ist noch lange nicht der Typus dieses Kunstwerkes. Das Schema gibt das Gerippe, der Typus das ganze lebendige Kunstwerk. Der letztere ist nicht eine Verallgemeinerung des ersteren, sondern seine Verlebendigung. Das Schema wird auf Grund der Formalanalyse aufgestellt, der Typus auf Grund des Eindringens in das Wesen mit Hilfe aller Mittel der Vergleichung, Synthese und Induktion gewonnen.

Das Schema wird auf diesem Wege zum Typus erhoben. Dazu gehört die Geartung der Themen, die Gegenüberstellung und Verteilung der Themengruppen, ihre Vorbereitung, Verbindung, Überleitung, Umstellung, Einordnung der Zwischengruppen, ihre Verhältnisstellung und ihr Abschluß in der Schlußgruppe (Coda und Kadenz), die innere Beziehung der Teile, die motivische Arbeit, Teilung und Verknüpfung, die

Art des Eintrittes der Wiederholung (ohne besondere Vorbereitung oder in engster Verbindung, oder in verdeckter oder überraschender, unerwarteter Art), die melodische, die rhythmische, tonale, harmonische Struktur, die technische Behandlung. Dann die Abgrenzung innerhalb der Gesamttätigkeit eines Künstlers, einer Schule gegenüber Vorfahren, Zeitgenossen und Nachfolgern — die geistige Zugehörigkeit, Zusammengehörigkeit, die trotz formaler Unterschiede einschneidendster Art bestehen kann (wie in den letzten fünf Klaviersonaten von Beethoven), die tondichterische Aussprache, die seelischen Spannungsverhältnisse. Diese Beziehungen und Anführungen betreffen nur den Sukkurs all der vielverzweigten und untrennbar miteinander verbundenen Qualitäten, die den Typus ausmachen. Man wird dann Grundtypen und Untertypen verschiedener Grade und Entwicklungsstufen unterscheiden, Typenreihen in auf- und absteigender Ordnung. Den Gemeinsamkeiten gegenüber werden die Differenzierungen innerhalb einer Typenfamilie bestimmt und aufgestellt. Und gerade mit Rücksicht auf diese Gemeinsamkeiten kann in der Musikgeschichte auch das Atypische festgestellt werden — wie in den Erscheinungen der Natur: trotz der Gemeinschaft gewisser Grundqualitäten treten die Differenzen so ausschlaggebend auf, daß gegenüber dem Typus das Atypische der Erscheinung als bestimmend für die wissenschaftliche Einreihung angesehen werden muß. Bevor dies wenigstens an einem Beispiele zu erklären ist, sei noch angeführt, daß in der Geschichte der Tonkunst gewisse Typen beobachtet werden, die im Wandel und Wechsel der Erscheinungen immer wieder auftreten, so aus der ältesten Stilperiode der christlich-abendländischen Musik der Grundtypus des Chorals, d. i. der Psalmodietypus mit dem aufsteigenden Anfang, dem regulär auf einer Tonhöhe sich haltenden Mittelteil und dem absteigenden Abschluß in einer kostbar mannigfaltigen Reihe von Varianten. Dieser Typus steht in historischem Zusammenhang mit einer Reihe vorangegangener melodischen Weisen in verschiedenen Wandlungen und weiter in Typenwanderung bis auf Kunstwerke unserer Tage reichend — was des näheren zu untersuchen die Aufgabe der Forschung sein wird. Diese Typenwanderung ist nicht zu verwechseln mit den von verschiedenen Musikschriftstellern beobachteten »wandernden Melodien« — dort der weitreichende, umfassende Typusbegriff, hier die enge melodische Weise mit ihren Reminiszenzen. Immerhin besteht eine entfernte Analogie. Fundamentaltypen lassen sich in der Volks- und Nationalmusik feststellen, sie bilden die natürliche Grundlage für allen künstlerischen Betrieb, gleichsam das Naturvorbild für Kunstformen und Kunstgebilde höherer und höchster Art. Zur Klärung von Detailforschungen diente die Erkenntnis von Typenbildungen aller Art, so die von W. Fischer mit besonderer Rücksicht auf die Entwicklung des 18. Jahrhunderts festgestellte Unterscheidung des Lied- und Fortspinnungstypus*) und die von E. Kurth aufgestellten Bewegungstypen in der melodischen Polyphonie J. S. Bachs**), die eigentlich auf die ganze zeitgenössische »lineare« Kontrapunktbehandlung ausgedehnt werden können.

Aus dem Grundtypus der Klaviersonate der Wiener klassischen Schule wollen wir die Untertypen der Beethovenschen Klaviersonate herausheben. Der Typus bewegt sich da in aufsteigender Linie, die Deszendenz überragt die Aszendenz. Auch bei Beethoven sind verschiedene Untertypen zu unterscheiden, die mit seiner Stilentfaltung zusammenhängen und sich in drei Gliederungen einander anschließen. Dies bezieht sich sowohl auf den Sonatensatz als auf den Sonatenzyklus. Schon äußerlich manifestiert sich dies in der klaviertech-

---

*) Studien zur Musikwissenschaft, Beihefte der DTiÖ. Bd. III »Zur Entwicklungsgeschichte des Wiener klassischen Stils«.

**) »Grundlagen des linearen Kontrapunkts, Einführung in Stil und Technik von Bachs melodischer Polyphonie.« Bern 1917.

nischen Behandlung innerhalb der Zyklenreihen von op. 2 bis op. 106 (ich sage nicht op. 111, weil die »Hammerklaviersonate« in B-dur technisch am weitesten von dem Ausgangspunkt des op. 2 abführt, ebenso wie in der Beethovenschen Quartettechnik die Schlußfuge op. 133, der ursprüngliche Schlußsatz vom Streichquartett op. 130 gegenüber den Quartetten op. 18). Diese Differenzen der Spieltechnik lassen sich genau bestimmen und exakt beschreiben. Der in die Sonaten sich einlebende Spieler erfühlt sie in gleicher Weise und kann schon nach der pianistisch-technischen Behandlung die Zugehörigkeit zu den drei Untertypen vornehmen. Das ist nur die äußere Seite, die bedingt ist von den Anforderungen der inneren künstlerischen Mission und des sich immer mehr entfaltenden Individualdranges des schaffenden Künstlers Beethoven. Diese Individualisierung schreitet so fort, daß das Atypische in den dreisätzigen Sonaten der letzten Stilperiode immer mehr hervortritt, in op. 101, op. 109, op. 110 einzig dominiert, während in der zweisätzigen Sonate op. 111 geradeso wie in den innerhalb der vorangegangenen zwei Stilperioden eingesprengten zweisätzigen Sonaten op. 49 Nr. 1 und 2, op. 53, op. 54 (diese zwischen 1802/3) und dann den Sonaten op. 78 und 90 (1809/14) das Atypische der Aneinanderreihung klar hervortritt. Im Sonatenzyklus Beethovens ist die Viersätzigkeit das Normale, aber nicht das Vorherrschende, neben dieser kommt die Dreisätzigkeit zu gleicher typischer Geltung. Als äußeres Kennzeichen der Klaviersonatenzyklen dienen ferner: von viersätzigen Sonaten innerhalb op. 2 und op. 32 Nr. 3, mit ihrer regulären Folge von Sonatensatz in belebter Haltung, langsamem Satz, Menuett oder Scherzo, Rondo bilden in Bezug auf Satzfolge die Sonaten op. 26 und op. 27 Nr. 1 Ausnahmsstellungen: sie sind atypisch, indem in der ersteren Thema mit Variationen, Scherzo, Marcia funebre und Allegro (Rondo), in der letzteren ein selbständiges (nicht als Einleitung dienendes) dreiteiliges Andante, dann ein Allegro (der Satz wie in dreiteiliger Form, aber wie die ganze Bildung atypisch ist, ohne Durchführung, also kein eigentlicher Sonatensatz), ferner ein »Adagio con espressione« in dreiteiliger Form, und der Schlußsatz »Allegro vivace« in Rondoform aufeinander folgen. Der Meister selbst war sich natürlich des Atypischen bewußt und wollte es von vornherein gekennzeichnet sehen in der Beisetzung Sonata »quasi una fantasia«. Innerhalb der viersätzigen Sonaten, die alle in die erste Periode fallen, bildet noch die Sonate op. 37 Nr. 3 ein atypisches Verhältnis zwischen zweitem und drittem Satz, indem Scherzo (in Sonatensatzform) und Menuett (mit Trio) aufeinander folgen, während die beiden Ecksätze Sonatensatzform haben.

Der Typus der dreisätzigen Sonate besteht äußerlich in einer Folge von einem Sonatensatz im Allegrocharakter, einem langsamen Satz und einem Rondosatz. Hierbei ist wie bei dem viersätzigen Zyklus die Verarbeitung der Sonatensatzform sowohl im zweiten wie im dritten Satz angewendet. Abweichungen vom dynamischen Grundcharakter der drei Sätze kommen auch hier vor. Am auffallendsten innerhalb der ersten Periode (die die Sonaten op. 10 Nr. 1, op. 13, op. 14 Nr. 1 und 2, op. 27 Nr. 2 umfaßt, während sich mit op. 31 eine allgemeine Stilwandlung vollzieht) ist dies bei der Cis-moll-Sonate der Fall, die von Beethoven wieder »quasi una fantasia« bezeichnet wird und schon bezüglich der Tonart innerhalb aller zyklischen Instrumentalwerke ins Atypische fällt, wie das Cis-moll-Quartett. Der erste Satz »Adagio sostenuto« ist formal mehrdeutig, entweder als modifizierte Sonatensatzform oder einfach zweiteilig auffaßbar. Der zweite Satz »Allegretto und Trio« steht in der Durvariante in enharmonischer Verwechslung (Desdur), in der Form regulär dreiteilig, allerdings wie immer, in allen Sätzen mit eigener Behandlung. Der Schlußsatz »Presto agitato« in regulärer Sonatensatzform. Die dreisätzigen So-

V. Vorfragen und Analogien der musikhistorischen Methode. 51

naten der zweiten Periode, op. 57, op. 79, op. 81ª, halten sich in der regulären Behandlung, ebenfalls mit verschiedenen Abweichungen und Wandlungen. Von den drei dreisätzigen Sonaten, die der letzten Periode angehören, op. 101, 109, 110, ist keine typisch gestaltet, jede fällt ins Atypische; in op. 101 tritt eine Verschiebung des dynamischen Verhältnisses zwischen erstem und zweiten Satz (Allegretto ma non troppo und Vivace alla Marcia) — die äußeren Formen sind regulär (Sonatensatz und dreiteilig) —, während dem Allegroschlußsatz (Sonatensatzform) eine breite Einleitung im Adagio (ma non troppo con affetto) vorgesetzt ist, die auch gleichsam für den Entgang eines langsamen Mittelsatzes entschädigt. Die Sonate op. 109 beginnt schon atypisch mit einer Rondoform in »Vivace ma non troppo«, der ein »Prestissimo« in Sonatenform folgt und den Beschluß macht ein Variationensatz über ein Thema »andante molto cantabile ed espressivo«. In der Sonate op. 110 folgt einem Sonatensatz in »Moderato cantabile molto espressivo« ein dreiteiliges »Allegro molto« und dann sind dritter und vierter Satz in eins verflochten; wenngleich Adagio und Allegro äußerlich geschieden erscheinen, bilden sie innerlich einen Satz, zumal da in dem Allegroteil, einem mit Fuge verbundenen Rondo, das Arioso des vorangegangenen Adagio einen Mittelplatz einnimmt. Nun hieße es, den Charakter jedes Zyklus, jedes Satzes und das Wechselverhältnis, die Gegenüberstellung eingehend erörtern, die Qualitäten stilkritisch genau zu präzisieren, die inneren Bestimmungsmomente zu fixieren, um die typischen und die atypischen Gestaltungen in ihrer künstlerischen Existenz zu erkennen. Die verschiedene Verwendung des Sonatensatzes, der dreiteiligen Form, des Rondos, des Variationensatzes, der Einleitungssätzchen müßte erwogen, die Satztechnik in ihren verschieden schillernden Anwendungsarten, ausgehend vom Grundprinzip des obligaten Akkompagnements mit seiner Einarbeitung gebundener polyphoner Satzweise und ihrer Hauptform (der Fuge) untersucht werden, ferner das Tonartenverhältnis der Sätze und der Gruppen innerhalb der Satzteile und alle die früher angeführten Kriterien in Hinblick auf die Aufstellung der Untertypen und die Erkenntnis des Atypischen in seiner Zugehörigkeit und relativen Einordnung zu dem betreffenden Untertypus. So lange nicht für die innerhalb der verschiedenen Stilperioden auftretenden Arten diese Typenordnung in exakter Weise vorgenommen sein wird, ist nicht eine verläßliche Fundamentierung der musikalischen Geschichtswissenschaft gelegt. Einleitende Vorarbeiten sind geleistet*), aber meist mit mehr Hinweis auf Gefühlserfassung, als streng wissenschaftliche Erkenntnis anbahnend. Architektur und Musik sind die einzigen Künste, bei denen diese Typenforschung, die in das Gebiet der Stilkritik gehört, verläßlich, solid, ohne Schönrederei vollzogen werden kann.

6. Als Anhang zu diesen Vorfragen und Analogien der musikhistorischen Methode sei die Frage erörtert, welchen Standpunkt der Musikhistoriker gegenüber den Kunstwerken, Kunstschulen und Meistern der Vergangenheit einnehmen kann, soll, sofern er als Kind seiner Zeit von den Regungen, Strebungen, Triebkräften, von dem Wollen und Leisten seiner Umgebung abhängig ist und beeinflußt wird. Schon durch diese Fragestellung scheint die Objektivität des Wissenschaftlers, die er zu bewahren hat, in Zweifel gezogen und seine streng sachlichen Untersuchungen scheinen gefährdet. Dem ist nicht so, muß nicht so sein. Der Musikhistoriker darf sich nicht wie der Tageskritiker in das Gewirre labiler Wertbemessungen hineinzerren lassen. Die Methode und sein ernstes Wollen können ihn davor bewahren. Der gewissen-

---

*) Die eben im Erscheinen begriffene »Analyse von Beethovens Klaviersonaten« (1. Band) von H. Riemann bleibt im Analytischen mit besonderer Hervorkehrung der Periodenzählung im Dienste der »Phrasierung« stecken, wenngleich sie stellenweise auch einige andere Stilkriterien heranzieht.

hafte Forscher wird sich davor zu hüten haben, die Bewertung, die Rangstellung der Kunsttatsachen nach den Maßstäben, die im Kunstgetriebe seiner Zeit die Parteien in sich befehdender, sich entgegenstellender Art anlegen und verfechten, auf die historischen Werke zu übertragen. Die Untersuchungen des Musikhistorikers haben sich auf die Stellung der Tatsachen in der kunsthistorischen Entwicklung einzurichten. Andererseits findet er bei der Beurteilung der Zeitgenossen seine Hauptstütze in den Kunstwerken vergangener Perioden. Er darf sich nicht einzig abhängig machen von Stimmungen und Strebungen seiner Zeit. Haß und Verhimmelung müssen bei ihm gemildert, auf das möglichst richtige Maß eingestellt werden. Künstler, die zeitlebens den wildesten Verfolgungen und infamierendsten Angriffen ausgesetzt waren, erhalten dann Leichensteine oder Grabreden als »princeps musices«. Und wieder wird die Einscharrung der sterblichen Reste eines Meisters in ein Schachtgrab ohne Grabrede die Erkenntnis und Einschätzung von dessen Wirken und Schaffen nicht beeinträchtigen, ebensowenig wie die Überhebung während des Lebens eines Künstlers. Die Hauptsache ist, daß der Gesamtwert einer Kunstperiode nicht in Pausch und Bogen mit dem einer anderen zusammengestellt, nicht der katholische Choral mit der a cappella-Musik, nicht diese mit der Instrumentalmusik des 18. Jahrhunderts, ferner nicht die einzelnen Schulen innerhalb eines Abschnittes gegeneinander abgewogen werden. Alles und jedes muß in seiner historischen Stellung richtig erkannt werden, in der Würdigung sui generis. Innerhalb der Stilschulen tritt die historische Gerechtigkeit in der Rangstellung leichter und sicherer ein. Der Grundfehler besteht darin, daß Inkommensurables miteinander gemessen wird. Der Historiker kann gründlichste und wertvollste Arbeit verrichten, ohne sich um die Fieberskalen der Kunsterregung und die Bewertung des Kunstmarktes zu kümmern. Und so führt denn weder einzig von der Gegenwart der Weg zur Erkenntnis der Vergangenheit, noch umgekehrt. Man kann progressiv und regressiv Vorteile für die Möglichkeit des Einlebens und der historischen Würdigung gewinnen. Vor- und rückschreitend und schauend hat der Musikhistoriker alles zur Vergleichung und Kombination taugliche Material heranzuziehen, wobei die Hauptbetonung auf die Tauglichkeit fällt. Diese richtig zu erkennen ist Begleiterscheinung und Ergebnis historischer Forschung. Die wohltätigen Folgen machen sich nach beiden Seiten, nach vor- und rückwärts geltend. Nur kraft historischer Schulung und Erfahrung können die zeitgenössischen Werke aus der lebendigen Umgebung im Rahmen der Geschichte erfaßt werden. Die wichtigste Aufgabe ist die Erfassung der Eigenart jedes Tatbestandes, jeder Leistung. Die Einfühlung in das Wesen wird durch richtige Übermittelung historischer Ergebnisse in unvergleichlicher Weise gefördert. Dabei ist, wie im Leben so in der Kunst, Sympathie förderlicher als Antipathie. Ohne Enthusiasmus für den Stoff dringt der Kunsthistoriker nicht in das Wesen, Wachsen, Werden der Erscheinungen ein, die das Objekt seiner Untersuchungen sind. Er muß auch Entsagung üben, sofern als wenn er in der Kunst seiner Zeit ganz aufzugehen Gefahr liefe — dies kann das Recht des Schaffenden sein —, er erst in eine gewisse Entfernung von der Gegenwartskunst zu rücken sich bemühen sollte, um sich für historische Würdigung einzurichten. Die pronunziertesten Spitzen der Parteigängerschaft müssen vorerst abgeglättet werden, damit im Dienste historischer Erkenntnis eine gewisse Ausgleichung vollzogen werden könne. Es muß der Wille vorhanden sein, von einer höheren Warte aus ins Land der Vergangenheit und der Gegenwart zu blicken, zu forschen. Das wissenschaftliche gewissenhafte Wirken des Forschers kann dann vorbildlich wirken auf Tagespublizisten, die einen so unheilvollen Einfluß auf das Geschick des Künstlers, nicht auf den

Fortgang der Kunst nehmen können. Jeder, der in das Getriebe seiner Zeit einzugreifen sich berufen fühlt, sei es Politiker, Diplomat, Journalist, wird eine desto gefestetere, jedenfalls desto geläutertere Kraftentfaltung für seine Wirksamkeit erreichen, wenn er sich eine geeignete historische Schulung erworben haben wird. Und wieder wird der Musikhistoriker sich von dem Odem des ihn umgebenden Geschehens beleben lassen, um die Bedürfnisse und das Wollen vergangener Zeiten besser zu verstehen. Seine Hauptaufgabe ist und bleibt, die Eigenart jeder Kunstphase richtig zu verstehen und zu erkennen.

VI. Quellen der Musikgeschichte.

1. Alles, was zur Aufhellung des musikhistorischen Tatbestandes, des Entwicklungsganges der Musik dienlich ist, wird unter den Begriff der Quelle zusammengefaßt. Sie umfaßt das gesamte hierzu taugliche Material. Die Heranziehung des Materials wechselt je nach dem Stande und den Bedürfnissen der Forschung, je nach der Möglichkeit der Erlangung, je nach der Fragestellung. Für die Behandlung allgemeiner Fragen ist möglichste Vollständigkeit anzustreben. Die Geschichtswissenschaft bezeichnet den Teil der Forschung, der sich mit der Heranziehung der Objekte befaßt, als Quellenkunde, welche Heuristik und Kritik umfaßt. Die erstere beschäftigt sich mit der Ausfindigmachung und Benutzung der Quellen. Entscheidend für diese ist die Fragestellung, die möglichst klar und bündig sein soll. Es ist eine eigene Findergabe, die durch Schulung geübt werden kann, um verborgene Quellen aufzudecken und das Geeignete herauszusuchen. Bei aller Vollständigkeit des zu gewinnenden Quellenmaterials ist zum Zweck der Benutzung und Verarbeitung und besonders für die editorische Verwertung möglichste Umsicht, Sparsamkeit, Zurückhaltung zu beobachten: jeder

unnütze Ballast muß ausgeschieden werden und das mehr prunkender Gelehrsamkeit als wirklicher Aufhellung dienende Material muß abgestoßen und entfernt werden. Dies ist auch mit besonderer Rücksicht auf die Eigenart der Publikation einzurichten. So sind z. B. Einleitungen zu Denkmälerpublikationen anders zu belegen und auszustatten, als Spezialuntersuchungen. Wenn die ersteren überladen werden, so geschieht dies auf Kosten der Edition der Denkmäler, die in diesem Falle Hauptsache sind und bleiben. Die Ausfindigmachung des Materials darf nie zum Selbstzweck der Forschung erhoben werden.

Die zweite Abteiluung der Quellenkunde wird als »Kritik« bezeichnet: sie beschäftigt sich mit der Untersuchung der Quellen mit Rücksicht auf ihre Brauchbarkeit. Es ist das Hauptaugenmerk darauf gerichtet, die Tatsachen mit Hinblick auf ihre Bedeutung für die Aufdeckung des Zusammenhanges heranzuziehen und ihre Zuverlässigkeit und Echtheit zu prüfen. Soweit dies die Denkmäler selbst betrifft, geschieht dies mittelst der Stilkritik, die als Hauptarbeit des Musikhistorikers speziell behandelt und untersucht werden soll. Bei allen Quellen, welcher Art immer, spielt die »Skepsis« als Hebel der Untersuchung eine wichtige Rolle. Sowie der Streit eine der Vorbedingungen des Friedens und der Ausgleichung ist und der »Rufer im Streit« je nach der Wackerheit und Beherztheit seinen besonderen Anwert hat, so bildet in der Wissenschaft der Zweifel und seine richtige Geltendmachung (sowohl gegenüber dem Material, wie gegenüber sich selbst, seinen eigenen Ansichten, Vermutungen und Aufstellungen und gegenüber denjenigen anderer) einen Hebel für die Möglichkeit der Erkenntnis und methodischer Behandlung. Die Prüfung jedes Umstandes, jeder Behauptung, jeder Leistung, die zur These erhoben werden soll, hat allen Zweifeln zu begegnen, die dort und da auftauchen, und je schärfer und klarer die Entwaffnung der Zweifelgründe und Begegnungen ist, desto sicherer ist das Resultat, desto fundierter die Gewißheit. Ich möchte das Paradoxon aufstellen, daß bei jedem Umstande, der wissenschaftlich erfaßt wird, die Probe auf das Gegenteil angestellt werden sollte, geradeso wie bei jedem Satze einer literarisch-wissenschaftlichen Abhandlung oder eines Buches diese Prüfung von dem aufmerksamen, gewissenhaften Leser versucht werden soll. Zu dieser Erwägung fordere ich meine Hörer bei jedem Kolleg, ob Vorlesung, ob Übung, auf. Die Möglichkeiten sicherer Erfassung richten sich, wie verschiedentlich hervorgehoben wird, entweder nach subjektiven Momenten, die in der Person des Erfassers, oder nach objektiven Momenten, die in der zu erfassenden Sache liegen, verschieden ein. In der Musikgeschichte spielt Echtheit und Fälschung (Unechtheit, allerdings nicht gleichbedeutend mit Fälschung) nicht eine solche Rolle wie in der Kunstgeschichte, in der vielfach materielle Interessen zur Fälschung die Veranlassung sind. Immerhin kommt sie auch bei uns vor, wie ich einige Male (so bei mir vorgelegten Werken, die Beethoven zugeschrieben wurden — teilweise in gefälschtem Autograph, teilweise in Kopien mit Nachahmung der Schriftzüge und Notenzeichnung aus Beethovens Zeit —) erfahren sollte. Es ist da eine Prüfung der äußeren Erscheinung, wie der inneren Qualität notwendig. Die erstere ist vorzüglich eine semeiographische, die zweite eine stilkritische. Versteckte, verheimlichte Benutzung fremden Kunstgutes in verschiedenster Art ist von der im Kunststile und der Kunstübung einer Zeit gebräuchlichen manifestanten Art der Verwendung von Kunstvorlagen zu unterscheiden. Was zu den Zeiten Dufays und Dunstables allgemein üblich und tief ins Mittelalter hinein gebräuchlich war, ist seit dem Hervortreten des Individualismus immer mehr als Aneignung fremden Eigentums angesehen worden. Und doch geht es nicht an, G. F. Händel wegen verschiedentlicher Benutzung von Teilen aus Kunstwerken anderer oder wegen Zugrundelegung einer fremden Komposition behufs Aufbaues einer eigenen als »Plagiator« zu bezeichnen, wie dies geschehen ist. Hierfür lassen sich allgemeine, für alle Kunststile geltende Auffassungsvorschriften nicht aufstellen, sondern der Historiker hat seine Interpretation, Auffassung und Beurteilung nach dem »Brauch der betreffenden) Schule«, innerhalb welcher das Kunstwerk entstanden ist, einzurichten. Die Auffassung kann mannigfachen Irrtümern ausgesetzt sein, sie kann soweit abirren, daß eine Quelle ganz verkannt, in ihrer historischen Stellung unrichtig eingereiht wird. Solch Irrtümerkonnex kann manchmal hart an die Grenze der Fälschung führen — natürlich der »ungewollten« Fälschung, wenn man dieses Beiwort in dieser Zusammensetzung gebrauchen kann. Irrtümer aller Art treten auf und sind manchmal geradezu unausweichliche Durchgangsstadien zur Erlangung der wahren Erkenntnis. Diese Irrtümer erstrecken sich auf alle Arten Quellen; sie sind in der Musikgeschichte vielleicht häufiger, als auf anderen Forschungsgebieten, da innerhalb der Tonkunst die Fehlerquellen der Auffassung nicht selten in den versteckten psychischen Geartungen der Kunstwerke entspringen und sich leicht ausbreiten. Man darf sich auch nicht auf die »unmittelbare Anschauung« und die »unmittelbare Wahrnehmung« verlassen. Auch diese bedürfen gewissenhaftester Nachprüfung. Wir können uns gerade bei biographischen Werken, die über Meister unserer Zeit geschrieben worden sind, davon überzeugen, mit welcher Leichtfertigkeit Tatsachen und Umstände behauptet, beleuchtet, verdreht werden von Zeugen, bei denen man die »Gewißheit der unmittelbaren Erfahrung und Anschauung« annehmen sollte. Auch solche Trübungen können unbeabsichtigt wie beabsichtigt entstehen. Die Parteisucht im musikalischen Getriebe wirkt da geradezu zersetzend und zerstörend. Tendenziöse Entstellungen treten da ebenso zutage, wie bei Autoren, die eine Lieblingsvorstellung, eine Imagination

VI. Quellen der Musikgeschichte. 59

wissenschaftlich zu begründen suchen. Da sinkt die Geschichtsschreibung auf den Tiefstand der niederen Tagesschriftstellerei herab. So muß alles sorgfältig geprüft und erwogen werden. Soweit es das Biographische, richtiger die äußere Lebensbeschreibung betrifft, können die methodischen Grundsätze der Historiographie uns leiten, in Bezug auf das Künstlerische kann nur die Stilkritik, deren methodische Behandlung festzustellen sein wird, uns zum Ziele führen. So ergibt sich als natürliche Einteilung der Quellen der Musikgeschichte die 1. in Kunstwerke (im weiteren Sinne: musikalische Erzeugnisse) als Denkmäler, 2. in Dokumente und Gegenstände, die sich auf Kunstwirken — Schaffen — Wollen beziehen oder damit in näherem oder entfernterem Zusammenhange stehen, d. i. alles, ob mündlich, ob schriftlich, ob gegenständlich (Instrumente, Bilder usw.).

2. Das Hauptobjekt der kritischen Untersuchung, die von der Heuristik ermöglicht wird, sind die Denkmäler der Tonkunst. Alle Kategorien der Erkenntnis historischer Entwicklung lassen sich auf sie anwenden, allein in einer mit Hinblick auf ihre Eigenbeschaffenheit besonders eingerichteten Art und Weise. Schon die Herstellung des Denkmälermaterials für wissenschaftliche Forschungszwecke verlangt ihr eigenes Verfahren, trotz aller Analogie mit der von den Philologen und Historikern geübten Methode der Quellenausgaben — eigentlich sollte gesagt werden: mit den Methoden, denn volle Übereinstimmung besteht auch da nicht und sie wechseln und richten sich je nach dem Stand der Forschung und nach den damit verbundenen Zwecken, Zielen ein. Diese äußere Analogie, die alle Quellenausgaben haben, hat einzelne Musikschriftsteller veranlaßt, von einer Musikphilologie zu sprechen, als ob in dieser Verwandtschaft das Grund- und Gesamtwesen der Musikforschung gelegen wäre. Sowohl die Edition, wie die kritische Untersuchung der Denkmäler ist sui generis und erhält ihre Richtschnur mit besonderer

Rücksicht auf die Stileigentümlichkeiten der verschiedenen Entwicklungsabschnitte, was schon äußerlich im Notationsbilde hervortritt und innerlich in den Stilqualitäten sich geltend macht. Wie in der historischen Forschungsarbeit die Kategorisierung der Erkenntniswege aus methodologischen Gründen vorgenommen wird und darnach die Untersuchungen theoretisch-methodisch geschieden, aber in der praktischen methodischen Anwendung vereint werden, weil sie eben in Wirklichkeit untrennbar miteinander verbunden sind, so vollzieht sich in der musikgeschichtlichen Arbeit der gleiche Doppelprozeß, aber in einem Umwandlungsprozeß mit Hinblick auf die Eigenart der Erfordernisse der Tonkunst und ihrer Entwicklung. Wenn der musikgeschichtliche Unterricht nicht nur als Wissenschaftsbetrieb erteilt werden soll, sondern den Studierenden auch eine Handhabe zur Vertiefung und Klärung der Kunsterfassung sein soll und dazu beitragen will, das Hören der Kunstwerke zu läutern, so müssen alle Untersuchungsarten von dieser Absicht mit geleitet werden. Alles, was da betrieben wird, sollte dazu beitragen, den die Musikgeschichte Studierenden das richtige Hören und Aufnehmen zu lehren. Darnach muß sich auch das methodische Verfahren in seinen mannigfachen Verzweigungen einrichten. Wohl ist Wissenschaft Selbstzweck, allein die Methode kann nur gewinnen, wenn ihre Behandlung auf diesen Nebenzweck billige Rücksicht nimmt.

Demnach richtet sich das Hauptverfahren in der kritischen Behandlung der Denkmäler dahin, die Erkenntnis zu fördern, welches Kunstwollen sich in ihnen ausspricht. Ist es darin klar erkennbar oder ist es verhüllt? Sind die betreffenden Kunstwerke nur und ausschließlich als Erzeugnisse des Kunstwollens entstanden oder verdanken sie ihre Existenz Umständen, die außerhalb des reinen Kunstwollens liegen und in welchem Umfange ist es der Fall? Sind diese Nebenumstände haupt- oder mitbedingend? In welchem Zusam-

VI. Quellen der Musikgeschichte. 61

menhang stehen sie miteinander, besonders im Hinblick auf die Entwicklung? Diese umfaßt natürlich auch das Vorausgegangene und das Nachfolgende — beides kann in entfernte Zeiten zurückgreifen und in erst kommende Zeiten vorausgreifen. Ferner: welche Werke stehen unter der Schwelle der kunsthistorischen Bewegungsrichtung, sei es als Augenblickserzeugungen, als äußerliche Zweckserscheinungen, oder als Stilversuche der Lehrer, Theoretiker und Forscher zu Übungszwecken? Zu den ersteren ist etwa zu zählen Beethovens »Schlacht von Vittoria« (für ein Spielwerk bestimmt), zu letzteren die der Einarbeitung dienenden Experimentalstücke, die ein Historiker schreibt, um sich etwa in den Stil der a cappella-Musik einzuleben. Dem nahe steht das Kopieren fremder Stücke zu gleichem Zwecke, sei es von Kunstjüngern oder von einem sich in einen älteren Stil einarbeitenden Meister, um dann eine Umwandlung desselben zu vollziehen, die dem Kunstwollen seiner Zeit entspricht. Ferner gehört dieser außerhalb der Entwicklungslinie liegenden Kunstbetätigung an die gerade in unserer Zeit mit erschreckender Üppigkeit wuchernde Zusammenstoppelung von Stücken einer vergangenen Zeit, eines melodienreichen Meisters zur künstlerischen, richtiger pseudokünstlerischen Ausstattung von Theaterstücken, in denen obendrein der betreffende mißbrauchte Künstler in einer falschen oder entstellten Maske gezeigt wird (sei es mit oder ohne Kino).

So groß die Masse des für die Forschung verfügbaren Materiales sei, so unvollständig und lückenhaft ist es für einzelne Perioden der Musikgeschichte. Von einer relativen Vollständigkeit kann erst bei dem Denkmälerstoff seit dem 18. Jahrhundert gesprochen werden. Erreichbarkeit und Verwendbarkeit sind schwieriger als in allen anderen kunst- und literarhistorischen Fächern. Es muß allenthalben erst zugerichtet und bearbeitet werden, selbst die Überzahl der Denkmäler des 18. Jahrhunderts muß erst spartiert, in Partitur gebracht werden. Jeder Musikhistoriker hat nicht die Gabe Mozarts, aus den nebeneinandergelegten Stimmen im Geiste die Partitur zu konstruieren. Bei den früheren Epochen ist die Übertragung in ein erfaßbares Notenbild vorzunehmen, um das Kunstwerk aufnehmen, apperzipieren zu können. Dazu bedarf es semeiographischer Kenntnisse, die erst in den letzten Dezennien allmählich erarbeitet und bei weitem noch nicht ganz errungen wurden. Zudem gibt auch dieses regelrecht übertragene Material noch kein wirkliches und zureichendes Bild von dem Kunstwerk in seiner ursprünglichen Geltendmachung und Wirksamkeit. Hierzu sind weitere Kenntnisse und Erfahrungen über die künstlerische Verwirklichung, die historisch gerechte Aufführung (Reproduktion) notwendig. Es ist daher nicht befremdlich, wenn bisher kein Historiker imstande war, das für die historische Erkenntnis nötige Denkmälermaterial zu erreichen und zu verwerten. Nicht einmal die Spezialarbeiten über einzelne Themen und Gattungen, Spezialuntersuchungen über einzelne Probleme oder auch nur Teilprobleme konnten diesen Anforderungen nachkommen. Hierbei sind auch Künstlerbiographien, soweit sie das Kunstwirken behandeln, bezüglich dieses Defektes mit eingeschlossen, da selbst zur Darstellung des Werdeganges der »Heroen« der Tonkunst, von deren Werken wir Gesamtausgaben haben, das Vergleichsmaterial ausnahmslos nur lückenhaft zur Verfügung stand. Der Historiker befindet sich diesen Aufgaben gegenüber in ähnlicher Lage wie ein Dichter, der ein poetisches Lebensbild, sei es in dramatischer oder anderer Ausgestaltung, entwirft oder eine historische Abhandlung mit Hilfe künstlerischer Intuition verfaßt. Dies gilt z. B. von Schillers Studie über den Dreißigjährigen Krieg oder von seiner dramatischen Trilogie »Wallenstein«. Anton Gindely, der gewissenhafte Forscher und tiefe Kenner dieser Zeit und des Charakters dieser Persönlichkeit, sagt über diese Abhandlung: »Es ist nicht eine

Seite darin, die in den Tatsachen nicht durch die seitherigen Forschungen überholt wäre; aber was die Auffassung der Charaktere und Situationen betrifft, so hat Schiller bei aller Dürftigkeit seiner Quellen einen Genius, einen historischen Instinkt, wenn der Ausdruck gestattet ist, bewiesen, der geradezu staunen macht.« Und dieser Ausspruch läßt sich auch etwa auf Otto Jahns »Mozart« und Philipp Spittas »Bach«, soweit es die Entwicklung dieser Künstler betrifft, übertragen. A. W. Ambros hatte relativ ein geringes Material über die niederländische Schule zusammengetragen, allein seine Intuition hat »instinktiv« gewisse Hauptkriterien erfaßt und in der charakterisierenden Darstellung richtig verarbeitet. Doch solche Ausnahmen können natürlich nicht die Pflicht einer stets wachsenden, sich reinigenden Arbeit der Denkmälersammlung herabsetzen oder mindern. Mit dem stetig zunehmenden Material läutert sich die Methode und die Problembehandlung. Und jetzt erst sind wir in der Lage, das eigentlich strenge und zweckentsprechende methodische Verfahren zu gewinnen. Hieran hat die seit etwa 25 Jahren systematisch angelegte Denkmälerpublikation ein Hauptverdienst. Es entsteht im Zusammenhang damit die Frage, welche Grenzen diese Editionsarbeit einzuhalten hat, wie weit und wie umfassend die Publikationen sein sollen? Wenn früher die Anthologien und Sammelwerke mehr oder weniger von der ästhetischen Bewertung geleitet waren, so sind jetzt entwicklungsgeschichtliche Momente wenn nicht ausschlaggebend, so doch mitbestimmend. Wenn früher »Geschmacksurteil« und Liebhaberei maßgebend waren und bei den Gesamtausgaben einzelner Meister aus Schätzung des Namens der Betreffenden auch minderwertige Stücke mit aufgenommen wurden, wenn somit früher Zufall und äußere Autorität die Wahl fixierten, sind jetzt prinzipielle Anordnungen zu treffen, deren Hauptgesichtspunkt die Berücksichtigung der Stilentwicklung ist. Da es unmöglich und auch absolut nicht nötig ist, strikte Vollständigkeit zu erreichen, so ist im Dienste der Erkenntnis des historischen Werdeganges eine Sichtung notwendig. Wenn es wünschenswert und geboten ist, das gesamte Material dem Einzelforscher durch Übertragung und Spartierung wenigstens handschriftlich zugänglich zu machen, so obliegt es für die Verfolgung der kunstwissenschaftlichen Arbeit, die den Gang der Entwicklung bestimmenden und die die Hochblüte einer Stilperiode repräsentierenden Werke in ihrer Gesamtheit durch den Stich (Druck) zu edieren. Bei der Edition der Denkmäler kommen demnach zwei Momente in Betracht: die Prinzipien der Auswahl und die Methode des Verfahrens.

3. Die Prinzipien der Auswahl werden entweder vom streng historischen Standpunkt behufs Aufdeckung des Werdeganges aufgestellt, oder vom praktischen, behufs Erlangung des für Aufführungen Geeigneten zur Befriedigung des jeweilig geltenden ästhetischen (Geschmacks) Urteiles getroffen. Der letztere ist evident der unwissenschaftliche. Indem die Auswahl auf das Ziel historischer Erkenntnis lossteuert, kann sie auch den letzteren Absichten dienstbar sein, wenn nicht für die Zeit der Neuedition, so doch für die kommenden Zeiten. Sie muß das historisch wichtige Denkmälermaterial für alle kommenden Zeiten zugänglich machen. Es ist nicht ausgeschlossen, sogar wahrscheinlich, daß von den Kunstwerken, die uns heute in erster Linie, wenn nicht ausschließlich für die historische Forschung wichtig erscheinen, ja unentbehrlich sind, in der Folge einige oder die Mehrzahl oder alle (in verschiedenen Zeitabschnitten der Zukunft) auch für die Praxis Bedeutung gewinnen können. So ist z. B. die Wiederbelebung der primitiven Kunst der Mehrstimmigkeit in stetem Fortgang begriffen, wie wir dies in den letzten 15 Jahren erlebten. In der Mitte des vorigen Jahrhunderts hätte niemand geahnt, daß die als Exotica gegebenen Beispiele je wieder zum wirklichen Kunstleben erweckt werden könnten. Ferner:

Erst jetzt gewinnen wir den Boden für das Gesamtverständnis der Barocke, und die Macht des Vertrauens ist vorläufig nur an einige wenige Hauptmeister gebunden. Auch dies kann und wird sich ändern. Das Verständnis für die vorhergegangene Kunst ist so flüssig und fließend, wie die für die neu auftretende, neu eintretende, zeitgenössische Kunst. Wenn sich das Hauptaugenmerk der Edition auf das die Entwicklung Bezeichnende zu richten hat, so ist darin das künstlerisch Hervorragende mit eingeschlossen. Allein auch das kulturell Bedeutsame ist dabei nichts weniger als ausgeschlossen, wenngleich manches, was für die kulturelle Betätigung einer Zeit besonders bezeichnend ist, nicht immer das künstlerisch Wichtige, noch das »ästhetisch« Hervorragende ist. Die für die evangelische Gemeinde der Frühzeit geschaffenen musikalischen Gemeindeübungen stehen zumeist unter dem Kunstnormalen der Zeit, tief unter den Kunsterzeugnissen höherer Ordnung, allein sie sind unentbehrlich für die Erkenntnis des religiös-kulturellen Lebens. Gerade die Werke des Überganges von einer Stilperiode in die andere sind von eminenter Wichtigkeit bei der Berücksichtigung ihrer Aufnahme in die Denkmäleredition. Die Zwischen- und Vorformen, wie ich sie nenne, sind für die historische Erkenntnis unentbehrlich. Sie sind viel wichtiger, als die unbedeutenderen Werke der »großen« Meister, die in die Gesamteditionen aufgenommen wurden und an die sich die Liebhaberei der von den Namen Geblendeten anheftet. Immerhin haben sie Bedeutung für die Entwicklung des betreffenden Künstlers. Erst die Erforschung der Überleitungsperioden erschließt das historische Verständnis für die Hochblüten der verschiedenen Kunststile.

Zudem gelangt auch in ihnen der Kunstwille manchmal schärfer und klarer zum Ausdruck als in den das Vorangegangene zusammenziehenden und ausgleichenden Werken in der Zeit der vollen Ausbildung einer Kunstübung. Das zarte, unscheinbare Knöspchen hat nebst seinem Reiz an sich seine Eigengeltung neben der voll aufgeblühten Rose. Der Forscher geht noch weiter, er hat die ganze Entwicklung vom ersten Keim an zu verfolgen, wie der Naturforscher. Er hat auch Wucher- und Aftergewächse zu untersuchen, Versuche, die auf Abwege führten, in Abgründe gerieten, in ihrem richtigen kunsthistorischen Verhältnisse festzustellen. Er muß solche Beispiele festlegen — auch in »Denkmäler«-ausgaben, wenn diese Werke auch nichts weniger als »Denkmäler« im erhabenen Sinne sind. Dies wird von fast allen, die keinen richtigen wissenschaftlichen Verstand haben, mißdeutet und verkannt. Max Steinitzer hat ganz richtig gehandelt, wenn er ein Werk aus der Verfallszeit der katholischen Kirchenmusik in seine Beispielsammlung aufgenommen hat. Aus Perioden, aus denen wenig erhalten ist, muß auch relativ Minderwertiges als Ersatz für das verlorene oder vermutete Große oder Größere, dessen in den literarischen und anderen Quellen Erwähnung getan wird, in die Quellen-Ausgaben Aufnahme finden, damit wenigstens gewisse Stilqualitäten der betreffenden Zeit erkannt werden können. Bei alledem hat nicht der Zufall in der Auswahl zu entscheiden, sondern eine eingehende Forschungsarbeit muß verrichtet werden, um der schwierigen Aufgabe der Selektion gerecht zu werden.

Bei allen vergleichenden Vorarbeiten behufs Bestimmung des zur Veröffentlichung zu bringenden Denkmälermateriales hat sich das Hauptaugenmerk dem Typischen zuzuwenden. Auf den historischen Erkenntniswegen sind die Typen die Meilenzeiger der entwicklungsgeschichtlichen Erarbeitung. Wenn im Kunstgenießen das Individuelle, die Individualität den Hauptreiz bildet, so ist für das Kunsterkennen die Einsicht in die Typen einer Kunstschule, einer Kunstgattung die sichere Basis, der ordnungsmäßig gepflügte und mit gutem Samen belegte Ackergrund, auf dem die wissenschaftliche

Saat zweckgemäß sich entwickeln kann. Die schwere Ackerarbeit ist des Schweißes der Besten wert. So bildet schon die Auswahl der Denkmäler eine wissenschaftliche Tätigkeit höherer Ordnung. Die den Denkmälerpublikationen folgenden kunsthistorischen Untersuchungen der kommenden Forschergenerationen sollten dieses Verdienstes der Denkmälerarbeit stets eingedenk sein. Es ist fürwahr leichter, Hypothesen und Probleme aufzustellen, als die Grundmauern zu legen. Daß die Auswahl Irrtümern ausgesetzt ist, bedarf nicht der Hervorhebung. Ergänzungen, Einschübe und Anreihungen sind unvermeidlich. Selbst bei Gesamtausgaben, die keine Auswahl zu treffen haben, sind Supplemente und Richtigstellungen eine unvermeidliche Nacharbeit. Die Denkmälerarbeiten zeitigen neben den positiven auch negative Ergebnisse, die nicht minder wichtig sind als die ersteren. Nach langen, umständlichen Vorarbeiten sind die minder tauglichen oder untauglichen Denkmäler auszuscheiden. Die eingehendsten Forschungen ergeben manchmal ein für den Zweck der Edition abweisendes Resultat. Auch diese Ergebnisse müssen der Wissenschaft erhalten bleiben. Bisher sind diese nur in Ausnahmsfällen zur allgemeinen Kenntnis gebracht worden. Ich halte dies für nicht berechtigt. Gerade so wie die nicht zur Veröffentlichung geeigneten Sparten aufbewahrt werden, so sollten die kritischen Erwägungen und ihre Ergebnisse erhalten bleiben. Dies ist schon wegen der Überprüfung wünschenswert. Für die Versuche der historischen Kompilation in Handbüchern sind solche Studien besonders wichtig und könnten zur Vermeidung der Folgen des Trägheitsgesetzes und des Überwälzens aus einem Handbuch in das nachfolgende dienstbar gemacht werden.

Daß eine nach solchen Gesichtspunkten geleitete Denkmälerarbeit zweckentsprechend nur durch Arbeitsteilung verrichtet werden kann, ist klar. Diese vollzieht sich am besten nach Ländern und Staaten. Die landschaftliche Betrachtung der Literatur- und Kunsterzeugnisse, wie sie derzeit von einigen Stellen als ausschlaggebendes und leitendes Prinzip wissenschaftlicher Behandlung aufgestellt wird, findet in der Denkmäleredition nach Völkern und politischen Gemeinschaften eine äußere Stütze. Hier entspringt sie praktischen Erwägungen, dort theoretischen Unterstellungen, die an dieser Stelle nicht näher untersucht und in ihrer Berechtigung geprüft werden sollen. Es sei nur hervorgehoben, daß sie gewissermaßen natürlichen Bedingungen entspricht, aber in ihrer Exklusivität und in ihrer extremen Verfolgung zu Resultaten führt, deren Berechtigung sehr gefährdet erscheint. Es ergibt sich von selbst, daß die Kunstschulen in ihrer örtlichen und zeitlichen Zusammengehörigkeit erfaßt werden müssen, allein, ob dies das einzig maßgebende und ausschlagbestimmende Moment wissenschaftlicher Untersuchung ist und ob dies nicht mit dem überreizten Chauvinismus unserer Zeit zusammenhängt und in mancher Beziehung irreführend und mißleitend ist, möge nur hervorgehoben werden. Bei der Denkmälerarbeit ist dieses Prinzip aus Utilitätsgründen anzuerkennen und solange durchzuführen, als vollwertiges Arbeitsmaterial für die Forscher des zugehörigen Landes vorhanden ist. Zum Unterschiede von allen anderen Nationen haben bisher nur die Deutschen durch einen ersprießlichen Internationalismus in der Berücksichtigung des Denkmälermateriales wohltätig gewirkt.

Demgegenüber war es voll berechtigt, daß die deutsche Editionsarbeit sich seit der Gründung der »Denkmäler deutscher Tonkunst« auf die Kunstwerke deutscher Herkunft festzulegen suchte. Wenn vor allem die Werke von Künstlern, die in Deutschland geboren sind und dort gewirkt haben, Berücksichtigung finden, so ist es nicht ausgeschlossen, daß Künstler, die im Auslande geboren, aber in Deutschland erzogen sind oder dort ihre Tätigkeit ganz oder zeitweise entfaltet haben, berücksichtigt werden. Und dies wurde so gehalten. Für das historische Österreich mit seiner verwickelten nationalen Struktur sind die zu lösenden Aufgaben noch komplizierter. Dazu kommen die familiären Beziehungen der österreichischen Dynastie, die sich gerade so wie die Herrschaftsverhältnisse auf ferne oder angrenzende Staaten erstrecken, wie die Niederlande, Spanien, Lothringen, Burgund und Teile von dem gegenwärtigen Königreich Italien. Bei den innigen künstlerischen Beziehungen, die den politischen parallel laufen, ist die Berücksichtigung in erhöhtem Maße geboten. Auch Unica, die in dem Lande aufbewahrt sind, in dem sie publiziert werden, sind vom Standpunkt des Rechtes des Besitzes ebenso für die Aufnahme geeignet wie Kunstwerke, die, wenngleich sie im Lande der Publikation nicht mehr vorhanden sind, von der dort sichergestellten Kunstübung Zeugnis ablegen, selbst wenn sie von Künstlern stammen, die dem Lande der Publikation im oben angeführten Sinne nicht zugehören. Es kommt übrigens nicht so sehr darauf an, wer die betreffende Denkmälerausgabe veranstaltet, als daß sie überhaupt und wie sie vor sich geht.

4. Die allgemeinen Grundsätze des methodischen Verfahrens bei der Edition und ihren Vorarbeiten sind klar und bündig zu fassen, ihre Anwendung und Anpassung ist vielfältig zu modifizieren und dem Stilcharakter der betreffenden Kunstwerke anzupassen. Die Ausgabe hat in erster Linie streng wissenschaftlichen Anforderungen zu entsprechen. Die Rücksichtnahme auf praktische Ausführung tritt dem gegenüber zurück. Somit ist das Grundprinzip darauf gerichtet, den authentischen Text herzustellen, wie er den Intentionen des Komponisten und der Schreibweise seiner Zeit entspricht. Die Herausgabe muß möglichst getreu dem in den überlieferten Vorlagen erkannten Originale folgen und dieses, wenn nötig, in eine gebildeten Musikern ohne Beihilfe antiquarisch-musikalischer Kenntnisse verständliche und lesbare

Form übertragen. In Fällen, wo dies wie etwa in den Neumennotationen in campo aperto (ohne Hilfslinien und Hilfszeichen wie Buchstaben) oder in der älteren nota quadrata, überhaupt überall, wo die Übertragung nur einen hypothetischen Charakter gewinnen kann, sind nebst den Übertragungsversuchen auch die Originalnotierungen zu edieren, letztere in Phototypie. Dies hat in allen zweifelhaften Fällen auch der späteren Zeiten zu erfolgen, sofern die Beschreibung der Vorlage und der betreffenden Stellen nicht zur Aufdeckung dieser Zweifel hinreichen würde. Dies bezieht sich nicht nur auf Zweifel bezüglich der Tonhöhe, sondern besonders auch der rhythmischen Qualitäten, ferner auf Nebenbezeichnungen, wie Verzierungen und Spielmanieren aller Art.

Eine Konsequenz der Forderung nach Herstellung des authentischen Textes ist das Verbot, Änderungen oder Zutaten vorzunehmen. Als Änderungen gelten natürlich nicht die Korrekturen offenbarer Schreib- und Druckfehler. Ob diese in ihrer Gesamtheit oder nur in zweifelhaften Fällen im Revisionsbericht (kritischem Kommentar), der über Vorlagen, Fundorte und Eigenart der Redaktion Aufschluß zu geben hat, angeführt sein sollen, darüber besteht Meinungsverschiedenheit. Wenngleich einerseits möglichste Akribie im Sinne streng philologischen Verfahrens anzustreben, durchzuführen und darüber Rechenschaft zu geben ist, so sind doch andererseits billige Rücksichten auf das Verhältnis des Umfanges des Notentextes zu dem des Revisionsberichtes zu nehmen. Eine Überfütterung des letzteren hat eine Minderung des in Denkmälerbänden für die Kunstwerke verfügbaren Raumes zur Folge. Ausschweifende und selbstgefällige Anführungen sind zu vermeiden, vollzählige Anführung aller unzweifelhaften Schreib- und Druckfehler erscheint überflüssig. Je näher die Kunstwerke unserer Zeit stehen, desto zweifelloser werden die Fehlerbestimmungen,

VI. Quellen der Musikgeschichte. 71

je weiter und entfernter die Zeit des Entstehens liegt, desto unsicherer wird das Verfahren, daher müssen die Angaben über Fehler oder Unvollständigkeiten der Vorlagen desto vollständiger angeführt werden. Jeder Zusatz zu der authentischen Vorlage muß durch abweichenden Druck (kleinere Noten oder Kursivtypen) oder durch Klammern oder durch den ihm gegebenen Platz (oberhalb der betreffenden Note oder als eingefügte Zeile oder als hinzugefügtes unterstes System, überall in kleineren Typen) kenntlich gemacht werden.

Auch Varianten der Lesart können in dieser Weise kenntlich gemacht werden, wenn sie in einer Fußnote oder besser im Revisionsberichte ausdrücklich als solche bezeichnet sind, damit nicht Verwechslungen von Zutat und Variante entstehen. In den meisten Fällen werden Varianten überhaupt in den Revisionsbericht aufzunehmen sein, weil sie sonst das Notenbild zu sehr belasten und verwirren. Varianten einer und derselben Vorlage sind von verschiedenen Fassungen eines und desselben Kunstwerkes zu scheiden. Das Wort und die Bezeichnung »Vorlage« ist da nicht im verbalen Sinne einer einzigen Abschrift oder eines Abdruckes zu verstehen, sondern in dem zusammenfassenden Sinne von verschiedenen Abschriften oder Abdrucken einer Vorlage. Wie in der Geschichts- und Sprachwissenschaft müssen in der Musikwissenschaft vergleichende Zusammenstellungen aller erreichbaren Vorlagen vorgenommen werden, je nach Zusammengehörigkeit, nach Altersunterschied, mittels einer Art Derivation, damit gleichsam in Stamm- und Vergleichstafeln das Verhältnis der Entstehungen der verschiedenen Vorlagen und ihrer Abhängigkeit (oder Unabhängigkeit) voneinander festgelegt werden kann. Ich verweise diesbezüglich auf die Ausführungen von Bernheim (Kap. IV, bes. S. 411 fg.), wobei die Analogie nur eine äußere ist, denn bei Werken der Tonkunst sind die spezifisch musikalisch-stilkritischen

Momente die hauptbestimmenden, während die semeiographischen, die das äußere schriftliche oder typographische Bild betreffenden Kriterien als Hilfe, als hilfswissenschaftliche Behelfe herangezogen werden.

Von einem und demselben Musikwerke können Abschriften in verschiedener Zeichenschrift und in verschiedenen Fassungen vorliegen. Ein Vokalwerk kann intavoliert sein. Die Übertragung aus der Notenschrift der Vokalmusik in die Tabulatur der Instrumentalmusik ist nicht notwendigerweise mit einer abweichenden Fassung verbunden. Die Intavolierung kann entweder lediglich als Sparte, als Partiturbild behufs Zusammenziehung der Einzelstimmen dienen oder als wirkliche Übertragung der Vokalkomposition behufs instrumentaler Ausführung (auf Tasten- oder Lauteninstrumenten) angelegt sein. Solche verschiedene Fassungen sind, wenn anders das Kunstwerk selbst für die Aufnahme geeignet oder erforderlich ist, stets nebeneinander zu stellen. Ob sonst verschiedene Fassungen eines Werkes bei der Publikation aufzunehmen sind, hängt von ihrer Bedeutung für die Erkenntnis der Arbeitsart und der Genesis der betreffenden Komposition ab. Das Verständnis für Schuberts »Erlkönig« wird nicht gehoben durch die Kenntnis der ersten Fassung, wohl aber ein Einblick gewährt in die Erarbeitung des künstlerischen Stoffes. Es gibt Fassungen, wie in diesem Falle, die gleichsam als Vorarbeiten zu der endgültigen, vollendeten und ausgereiften Fassung angesehen werden können und müssen, und wieder andere Fassungen, die mehr oder weniger als gleichwertige oder nebeneinander berechtigte Kunstwerke in ihrer Eigenexistenz sind, wie in dem Falle der drei Leonoren-Ouvertüren von Beethoven, wobei die Frage der zeitlichen Entstehung nur vom genetischen Standpunkt, nicht aber von dem des Verhältnisses der verschiedenen Fassungen zueinander (ich vermeide hier die Hervorhebung größerer Vollendung) belangreich erscheint. In dem Falle der »Leonoren«-Ouvertüren ist, wie bekannt, diese Frage kontrovers und harrt erst der wissenschaftlichen Erledigung. Der Begriff der Fassung deckt sich nicht mit dem der Umarbeitung. Im eigentlichen Sinne kann man von letzterer sprechen, wenn etwa ein Vokalwerk in ein Instrumentalwerk umgewandelt wird oder umgekehrt, wobei nicht bloß eine Einrichtung in gewöhnlicher Art (wie bei der oben angeführten Übertragung von Vokalstimmen in die Tabulatur zur Ausführung auf der Laute oder einem Tasteninstrument), sondern eine fundamentale Umsetzung vorgenommen wird. Auch hier sind die Grade ungemein abwechslungsreich und die vorgeschrittensten Umbildungen können an Neuschöpfungen grenzen oder als wirkliche Umschöpfungen (wie ich sie bezeichnen möchte) angesehen werden. Andererseits grenzen Umarbeitungen wieder an Bearbeitungen, wie z. B. bei dem Oktett op. 103 zum Quintett op. 4 oder Trio op. 1 Nr. 3 zum Quintett op. 104 von Beethoven. Jede Zeit hat da ihr eigenes Vorgehen, das eng geknüpft ist an den betreffenden Stilcharakter. Ich verweise diesbezüglich auf die Erörterung über das mittelalterliche Verfahren. Selbst in unsern Tagen kann eine ›Transskription‹ den Anspruch auf geistige Eigen- und Selbstbetätigung erheben.

Diese Fragen stehen mit der Behauptung des geistigen Eigentums, des Autor- und Verlagsrechtes in inniger Beziehung, betreffen für die Vergangenheit, in der solch gesetzliche Regelung nicht bestand, die Edition der Kunstwerke mit Rücksicht auf die Notwendigkeit ihrer Gegenüberstellung in Monumentalausgaben. Die Missae parodiae sollten nie ohne die Vorlage, auf Grund deren sie gebaut sind, veröffentlicht werden. Doch dies gehört eigentlich in die Erörterung über das ›Was‹ der Edition und wir waren dazu gelangt bei der Frage über die Zulassung der Varianten.

Das in der modernen Philologie beliebte Verfahren, irgendeine handschriftliche Vorlage zum Abdruck zu bringen, ohne die Nachforschungen nach anderen Vorlagen einzuleiten oder ihre Ergebnisse abzuwarten, sollte bei Ausgabe der musikalischen Werke nicht Nachahmung finden und ist bei wirklichen Denkmäler-Ausgaben überhaupt auszuschließen. Die Denkmälerarbeit soll grundsätzlich auf die Ausfindigmachung alles irgend erreichbaren Materiales gerichtet und auf möglichste Vollständigkeit des Vergleichsmateriales basiert sein. Dies gebietet schon die Kostspieligkeit der Herstellung von Denkmälern der Tonkunst. Die Prüfung der Echtheit, die Bestimmung von Zeit, Ort und Autor kann verläßlich nur nach Gewinnung aller äußeren und inneren Kriterien vorgenommen werden.

Bezüglich der ersteren (der Echtheit) stehen Autographe oder (vom Autor) revidierte Abschriften und Drucke in erster Reihe. Doch genügt auch die Feststellung des Autographs oder der autographen Revision nicht für die Zuerkennung der Autorschaft. Ein lehrreicher Fall dieser Art war die Zuerkennung der von J. S. Bach kopierten Lukaspassion an diesen Meister, während ihre stilkritische Bestimmung diese Zuweisung nicht anerkennt, sondern zurückweist. Für die kunstbiographische Erfassung eines Meisters können solche Kopierungen von Wichtigkeit sein und deshalb wäre eine Edition derselben immerhin erwägenswert, auch wenn das betreffende Werk an sich zur Aufnahme in Denkmälerausgaben nicht volle Eignung besäße. Doch dürfte in solchen Fällen eine fragmentarische Publikation genügen, während sonst in Denkmälereditionen Kunstwerke prinzipiell nur in ihrer Gänze veröffentlicht werden sollten, da diese Publikationen nicht den Charakter von Anthologien oder Beispielsammlungen annehmen dürfen. Solche Kopien sind demnach als unmittelbare oder mittelbare Quellen anzusehen. Als solche dienen auch die Studien der Meister, sei es Schulübungen, sei es Federproben der Satzführung aus der Zeit der Reife, also entweder als didaktisches, als Erziehungsmittel, zur künstlerischen Ausbildung des Schülers oder als Mittel der Vervollkommnung, das der höher strebende Meister in Verfolgung seiner künstlerischen Absichten anwendet. Im letzteren Falle grenzen Studie und Skizze aneinander und greifen ineinander. Die Versuche behufs Erprobung der Verwendbarkeit des Materiales besonders zu kontrapunktischen Arbeitszwecken gehen fast immer voran, sei es schriftlich oder mental, in Gedankenarbeit ohne schriftliche Fixierung. Wenngleich diese Studien, soweit sie schriftlich erhalten sind, nicht den Materialwert wie die Studien in der bildenden Kunst haben, so kann ihre Aufnahme in Denkmälerausgaben besonders dann gerechtfertigt sein, wenn sie als zu einem bestimmten Werk zugehörig erkannt werden. Sie reihen sich dann in die Klasse der Skizzen, über die gleich jetzt im Zusammenhang mit der Frage nach dem Umfang und über die Art ihrer Aufnahme zu Publikationszwecken das Wichtigste hervorgehoben sei.

Skizzen sind vor allem wichtig für die Entstehungsgeschichte eines Kunstwerkes, den Fortgang der kompositorischen Arbeit, überhaupt für die Arbeitsart und die Beziehungen zu gleichzeitig entstandenen oder nachher ausgearbeiteten Werken des Tonsetzers. Auch darüber hinaus kann ihre wissenschaftliche Verwertung reichen: es kann aus ihnen die Umbildung einer bestehenden Form, ihre Weiterführung und Ausgestaltung oder eine Rückbildung des bisher in dieser Form geltenden erkannt werden. Die Untersuchung ist zuerst auf die chronologische Schichtung des Materiales zu richten, auf Zusammenstellung und Einreihung abgetrennter Skizzenblätter, auf Ordnung der Lagen und Blätter eines und desselben Skizzenheftes. Dies bezieht sich sowohl auf Skizzen, die zur Fertigstellung eines Werkes geleitet haben, als auch auf solche, die in der Arbeit stecken blieben und nicht zur endgültigen Ausarbeitung gediehen sind. Auch diese letzteren können für die Darlegung des Werdeganges eines

Künstlers oder einer Kunstform von Bedeutung sein, ebenso wie unvollendete Werke, die, sei es nur in Fragmenten, sei es als Torso erhalten sind. Die stilkritische Untersuchung des von einem Anderen vervollständigten und ergänzten Werkes und des Verhältnisses der beiderseitigen Beteiligung hat sich vorerst an das vom Meister Entworfene und Ausgeführte zu halten und gehört zu den schwierigsten Aufgaben der Forschung. Das uns erhaltene Skizzenmaterial ist äußerst spärlich. Die Tonsetzer haben auf die Aufbewahrung wenig geachtet, ja sogar nicht selten (zumeist) die Spuren der Erarbeitung selbst zu verwischen gesucht und dieses Material der Vernichtung preisgegeben. Ganze Generationen, Schulen und Richtungen haben in gleichsam traditioneller Art die Partiturskizzen vernichtet und nur in Stimmen oder in »Chorbüchern« (auf zwei gegenüberliegenden Seiten mit je getrennt nacheinander geschriebenen oder gedruckten Stimmen) ihre Werke zugänglich gemacht. Die Literatur des 16. Jahrhunderts ist uns vorwiegend in solcher Art erhalten. Die in Tabulatur erhaltenen Werke dieser, der vorangegangenen und der unmittelbar nachfolgenden Zeit werden vielfach als Partiturauszüge zum Handgebrauch der Künstler anzusehen sein. Die Frage, inwieweit sie mit der Praxis ihrer Ausführung auf Tasteninstrumenten zusammenhängen, wurde in Voruntersuchungen von O. Kinkeldey und M. Schneider behandelt. Die Anlage solcher Orgel- und Klavierauszüge und die Zusammenziehung der Stimmen auf zwei Systemen haben zu kühnen Hypothesen über die originäre Ausführung im Verhältnis von Vokal- und Instrumentalstimmen mißleitet. Erst eine möglichst vollständige Zugänglichmachung dieser Einrichtungen resp. Skizzen kann zur Lösung der kontroversen Fragen beitragen. Diese Arten der Notierungen sind eine Überleitung zur Einführung des Basso Continuo, des bezifferten oder unbezifferten »Generalbasses«, der zur Begleitung auf Fundamentinstrumenten und zur Leitung der Auf-

VI. Quellen der Musikgeschichte. 77

führung diente — als »Organo«, »Fondamento« oder »per la battuta« (»Maestro di Capella«). Dieser »Auszug« aller Stimmen in ihrem harmonischen Gehalte konnte bezüglich der Stimmen verschiedene Andeutungen haben, bei imitatorischen Einsätzen konnten zwei oder drei Einsätze angedeutet, vermerkt werden, es konnte oberhalb des »Fundamentes« die oberste Stimme gesetzt werden, oder es wurden stellenweise die Stimmen mehrstimmiger Teile und Sätze, besonders der eingelegten Instrumentalstücke partiturmäßig eingezeichnet. Bei all dem mannigfachen Wechsel des Gebrauches behielt diese Art der Niederschrift (die gegenüber der voll ausgeschriebenen »Partitura« als »Particello« bezeichnet wird) im 17. und zum Teil in der ersten Hälfte des 18. Jahrhunderts den Charakter der Skizze, nicht als Vorarbeit, sondern als unvollständige Zusammensetzung der Stimmen einer fertiggestellten Komposition, deren nähere Ausführung den Aufführenden überlassen wurde. Da der Tonsetzer von vornherein auf diese Vervollständigung rechnete, so sind diese Hinzufügungen nicht als Eingriff, sondern als notwendige Ergänzung anzusehen und daher in den Denkmälerausgaben insoweit vorzunehmen, als sie irgend wissenschaftlich verantwortet werden können. Immer sind sie als Zutaten erkennbar zu machen, damit auch die Originalvorlagen genau erkennbar sind. Dagegen darf bei der Edition von eigentlichen Skizzen, den Entwürfen, der Vorarbeit keine wie immer geartete Änderung oder Hinzufügung vorgenommen werden und etwa vermutete Fehler dürfen nur oberhalb der betreffenden Zeile oder besser in der folgenden Besprechung bemerkt sein, denn in Skizzen finden sich oberhalb der Zeilen Bemerkungen des Künstlers, mit denen die Konjekturen des Herausgebers nicht verwechselt werden dürfen. Eventuell sind für diese eigene Typen zu verwenden. Von den bisher veröffentlichten Skizzen stehen die von J. Nottebohm edierten »Beethoveniana« im

Vordergrund. Diese Studien haben einen Weg betreten, der weiter zu verfolgen und auszubauen ist. Trotz der eifrigen Bemühungen Nottebohms sind diese Skizzen noch immer nicht methodisch ausgenutzt und verwertet und bedürfen neuerlicher Untersuchung, einer exakten Bezeichnung der Handschriften, der Lagenbestimmung, sorgfältigerer Auswahl, sowie einer bei weitem vollständigeren Edition der den Schöpfungsakt bezeichnenden Stellen, in einzelnen Fällen der Publizierung der Skizzen, wie sie erhalten sind.

Im Anschluß an die Behandlung der Skizzen bei der Edition kann die Frage erörtert werden, ob und in welcher Weise die unterste Stimme des »Fondamento« behandelt werden soll in jenen Werken, deren Aufführung auf eine mehrstimmige Ausführung dieses Basso Continuo rechnete, sei es, daß dieses Begleitspiel die einzige Begleitung einer Oberstimme war, sei es, daß sie zur Ausfüllung oder Klangverstärkung eines mehrstimmigen Satzes diente. Es liegt somit eine Aufzeichnung vor, die einerlei, ob beziffert oder unbeziffert, in gewisser Beziehung eine skizzierte ist. Die Herausgabe hat diesem Umstande Rechnung zu tragen und das Recht, dieser Forderung des Künstlers, der Schule, der Zeit bei der Neuherausgabe zu entsprechen — das Recht, aber nicht die Pflicht. Die Ausarbeitung gilt als Zutat zu dem authentischen Notentext und ist daher in kleineren Typen zu stechen. Eine ganze Reihe von Instruktionen über Ausführung des B. C. ist in der letzten Zeit veröffentlicht worden; sie zeigen eine im einzelnen abweichende Auffassung, aber doch gemeinsame Grundsätze. Als Hauptprinzip möchte ich folgendes aufstellen: beim Ripieno (Tutti), wo der ganze Klangkörper in mehrfacher Besetzung einzelner oder aller Stimmen verwendet wird, haben sich die Fundamentinstrumente mit akkordischer Klangverstärkung einzustellen und darauf zu beschränken, bei den Solostücken und -stellen kann eine feinere, intrikatere Ausführung des Begleitinstrumentes platzgreifen.

Ich verweise da z. B. auf die von Josef Labor besorgten Ausführungen des Basso Continuo in den österreichischen Kaiserwerken, auf die Begleitung der Händelschen Kammerduette durch Johannes Brahms (in der Gesamtausgabe) und auf die von Hans Gal und Eusebius Mandyczewski ausgeführten Orgelstimmen in dem 49. Bande (Messen) der österreichischen Denkmäler. Dagegen möchte ich Einsprache erheben gegen Ausführungen des Basso Continuo von Max Seiffert in Werken von J. S. Bach, G. Fr. Händel u. a., die steifleinen oder, wie man sagen könnte, ledern oder blutleer sind. Es genügt nicht, Harmonien aneinander zu kleben, sondern im Wechsel der Akkordlagen, besondern in der ziselierenden Begleitung der Solostücke liegt ein wirklicher künstlerischer Akt, der durch gleichsam aktenmäßige Beobachtung der historischen Anweisungen und der Lehren des reinen Satzes nicht ersetzt werden kann. Ja, wie aus Bemerkungen der Instruktionen hervorgeht, sind selbst Quintenfolgen ausnahmsweise nicht zu meiden (selbst wenn sie vermieden werden könnten), um nur dem musikalischen Gedankengang der zu begleitenden Stimmen bei der Ausführung zu entsprechen. Da kommt die künstlerische Phantasie in einer dem Zwecke angepaßten Weise zur Geltung und je relativ freier sie sich bei der gebotenen Rücksichtnahme entfaltet, desto willkommener wird sie sein. Historisches Stilgefühl und bewußtes Einhalten der harmonischen Grenzen und der motivisch-thematischen Behandlung in der Eigenart des Kunstwerkes und besonders der Zeit sind unabweisliche Erfordernisse. Historische Bildung und schöpferische Tätigkeit müssen sich da vereinigen, um ein entsprechendes Resultat zu zeitigen. Bei einzelnen Werken aus der Zeit der Vorherrschaft des Basso Continuo ist die Forderung nach Ausführung des Basses zweifelhaft, bei einzelnen erscheint sie ausgeschlossen. Nicht die Zeit entscheidet da, sondern die Eigenart des Kunstwerkes. Nicht nur bei den im stile obligato geschriebenen Werken dieser Periode ist die Begleitung zumeist überflüssig, sofern sie eine in sich vollständige, gesättigte Stimmführung und Satzfügung haben, sondern auch bei mehrstimmigen Kompositionen (besonders weltlichen Charakters) wie z. B. gleich am Anfang der Periode in den Streichsuiten von Peurl. In allen Zweifelfällen könnte ein Klavierauszug daruntergesetzt werden, dessen harmonische Zusammenziehung zugleich als etwa verlangte Ausführung des Basso Continuo angesehen werden könnte. Die Versuchungen zu solchem Verlangen werden bestärkt durch die Beobachtung, daß im 17. Jahrhundert zu zweifellos a cappellamäßig aufgeführten Werken des 16. Jahrhunderts — wie zu Messen und Motetten von Palestrina — Orgelbässe hinzugefügt wurden, zumeist als Basso seguente (der je der tiefsten Stimme folgt) oder sogar als eine die ursprüngliche Fassung harmonisch ergänzende Orgelstimme. Dies geschah, um diese Werke für den »Geschmack« der Zeit herzurichten. An sich ist es ein Barbarismus, reinen a cappella-Werken Instrumentalbegleitstimmen hinzuzufügen und wir sind durch historische Schulung darin empfindlicher geworden. Zumeist werden jetzt nicht einmal die vierstimmigen Choräle von Bach mit den damals akzessorisch zulässigen oder verlangten Instrumenten, die sich verzeichnet finden, begleitet. Der Klanggegensatz zu den konzertanten Stücken bildet eine willkommene Abwechslung und erhöht die künstlerische und religiöse Wirksamkeit dieser Choräle. Ich hebe dies hervor im bewußten Gegensatz zu den von M. Seiffert im Bachjahrbuch I, 1904, S. 65 fg. aufgestellten Behauptungen, in deren Kontext von »Mendelssohnschen Windeln« und »katholisierender Stimmungsduselei« gesprochen wird. Gänzlich zurückzuweisen sind Klavierauszüge zu mehrstimmigen a cappella-Werken besonders auch aus der Zeit ihrer Hochblüte. Solch ein Auszug verklebt und verkleistert den Gang der Stimmen, die in ihrem ursprünglichen Gewande, also auch in den originalen Schlüsseln vorgelegt werden müssen. Das Gegenteil ist ein Vandalismus. Bei Ausgaben, die für die Praxis eingerichtet, anderen Bedingungen unterzogen werden, ist ein in zwei Systemen zusammengezogener vierstimmiger Satz zulässig, wenn nicht Stimmkreuzungen vorkommen und diese Drucke daher von den Sängern als Gesangsstimme benutzt werden können. In Denkmälerausgaben sind Klavierauszüge etwa zulässig bei Opernpartituren, bei denen die Ausführung eines Basso Continuo in einzelnen Teilen zweifelhaft ist.

Die Frage, ob in den verschiedenen Zeitabschnitten der Kunstperiode, in der die Werke mit Mensuralnotation niedergeschrieben wurden, eine bezüglich der zeitlichen Wertbemessung von der Originalnotation abweichende, sich je nach dem reellen Zeitwerte richtende Übertragung platzgreifen solle, kann je nach dem Standpunkte, den man gegenüber der Forderung nach authentischer Fassung einnimmt, in verschiedener Weise beantwortet und demnach die Auslegung verschieden vorgenommen werden. Vom 17. Jahrhundert an, in dem der Ausgleich der mensuralmäßigen und eigentlich taktischen Niederschrift mit wenigen antiquarischen Ausnahmen vollzogen ist, zurückschreitend kann die Übertragung bezüglich der Zeitbemessung in Relation zu der seit dem 17. Jahrhunderte geltenden Notenbewertung eingerichtet werden. Bei Monumentalausgaben der Werke des 16. Jahrhunderts wird die Originalnotierung belassen, also ◊ ◊ ♦ innerhalb der Kanzellen, um nicht zu sagen, innerhalb der Taktstriche mit ◯ ◯ ♩ bezeichnet, die Brevis ♮, Longa ♮ und die selten vorkommende Maxima ♮ werden nach Bedarf in verschiedene Kanzellen zerlegt und miteinander legiert (mit Bindebogen versehen). Für praktische Ausgaben von Werken dieser Zeit werden die Werte nicht selten um die Hälfte verringert, also ◯ = ♩, ♩ = ♪, ♪ = ♫ und ♮ = ◯ gesetzt. Den verschiedenen Notationsphasen folgend, könnten entsprechend der reellen Geltung der Notenwerte in Werken des 15. Jahrhunderts (rund genommen, eigentlich in der ersten Hälfte dieses Jahrhunderts und zurückgreifend in das 14. Jahrhundert) auch in Monumentalausgaben die Noten ◊ ◊ und ♦ ♦ in ♩ ♩ übertragen und dementsprechend die anderen Notenzeichen auf die Hälfte reduziert werden. In Werken aus (rund) dem 14. Jahrhundert wären die Noten ■ ♦ in ♩ ♩ zu übertragen und dementsprechend müßten die größeren Notenwerte auf ein Viertel reduziert werden. Für das 13. Jahrhundert (rund) wären in konsequenter Ausführung dieses Verfahrens die Notenwerte auf ein Achtel zu reduzieren, demnach ♪ ♪ gleichzusetzen ♪ ♪ und dementsprechend die anderen Notenwerte. Es ist unleugbar, daß hierdurch die Übersichtlichkeit gewinnen und das Druckverfahren erleichtert würde. Immerhin wird dadurch die historische Vorstellung des originalen Notenbildes beeinträchtigt und es wäre die Forderung zu stellen, daß einzelne phototypische Aufnahmen der Originalnotation in die betreffende Publikation eingereiht, sowie daß bei allen irgendwie (bezüglich der Notation) zweifelhafter Stellen die Originalnotierung abgedruckt werde.

Wie schon bemerkt wurde, ist für alle Notationen, die keine absolute Bemessung in zeitlicher oder in tondiastematischer (Tonhöhe) Beziehung bieten, die Reproduktion des Originales unerläßlich, so z. B. bei der Choralnotation (sei es in Neumen oder in Nota quadrata) oder bei der für die Gesänge der Meistersinger üblichen Notation usw. Daneben kann der Versuch der Übertragung ediert werden mit ausdrücklicher und genau beschriebener Annäherung der Tonzeichen bezüglich Tonhöhe und Tondauer an die in der Edition verwendete Notation. So werden jetzt Ausgaben des Chorals für praktische Zwecke veranstaltet. Bei den wissenschaftlichen Publikationen ist die Originalnotation für Forschungszwecke unentbehrlich. Ebenso ist zu verfahren bei Aufnahme von Volksgesängen, überhaupt von Nationalmusik, deren Rhythmus ein freier (nicht streng taktmäßiger) oder deren Tonhöhenbemessung eine von der in unserer Notation fixierten abweichende ist: die Art des Anschlusses der Übertragung an unsere Notation ist mit allen Abweichungen und Unterschieden auf das präziseste zu verzeichnen. Die Unvollkommenheiten dieses Verfahrens konnten bis jetzt nicht vermieden, noch weniger überwunden werden. Da sind noch viele Verbesserungen nötig und wahrscheinlich wird eine Änderung des Verfahrens eingeschlagen werden müssen. Die dem lebendigen Originale sich möglichst eng anschließende Niederschrift (wobei ich an die Möglichkeit der vollkommenen Deckung von originärem Vortrag und Niederschrift zweifle, wenn nicht wesentliche Verbesserungen oder radikale Änderungen der schriftlichen Fixierung vorgenommen werden) ist für die wissenschaftliche Erkenntnis der Volksmusik und ihres Verhältnisses zu der Kunstmusik von fundamentaler Bedeutung.

Behufs Behebung der Ungleichheiten in der Behandlung von Editionen der Denkmäler und ihrer einheitlichen Ausgestaltung wurde im Jahre 1902 zwischen der musikgeschichtlichen Kommission in Berlin und der leitenden Denkmälerkommission in Wien eine Vereinbarung getroffen, die Bestimmungen über Schlüssel, Vorzeichnung der Tonarten,

Akzidentien, Taktstriche, Tempo und dynamische Bezeichnungen und über Textbehandlung enthält, die in unseren Denkmälerausgaben sowohl aus dem Notentext, wie aus den Revisionsberichten auch in ihren für den Einzelfall eingerichteten Modifikationen erkennbar sind.

Diese allgemeinen Leitsätze können im einzelnen Falle der Eigenart der Kunstwerke akkomodiert werden. Solche Abweichungen sollten im Revisionsbericht vermerkt und begründet sein, damit über ihren Zweck keine Zweifel entstehen. Erscheint es wünschenswert, daß bei den mit nicht deutschen Texten erhaltenen Vorlagen eine deutsche Übersetzung unterlegt werde, so hat diese sich in erster Linie an die etwa vorhandenen deutschen Übertragungen zu halten, so z. B. bei Opern des 17. und 18. Jahrhunderts. Wenn sie als authentisch erkannt werden, so können sie mit den gleichen Typen wie der originäre Text gedruckt werden. In Zweifelfällen und in allen Fällen der Neuübertragung ist der Text kursiv zu drucken, also als Hinzutat zu kennzeichnen. Für diese Übersetzungen gelten die Maximen, die überhaupt für solche als richtunggebend angesehen werden müssen: möglichste Anschmiegung an den Urtext und möglichste Unterordnung unter die melische Akzentuierung — eine Vereinigung, die wie bekannt, praktisch nicht selten großen Schwierigkeiten begegnet. Hierzu sind Teilungen oder Zusammenziehungen (Ligierung) der Notenwerte stellenweise erforderlich. Je mehr die tonliche Behandlung aus dem Geiste der Sprache, in der das Vokalwerk ursprünglich konzipiert und ausgeführt ist, geschöpft ist, desto größer sind die Hindernisse für die zu erstrebende Vollwertigkeit der Übersetzung. Zu den wissenschaftlichen Erfordernissen tritt hier die Forderung nach dichterischer Befähigung — eine selten anzutreffende Vereinigung für Erfüllung dieser Aufgabe. Die Übersetzung kann sich innerhalb gewisser Grenzen frei bewegen: sie muß vor allem dem in der dichterischen Vorlage enthaltenen Stimmungsgehalte Rechnung tragen. Bieten die Worte des Originaltextes den Anhalt, oder sind sie für die Charakteristik der Situation oder der Personen von Wichtigkeit, dann muß die Übersetzung ihnen möglichst folgen. Die Bedingungen dieser Übertragungen decken sich nicht völlig mit denen der Übersetzungen für gesprochenen Vortrag oder für Lesung. Die ersteren sind mehr an die musikalische Haltung und melische Führung gebunden, ohne deren Sklaven zu sein. So sind gereimte Vorlagen nicht für strenge Ausführung mit Reimen einzig maßgebend — die Reime können im Notfalle ausgeschaltet werden. Die bilderreiche Sprache einzelner italienischer Librettisten des 18. Jahrhunderts (so z. B. Metastasios) muß nicht in allen Einzelzügen nachgeahmt werden, wenn die melische Behandlung auf diese Bilder und Vergleiche nicht Rücksicht genommen hat, wohl aber ausnahmslos dann, wenn dies geschehen ist oder wenn einzelne Worte eine musikalische Ausmalung erfahren haben. Je mehr die melische Behandlung von der Sprache und ihrer natürlichen Akzentuation beeinflußt ist, desto genauer muß die Übertragung dem folgen. Diese Tendenzen haben in den verschiedenen Phasen seit Einführung der Oper verschiedene Behandlungen aufzuweisen. Die Übersetzung hat sich danach einzurichten — eine mühevolle und undankbare Aufgabe, denn sie kann nie restlos erfüllt werden.

Für die Übertragungen der Tabulaturen (Instrumentalnotationen) wurde von der beim dritten Kongreß der internationalen Musikgesellschaft (der Haydnzentenarfeier) in Wien 1909 eingesetzten Kommission ein Regulativ ausgearbeitet, das die Umschreibung methodisch einheitlich festzustellen hatte und in der Zeitschrift der »Internationalen Musikgesellschaft« Jahrgang XIV, Seite 1fg. (Oktober 1912) veröffentlicht wurde. Bereits im 36. Band der »Denkmäler der Tonkunst in Österreich« (Jahrgang XVIII, 1911, 2. Teil), der »österreichische Lautenmusik im 16. Jahrhundert« enthält, waren diese Grundsätze der Übertragung, für deren Fassung wissenschaftliche und technische Rücksichten maßgebend waren, zur Anwendung gebracht. Sie wurden auf Grund neuer Erfahrungen und Forschungen im 50. Band dieser »Denkmäler« (Jahrgang XXV, 1918, 2. Teil »Österreichische Lautenmusik zwischen 1650 und 1730«, Bearbeiter: Adolf Koczirz) modifiziert und verbessert.

5. Die zweite Hauptquelle der Musikgeschichte bilden die Dokumente, die alles umfassen, was neben den Denkmälern zur Aufhellung des Werdeganges der Tonkunst und des künstlerischen Schaffens dienlich ist. Sie stehen in ihrer Bedeutung für Erreichung und Durchführung dieses Zweckes in zweiter Linie. Was immer auf die Persönlichkeit, die Produktion, die Schulung, die Anschauungen des Künstlers, die sozialen Verhältnisse in ihrer Rückwirkung auf die Produktion des Einzelnen wie der Schule Bezug hat, wird hervorgehoben. Die Prüfung dieser Quellenzeugnisse wird durch Vergleichung, Bewertung der Echtheit und nach ihrer Bedeutung, Glaubwürdigkeit und Zuverlässigkeit vorgenommen. Hierfür sind die Grundsätze der allgemeinen historischen Methode mit besonderer Einrichtung für die Zwecke der Musikgeschichte anwendbar. Es muß eben dasjenige herausgehoben werden, was für die Erkenntnis des Schaffens des einzelnen und der Entwicklung der Tonkunst von Wichtigkeit ist. Unnötiger Ballast muß möglichst ausgeschaltet und ferngehalten werden. Diese Dokumente begleiten den Künstler von seiner Geburt bis zu seinem Tode und greifen nach beiden Seiten darüber hinaus. Tauf- und Geburtsmatrikel, Totenprotokolle, Testamente, Trauungsbücher, Urkunden und Akten aller Art, Briefe, Stammbuchblätter, Eigennotizen, Tagebücher, Rechnungsbücher und Rechnungen, Steuernachweise, Impostverzeichnisse, Leichenreden, Grabschriften, Inschriften, Bildliche Darstellungen, Inventare, Meßkataloge, Verlagsverzeichnisse und Mitteilungen, Instruktionen, Statute, Zunftordnungen, Bruderschafts- und Vereinsakten, Verordnungen, Erlässe, Prozeßakten, Schulkataster, Zeugnisse, Empfehlungsschreiben, Verträge, Nachrichten aller Art, Stiftungen, Präbenden, Dotationen, Honorare, Preise, Adelsbriefe, Manifeste,

Eingaben. Erledigungen, Verleihungen, Titel der Werke mit Dedikationen, Vorreden und Ornamentverzeichnissen, dazu diplomatische Berichte (von Botschaftern, Gesandten, Spezialmissionen), Konzilienverhandlungen und Beschlüsse, kirchliche Verordnungen, Stadt-, Kloster-, Familien-, Instituts- und Spezial-Chroniken und die den Theater- und Musikbetrieb kennzeichnenden Akten, Programme, Berichte, Statistiken und was sonst noch im Einzelfalle an dokumentarischen Behelfen herangezogen werden kann. Das größte Interesse beanspruchen die vom Künstler selbst herrührenden Äußerungen und Aufzeichnungen, die die Hauptanziehung für das kunstliebende Publikum bilden: Briefe und Tagebücher, die die Eigenart des Künstlers am unverhülltesten offenbaren, auch dort, wo er Vorsicht und Zurückhaltung walten läßt oder einen Tatbestand in ganz subjektiver oder entstellender Weise schildert. Sie bedürfen der sorgfältigsten Prüfung, besonders dann, wenn Wahrheit und Dichtung miteinander verschmolzen sind. Sie bilden den Übergang zu den literarischen Quellen und zwar in gesteigertem Maße je nachdem sie die Unmittelbarkeit der Mitteilung verlieren oder bewußt preisgeben. Die Scheidegrenze zwischen diesen Dokumenten und literarischen Quellen ist nicht scharf zu ziehen. Dies gilt auch von den Widmungen und Vorreden, die besonders im 16. und 17. Jahrhundert beliebt waren, nicht immer vom Künstler selbst besorgt und nur von ihm unterfertigt wurden. Auch der Titel eines Werkes bildet eine dokumentarische Hilfsquelle und wird besonders bedeutungsvoll seit dem Erstehen der Romantik und ihren ersten Spuren. Es ist im einzelnen Falle festzustellen, von wem der Titel herrührt, ob vom Künstler oder seiner Umgebung oder ob er sich erst allmählich aus der opinio vulgaris zu einer fixen Bezeichnung zugespitzt hat. Titel von Musikstücken sind manchmal nur Vignetten zur Markierung, als Merkzeichen (wie bei den Lautenisten in der zweiten Hälfte des 17. Jahrhunderts) oder sie wollen das Grundwesen der Komposition bezeichnen, wie eine Zusammenziehung des poetischen Gehaltes, gleichsam zur Einführung und Klärung der Erfassung des Kunstwerkes. Auch der Fall, daß ein ursprünglich vom Künstler selbst herrührender Beititel von diesem fallen gelassen wurde, weil durch ihn Mißverständnisse und irrige Deutungen hervorgerufen wurden, ist zu verzeichnen. Bei Gattungsbezeichnungen wird die Prüfung ebenso platzzugreifen haben, wie bei Titeln anderer Art. So bedarf die Bezeichnung eines Vokalstückes als »Concerto« oder einer zyklischen Vokalkomposition als »Symphonie» der Erwägung und Klarstellung von seiten des Forschers.

6. Eine eigene Gruppe der Quellen bilden die Instrumente und Abbildungen. Die Instrumentenkunde bildet ein selbständiges Hilfsgebiet der Musikgeschichte. Die aus dem Bau der Instrumente sich ergebenden Folgerungen für die Praxis der verschiedenen Zeiten sind in Relation zu setzen mit den über diesen Stoff erhaltenen literarischen Quellen, deren Kritik sich aus dem Zusammenhalt mit den Kunstwerken der betreffenden Zeiten ergibt. Die Arten der Benutzung eines Instrumentes wechseln ebenso, wie die Wahl der Instrumente. Der Weg der Ausbildung der Spieltechnik muß verfolgt werden, wie die technische Vervollkommnung des Instrumentenbaues. Das eine deckt sich nicht mit dem anderen. Die Zusammenhänge mit primitiven und nationalen Volksinstrumenten müssen aufgedeckt werden. Form und Material der Instrumente bilden Untersuchungsobjekte für sich, erstere im Zusammenhang mit den herrschenden Formen der bildenden Kunst, letzteres in Abhängigkeit von der Beschaffung der Rohstoffe und der Möglichkeit ihrer Verarbeitung. Der Instrumentenkunde als einem Hilfsgebiet reiht sich die musikalische Ikonographie an: sie beschäftigt sich mit den bildlichen Darstellungen, die irgend Bezug haben auf Tonkunst und Tonkünstler: Porträts, Medaillen, Statuen, sonstige Ab-

bildungen verschiedener Art (von Instrumenten, Musik- und Theaterräumen, Musikausübungen, Vorträgen und Musikunterricht, künstlerisch ausgestattete Diagramme usw.). Wie die Porträts eine Bereicherung der biographischen Forschung bieten, so dienen Abbildungen zur Aufdeckung der Kunstpraxis und Kunstübung, zur Aufhellung der sozialen Funktion und Stellung von Musik und Musikern. Auch da ist die kritische Sonde anzulegen, besonders in der Richtung, wie weit die Darstellung und Heranziehung der Musikpraxis der gleichen Zeit entspricht, entsprechen kann und inwieweit sie davon abweicht, sei es, daß die Abweichung aus bildnerisch-ästhetischen Gründen vollzogen ist, sei es, daß sie unter Benutzung von Vorlagen, die der älterer Zeiten entnommen werden, erfolgt*). Die bildnerische Auffassung hat in erster Linie nicht der exakten Überantwortung der musikalischen Technik zu dienen, ausgenommen in bildlichen Darstellungen, die in Lehrbüchern aufgenommen sind. Auch Instrumente, die überhaupt nie bestanden, also Phantasiegebilde oder umgebildete, wirkliche Instrumente können bildnerisch entworfen und dargestellt werden, also in freier Phantasiebildung des bildenden Künstlers sei es unter Anlehnung an Vorhandenes oder an

---

*) So überschätzt z. B. die im »Archiv f. Mw.« I, 1, S. 49 fg. veröffentlichte Studie über »Bildzeugnisse des 16. Jhdts.« weit den dokumentarischen Wert der dort allegierten Bilder für die Konstatierung der praktischen Musikübung dieser Zeit. Behauptungen wie über Besetzung von Massenchören von Engeln für einen 4stimmigen Satz Bild 4), von a cappella- und Solobesetzung (Bild 5), ferner Intavolierung Bild 6), Einrichtung der mehrstimmigen Motette für Sologesang (Bild 8) — sind wissenschaftlich nicht zu rechtfertigende Annahmen des Verfassers, der die Grenzen der für diese Bilder behaupteten Realität gegenüber »der Phantastik« und, wie ich hinzufüge, der allegorisch-symbolischen, rein malerischen Darstellung der anderen Bilder nicht zu ziehen vermag. Meine Aufstellung über die akzessorische oder subsidiäre Verwendung von Instrumenten bei der Aufführung von Musikwerken dieser Zeit erhält durch richtige Interpretation solcher Bildnisse wohl eine Stütze, allein die Scheidung in verschiedene Arten dieser Musikübung ist durch diese ikonographische Erklärung nicht positiv zu belegen.

Beschreibungen, sei es in unrichtiger Wiedergabe der Modelle und Vorlagen oder in willkürlicher Übertragung von einer vergangenen in eine spätere Zeit oder umgekehrt. Bildnerische Darstellungen eines Tonkünstlers oder einer Kunstgruppe können ihre Erfassung in der gleichen oder in einer nachfolgenden Zeit zum Ausdruck bringen: die Stellung der Mitwelt oder der Nachwelt zu ihnen spiegelt sich darin wieder oder sie gibt eine persönliche Auffassung des bildenden Künstlers wieder. Ich erinnere an die Brahms-Phantasien von Klinger, an die Mozartskulptur von E. v. Hellmer, an den Beethoven von Stuck. Solche bildliche Darstellungen gehören eigentlich in die literarisch-künstlerischen Quellen der Musikgeschichte. Die musikikonographische Forschung wurde bisher von einzelnen gefördert, entbehrte einer einheitlichen Behandlung, die sich auf alle Kulturländer zu erstrecken hätte. Die Durchführung dieser Absicht wurde eingeleitet durch eine beim fünften Kongreß der »Internationalen Musikgesellschaft« in Paris Juni 1914 begründete Ikonographische Kommission, die in Holland ihren Sitz hat.

7. Die Grenze zwischen dokumentarischen und literarischen Quellen ist, wie wir sehen, beweglich. Alles was den Tatbestand in seiner Unmittelbarkeit kennzeichnet, sich direkt an ihn anschließt, aus ihm hervorgegangen ist als Zeuge und Zeugnis seines Entstehens und Bestehens und ohne Absicht auf eigentlich literarische, dichterische, künstlerische oder wissenschaftliche Behandlung wiedergibt, gehört in die erstere Gruppe. Die Übergänge verlaufen in die Gebiete der schönen Literatur, der bildenden Kunst und der eigentlichen Fachwissenschaft. Auch die Quellenschriften über Musik lehnen sich bald mehr an die eine, bald an die andere Seite. Wenn ein Künstler seine technische Behandlung der Musik in Sätzen oder Beispielen zu fixieren sucht, gleichsam sich selbst Rechenschaft legend, so gehört diese Feststellung unter die dokumentarischen Quellen. Sucht er sie zugleich zu begründen, zu

erklären, in Vergleich mit dem Verfahren anderer zu stellen oder verbindet er damit Lehrzwecke, so sind seine Ausführungen eigentliche literarische Quellen. Diese Quellenschriften enthalten theoretisches, technisches, historisches, ästhetisches und didaktisches Material. Sie enthalten nicht selten Beispiele, sei es ganze (abgeschlossene), sei es fragmentarische. Diese sind entweder wirkliche Kunstwerke oder nur Lehrbeispiele und müssen als solche voneinander verschieden aufgefaßt werden. Mit den Zeiten wechseln die Aufgaben, die sich die Verfasser stellen. Solche Quellenschriften theoretischen Inhaltes hinken der Kunstpraxis fast ausnahmslos nach — wenn sie nicht vom Künstler selbst herrühren, der sich im oben angegebenen Sinne Rechenschaft legt; dies trifft z. B. zu bei Tinctor (15. Jahrhundert) und Zarlino (16. Jahrhundert). Je nach den Bedürfnissen und der Fähigkeit und Eignung wechselt der behandelte Stoff. Indessen geht durch die Jahrhunderte seit der künstlerischen Verwertung der Mehrstimmigkeit in den diese behandelnden Abhandlungen und Lehrbüchern ein innerer Konnex in der Behandlung dieses Stoffes besonders nach den beiden ausschlaggebenden Gesichtspunkten der Verbindung und der Gegenüber(Gegen)stellung der Stimmen.

Im großen Zuge der Quellenschriften folgen einander Behandlungsarten, die im engsten Zusammenhange stehen mit den sonstigen literarischen und kulturellen Anschauungen der betreffenden Perioden. Im Mittelalter verbindet sich mathematische Darlegung mit mythologisch-legendarischer, die ins alte Testament und die griechische Welt zurückgreift. Die Kirchentöne stehen im Mittelpunkt. Die Rhythmik wird kaum berührt und findet ihren äußerlichen Ersatz in der Semeiographik. Dann treten mehr antiquarisch-historisierende Absichten hervor (seit dem Humanismus), denen sich ästhetisierende Elemente gesellen. Mit den pädagogisch-didaktischen Absichten tritt das wertvollste Moment in die Quellenschriften, und diejenigen, die sich seit dem frühen Mittelalter damit beschäftigt haben, bilden bis heute den kostbarsten Teil dieser Literatur. Mit dem 17. und besonders dem 18. Jahrhundert macht sich die philosophische, nationalpolemische und analytische Richtung bemerkbar. Laien und Fachmänner behandeln Fragen über Theorie und Praxis und ihr Wechselverhältnis. Damit stehen wir völlig im Lager der literarischen Quellen.

Das Verfahren bei der Edition dieser Quellenschriften richtet sich nach den Grundsätzen der paläographisch-philologischen Methode, die den Erfordernissen der Musikgeschichte untergeordnet werden müssen. Erst die moderne Wissenschaft konnte sich zur völligen Klärung der Prinzipien und ihrer Anwendungsarten emporringen. Von der Generalkommission für Herausgabe eines »corpus scriptorum de musica medii aevi« wurden »Bestimmungen über die Editionstechnik« getroffen, die neben allgemein gehaltenen Paragraphen über Zweck und Umfang dieser in Vorbereitung befindlichen Edition Vorschriften über Schriftlegung (Vollständigkeit, Genauigkeit und Richtigkeit der Wiedergabe der Vorlagen auf Grund ihrer Vergleichung und Wertstellung, über Interpunktion, Eigennamen, Satzanfänge, Fachausdrücke, Buchstaben und Zahlen, Behandlung, sprachliche und mundartliche Eigentümlichkeiten, Abkürzungen, Notenbeispiele in den verschiedenen Notationen und Notierungen, Akzidentien, Textunterlegung, Tabellen, Diagrammen, Zeichnungen usw.), ferner über die Art der Herausgabe (Titel, Vorreden, Vorbericht, Vorbemerkungen, Lücken der Vorlagen, Kommentar, Anmerkungen, Einschiebsel der Vorlagen, Marginalglossen, Kapitelüberschriften, Kolumnentitel, Indices, Inhaltsverzeichnis, wie über den ganzen textkritischen Apparat) enthält.

8. Das Gebiet der literarischen Quellen ist ein weitverzweigtes und greift selbst wieder in die eigentlich wissenschaftliche Forschung über. Die differentia specifica der beiden Gebiete in ihrer idell vorzunehmenden Absonderung ist bei den ersteren die subjektive Erfahrung des Tatbestandes und die künstlerische Ausgestaltung, bei der letzteren die objektiv wissenschaftliche Untersuchung mit dem Endzweck der Darlegung des Werdeganges der Kunst und der Künstler. In Wirklichkeit läßt sich beides nicht restlos trennen. Es kommt auf den Grad des Verhältnisses von »Wahrheit« und »Dichtung«, der Verquickung von Verstand und Fantasie an.

In beiden muß die Vernunft walten und helfen. Auch in den Mythen, Legenden, Sagen, Anekdoten, die sich auf Kunst und Künstler erstrecken, soll der Kern eine klare Deutung ermöglichen. Der künstlerische Wert von Dichtungen, Erzählungen, von poetischen und bildlichen Allegorien und Symbolen ist für die Verwertung als Quelle nicht so maßgebend wie die Möglichkeit ihrer Heranziehung behufs Aufdeckung zu Aufklärungszwecken im Dienste der wissenschaftlichen Forschung. Dantes poetische Verklärung der Musik seiner Zeit wäre als Quelle willkommen, auch wenn sie nicht den hohen Schwung der »Divina comoedia« hätte. Die Erzählungen von Boccaccio, Castiglione, die Minneregeln des Eberhard Cersne von Minden (1404) sind in gleicher Weise zweckdienlich, auch wenn sie nicht auf dieser künstlerischen Höhe stehen.

Alles was in Beziehung steht zur Person der Künstler, zu den Örtlichkeiten ihrer Wirksamkeit, zur Technik und Wertung der künstlerischen Arbeit, wird, auch wenn es nicht Dokument im engeren Sinne ist, sondern in literarischer Verarbeitung vorliegt, als Quelle herangezogen — nicht etwa als Mittel schöngeistiger Ausszierung bei der Darstellung oder gar als Inhalt eines akademischen Kollegs, wie es die »Ästhetiker der Tonkunst« betreiben. Da stehen die Selbstbiographien, Memoiren und Reiseberichte der Künstler in erster Reihe: enthalten sie nur Daten und nackte Tatsachen, dann reihen sie sich den Dokumenten an. Die Vitensammlungen von Mattheson und Hiller enthalten solche Eigenberichte der Künstler. Sie unterliegen der gleichen Prüfung wie die Aufsätze in den Künstlerlexicis. Von da geht eine in verschiedenen Graden des freien Fantasiespieles schreitende Linie der biographischen Essays und Bücher bis zu den »Dichtungsbiographien« (wie ich sie nennen möchte), die lediglich eine mittels der Fantasie projizierte Erfassung eines Künstlers bieten und, wie etwa Liszts Studie über »Chopin« oder der Säkularaufsatz »Beethoven« von R. Wagner, der sich übrigens früher mit der Absicht einer eigentlichen Beethovenbiographie getragen und in seiner Art sich mit Beethovenfantasien, wie der »Pilgerfahrt zu Beethoven«, darauf vorbereitet hat, neben dem literarischen auch kunsthistorischen Wert beanspruchen dürfen. Solche Abhandlungen können der Berücksichtigung reeller Daten und Umstände völlig entbehren, wenn sie einen Einblick in Wesen und Art des Künstlers als Menschen und Schaffenden gewähren, der vermittelst Intuition und besonders aus tiefer Kenntnis der Werke geschöpft und gewonnen ist.

Die Autobiographien sind als Quellen sowohl für das Leben und Wirken wie für die psychische Eigenart des Künstlers wichtig, die auch aus der Schreibart, der Auffassung der Umstände und Verhältnisse, aus dem Verschweigen oder Ändern von Umständen und Begebenheiten — wobei zu untersuchen ist, ob es bewußt oder unbewußt geschehen ist —, aus absichtlicher Verhüllung der in anderen Äußerungen klar hervortretenden Anschauungen des Künstlers zu erkennen ist. In manchen Fällen möge die Rücksicht auf Andere bestimmend sein, oder das Interesse der Person, der der Autor die Memoiren in die Feder diktiert hat, besonders in der Darlegung von der Zeit an, da diese Persönlichkeit in seine Interessensphäre eintritt. In diesen Beziehungen sind besonders die Autobiographien und die Eigenschilderungen von Hector Berlioz und Richard Wagner lehrreich. Die in Wagners zweibändigem »Mein Leben« vertretenen Tendenzen haben schon in das vielbändige biographische Werk von Glasenapp ihre Schatten geworfen, die verdunkelnd wirken.

Eine mehr im Flugsand geschichtete literarische Quelle bildet die Tageskritik, die seit der Verbreitung der politischen Journale, besonders seit dem Ende des 18. Jahrhunderts, eine große, beängstigende Ausdehnung und Wirksamkeit erlangt hat. So lange sie sich in den natürlichen Grenzen der Berichterstattung hält und ein aufrichtiges Reflexbild der Zustände und Stimmungen der Zeit gibt, wird sie ein willkommener Quellenbehelf für den Musikhistoriker sein. Die Bezeichnung dieser Journalisten als »Musikreferenten« oder »Berichterstatter« umgrenzt auch ihren gebotenen Wirkungskreis und ihre Stimmen als von »Zeitgenossen«, die in Fühlung mit dem Publikum stehen und die tatsächlichen Verhältnisse bei Aufführung und Aufnahme beleuchten, werden den Wert von Tatzeugen behalten. Sofern sie, darüber hinausgreifend, die Macht der Zeitung, in deren Diensten sie stehen, falsch verwenden oder mißbrauchen und allerlei Einflüsse sich geltend machen, die mit der Kunst und ihrer Pflege nicht in Zusammenhang stehen und das Urteil, das die »Kritiker« zu fällen sich berufen halten, trüben, wird die Forschung diese Äußerungen mit der größten Vorsicht und der stärksten Dosis von Skepsis in wissenschaftlich objektiver Weise zu untersuchen haben. Dabei wird sie in zukünftigen Generationen besonders im Auge behalten müssen, daß ein wohl geringer Teil der Vertreter dieses Standes die Vorbildung und Eignung zu diesem Berufe hatte, und wie der glänzendste Repräsentant dieses Berufes Eduard Hanslick sagte, der Großteil nur wegen Nichtverwendbarkeit in anderen journalistischen Betätigungen zur musikalischen Berichterstattung gelangte. In letzterer Zeit hebt sich das allgemeine Niveau durch einzelne fachmäßig und besonders akademisch vorgebildete Vertreter. Allein, wie die Verhältnisse besonders in den westeuropöischen Staaten und in Amerika liegen, wird der Historiker der Zukunft mit größter Vorsicht bei der Benutzung dieser literarischen Quelle vorgehen müssen, wie die jetzige Forschergeneration gegenüber der mitteleuropäischen Berichterstattung. Diese Vorsicht ist auch anzuwenden bei Kritikern, die dem Künstlerstande angehören oder Künstler zu sein wähnen. Da tritt die Voreingenommenheit des Produzierenden für seine Richtung ein, die manchmal noch schädigender wirkt, als die naive Unwissenheit des Berufsschreibers. Es gilt auch da der Satz: Keine Regel ohne

Ausnahme. Übrigens waren die Kritiken von Robert Schumann für Fachorgane bestimmt. Es ist von Vorbedeutung, daß sich aus den Kreisen der Kritiker selbst Stimmen zur Reinigung und Besserung erheben, die in Zukunft zur Läuterung dieser literarischen Quelle wichtiges beizutragen berufen erscheinen.

VII. Hilfsgebiete und Hilfswissenschaften.

1. Wie die Musik mit dem Gesamtleben des Individuums, der Landschaftsbewohner, der Nation und ihren Wechselbeziehungen zusammenhängt, so steht die Musikwissenschaft in ihrem historischen und systematischen Teile in mehr oder weniger inniger oder lockerer Beziehung zu den übrigen Wissenschaften. Die universitas literarum läßt sich überhaupt nicht in streng getrennte Arbeitsgebiete sondern. Die Berührungen, Überleitungen, gemeinsamen Ausschnitte machen sich allenthalben geltend. Wir haben die Gemeinsamkeit gewisser Probleme hervorgehoben und die Relationen und Ähnlichkeiten im methodischen Verfahren beleuchtet. Der Eigenart der Musikgeschichte entsprechend stehen ihr einige Wissenschaften besonders nahe und haben eigentliche Hilfsdienste für Erreichung ihrer Ziele zu leisten. Ich verweise auf das S. 7 angegebene Schema des Gerüstes und beziehe mich auf die bei der Besprechung der Quellen und Dokumente aufgestellten Erfordernisse der Forschung. Für den Musikhistoriker ist es vorerst erwünscht, einen Anhalt bei Eröffnung und Verfolgung seiner Arbeiten auch bezüglich Hinweisen, behufs Benutzung der einschlägigen Literatur zu haben. Die Bibliographie führt in diese ein, wenigstens soweit als Titel und generelle Bemerkungen gegeben werden können; sie ist ein wichtiges Hilfsgebiet und umfaßt literarische Hilfsmittel, die gedruckt erschienen sind, erstreckt sich, sofern sie Kataloge von Bibliotheken, Museen, Beständen, Instituten betrifft, auch auf handschriftliche Verzeichnisse

VII. Hilfsgebiete und Hilfswissenschaften.

und Inventare. Wir sind darin noch zurückgeblieben trotz der eifervollen Ansätze einiger Investigatoren. Für die Zwecke der Denkmälerausgaben wurden Inventarisierungen und eigentliche Katalogisierungen vorgenommen, die noch lange nicht zu einem Abschlusse gebracht werden können. Die bio-bibliographischen Arbeiten werden bei aller Anerkennung der Bemühungen von Robert Eitner und anderer einer gründlichen Revision und der eifrigst anzustellenden Nacharbeiten bedürfen. Hierzu wurde eine Kommission gelegentlich des 2. Kongresses der Internationalen Musikgesellschaft in Basel (1906) eingesetzt. Eine lange Desideratenliste wäre da anzulegen, die sich auch auf die Archivalien, d. i. die auf Musik und ihre Pflege betreffenden Akten aller Art zu erstrecken hätte. Die Neugründung des Fürstlichen Institutes für musikwissenschaftliche Forschung in Bückeburg bietet die Aussicht, daß auch dieses wichtige Hilfsgebiet in ersprießlicher Weise ausgebaut werden kann.

Um eine Übersicht über die besonders berücksichtigenswerten Werke und über die in Sammlungen zerstreuten Bibliothekskataloge neben den separat edierten zu geben, wird im Anhang eine bibliographische Zusammenstellung geboten, die von Privatdozent Dr. Wilhelm Fischer, Assistent am musikhistorischen Institut der Wiener Universität, auf Grund der in diesem Institut vorhandenen Behelfe mit Ergänzungen aus anderen Bibliotheken und der Literatur besorgt wurde. Sie wendet ihr Augenmerk neben den in erster Linie zu berücksichtigenden bibliographischen Werken auch auf die Musikliteratur, soweit sie bibliographisches Material enthält und den musikhistorischen Arbeiten förderlich und unentbehrlich ist und ferner auf einzelne besonders berücksichtigenswerte Werke der Hilfswissenschaften. Es ist natürlich ausgeschlossen, selbst in den Angaben über Musikliteratur Vollständigkeit zu erzielen; nur solche Werke können namhaft gemacht werden, die eine Arbeitseinführung in die betreffende Materie anbahnen, also gleichsam Nachschlagsbehelfe behufs Heranziehung der einschlägigen Literatur sind*). Dies gilt in noch erhöhtem Maße von der Literatur der Hilfswissenschaften und Hilfsgebiete.

---

*) Der von R. Eitner in dem Buche »Quellen und Hilfswerke beim Studium der Musikgeschichte« Leipzig 1891 angestellte Versuch entspricht nicht den Anforderungen der Wissenschaft unserer Zeit.

Aus den Hilfsgebieten und Hilfswissenschaften seien einige behufs Besprechung ihres eigenartigen Verhältnisses zur Musikgeschichte hervorgehoben:

Die historischen Fächer und ihre Hilfsgebiete stehen methodologisch der Musikgeschichte am nächsten: allein sie geben für diese nur den äußeren Rahmen, die eigentliche musikhistorische Methode muß sie aus sich selbst erarbeiten, denn Musikwerke haben bei aller Abhängigkeit von dem allgemeinen Kulturleben ihre eigenen Bedingungen der Vitalität. Dies zeigt sich schon in der musikalischen Schriftenkunde. Die musikalischen Notenschriften, die sich der Buchstaben bedienen, sind nur Vorstufen oder didaktische Begleiterscheinungen der eigentlichen musikalischen Notierungen. Allein diese müssen auch in ihren höheren Entwicklungsstufen in wissenschaftliche Relation mit den Schriftarten der betreffenden Zeit gebracht werden, z. B. die gotische Choralnote mit der gotischen Schrift. So darf der Forscher sich nicht mit der Untersuchung der Notenschrift allein begnügen, sondern muß alle Mittel der Paläographie heranziehen. Für solche Hilfs- und Handwerksmittel der Wissenschaft gilt das Wort: Das Handwerk hat einen goldenen Boden. Für den Musikhistoriker gehören auch die Behelfe der mehr oder weniger verwandten Hilfswissenschaften zu diesem Handwerkszeug — denn er verfolgt mit ihnen andere Zwecke als der Vertreter des eben heranzuziehenden Hilfsgebietes. Musikschriftsteller, die nicht wissen, worum es sich eigentlich in der Musikgeschichte handelt, worauf sie lossteuern sollen, beschäftigen sich mit allerhand Neben- und Seitenfragen in mehr oder weniger breitspuriger Art. Hilfsarbeiten haben nur dann Wert, wenn sie methodisch vorgenommen werden, das Material nicht wie aus Zufall auffangen. Die Zufallsforschung spielt in unserem Fache noch immer eine fast überwiegende Rolle. Mehr oder weniger entsteht jede Arbeit in Erfüllung von Gelegenheitsbedürfnissen oder aus solchen Neigungen, allein der

Zweck ihrer Einordnung in den Plan der Gesamtheit sollte dabei nicht übersehen werden. Und im Hinblick darauf muß auch das Maß der Heranziehung der Hilfsgebiete bestimmt werden. Wenn u. a. die Chronologie in den Dienst der Musikgeschichte gestellt wird*), so kann die äußere zeitliche Bestimmung des Entstehens oder der Herausgabe eines Kunstwerkes dadurch eine willkommene Hilfe erfahren; dazu kommen die weiteren Behelfe der Schriftuntersuchung, des Schreibmaterials — all dies ist lediglich Vorarbeit für die stilkritische Fixierung der Entstehungszeit und der funktionellen Zusammenhänge, also für die »innere« Chronologie, wie ich sie bezeichnen möchte. Und so ist es bei allen anderen Hilfsgebieten.

Den Anteil der Philologie an der musikhistorischen Quellenforschung haben wir schon hervorgehoben; er spielt nicht nur bei den Dokumenten eine wichtige Rolle, sondern auch bei den Denkmälern aller Art sowohl bei der Vokalmusik, wie dies noch bei der Besprechung der Literaturgeschichte als Hilfswissenschaft näher beleuchtet werden soll, als auch bei der Instrumentalmusik muß sie herangezogen werden für Titel, Vortragsbezeichnungen, Vorreden.

Die Liturgik mit ihren Bestimmungen über Gebetformeln und Inhalt, über die kirchlichen Feste, das Kirchenjahr, die Ämter und den Dienst bieten für die Erkenntnis von Kirchenkompositionen nur die autoritäre Vorbedingung ihrer Entstehung und Verwendbarkeit. Die Art der Einordnung all dieser Rücksichten und Forderungen in die eigentlich künstlerischen Aufgaben der betreffenden Zeit hat der Forscher zu untersuchen und festzustellen; für ihn ist die Kenntnis der Liturgik ein Mittel, die Verhältnisstellung der ursprünglichen und in der Zeiten Lauf sich modifizierenden liturgischen Vorschriften zu den herrschenden Stilprinzipien richtig zu erfassen und darnach die Bestimmung vorzunehmen.

---

*) vgl. Bernheim l. c. S. 313.

Die Verwendung der künstlerischen Mittel und ihre Zulassung oder Zurückweisung von den kirchlichen Behörden (z. B. zeitweiser Kampf gegen die Mehrstimmigkeit, gegen die weltlichen Tenore = Cantus firmi, gegen überhandnehmende nationale Strömungen, gegen Mißbräuche aller Art) ist in die Untersuchung über die Schwankungen der Stilbehandlung als Neben- und Begleiterscheinungen mit einzubeziehen und danach hat sich die Art der Heranziehung des liturgischen Hilfsgebietes einzurichten.

Die Literaturgeschichte steht zur Musikgeschichte in dem Verhältnis wie Dichtkunst zur Tonkunst. Diese Erkenntnis hat sich seit Lessing mächtig Bahn geschaffen, ohne bis heute zur Durchführung gelangt zu sein. Auch die Bemühungen der Romantiker haben in Bezug auf das Verhältnis der beiden Wissenszweige wenig Erfolg gehabt. Die Literarhistoriker beobachten mit wenigen Ausnahmen eine ablehnende oder gleichgültige Haltung gegenüber dieser notwendigen Verständigung, während einer oder der andere sich kopfüber in die Stromschnellen der musikhistorischen Forschungen stürzt, ohne irgendwie für ihre Beherrschung vorbereitet zu sein. Das letztere ist besonders dann der Fall, wenn der Betreffende auf die Theoreme Richard Wagners eingeschworen ist, sich weniger von dem praktisch durchgeführten Verhältnis von Wort und Ton, von Drama und Tonkunst, als von den theoretischen Aufstellungen leiten läßt. Je nach der Art der Verbindung von Text und Weise hat sich die Verwendbarkeit der Literaturgeschichte für die Musikgeschichte (und umgekehrt) einzurichten. Das Verhältnis ist, im allgemeinen gefaßt, dreifach: Die Sprache führt die Musik oder die Sprache wird von der Musik geführt, oder beide halten einander künstlerisch das Gleichgewicht. Im ersten Falle hätte sich die musikhistorische Forschung der Literaturgeschichte als Hilfsgebiet zu bedienen, im zweiten Falle tritt das umgekehrte Verhältnis ein und im dritten wäre eine wissenschaftliche Verbrüderung die natürliche Folge dieses künstlerischen Bundes von Gleichstrebenden. Wie in allen solchen Aufstellungen und Scheidungen sind die Grenzen nicht scharf zu ziehen, hier sollen sie vorzüglich zur Klärung des bisher nebulos bestehenden Verhältnisses, richtiger Mißverhältnisses zwischen den Forschungsgebieten dienen. Drei markante Fälle seien angeführt: Im Kunstliede des 18. Jahrhunderts tritt Gleichberechtigung ein, auch dort, wo der künstlerische Wert der Musik sich weit über den der Dichtung (des Textes) erhebt. Nicht der »Wert« ist maßgebend, sondern die innere Bedeutung und die Stilbehandlung, die, so mannigfache Abarten auftreten mögen, doch ein Konzentrationsstadium hat, wie etwa in Schuberts »Erlkönig« oder »Gretchen am Spinnrad«, wenngleich diese verschiedenen Gattungen des Sologesanges angehören. Im protestantischen Choral ist der Text für sich bestehend, die Weise, sei sie nur angepaßt oder eigens erfunden, lediglich in Dienststellung oder Unterordnung (auch wenn sie noch so »wertvoll« ist). In der weitverzweigten und immer wieder hervortauchenden Richtung des »bel canto« und seinem Annex des Koloraturgesanges überwiegt das Musikalische — äußerlich. Es sei nochmals hervorgehoben, daß nicht der künstlerische Wert das Ausschlaggebende für die Einreihung ist, sondern die Verhältnisstellung in stilistischer Beziehung. Es gibt reine Instrumentalmusik, bei der die dichterische Anregung und der tondichterische Gehalt das künstlerisch Bestimmende und Ausschlaggebende sind, und da wird die Literaturgeschichte zur Aufhellung solcher Strömungen ein unentbehrlicher Behelf sein, wenngleich kein Text den äußeren Anlaß dazu bietet und dies fordert. Umgekehrt können Dichtungen, die nicht von Musikern herangezogen worden sind, von der literarhistorischen Forschung nicht verstanden werden, wenn nicht die Musikgeschichte als Helfer herangezogen wird, besonders dann, wenn die ganze dichterische Richtung von der gleichzeitigen Musik beeinflußt oder gar mit hervorgerufen ist, wie z. B. in verschiedenen Etappen des Musikdramas seit dem Einsetzen der Opernrenaissance bis auf unsere Tage. Das Reguläre ist, daß Dicht- und Tonkunst, wie sie »eine gemeinsame Wurzel« haben, aus dem herrschenden Kulturprinzip, aus den Stimmungen und Strebungen der gleichen Zeit heraus in verschiedenen Vereinigungsstadien einander treffen. Dem hätte die literarhistorische Forschung Rechnung zu tragen — die musikhistorische beginnt ihr mit gutem Beispiele voranzugehen. Die generelle Schlußfolgerung dieser Betrachtung ergibt, daß beide Wissensgebiete aufeinander angewiesen sind und daß das Verhältnis ein wechselndes ist. Nicht die Musikgeschichte ist die stets botmäßige, sondern auch das umgekehrte Verhältnis tritt ein; wie immer in den einzelnen Kunstzweigen, in denen Dichtung und Musik vereint wird, die ideelle oder fiktive Stellung der beiden zueinander sei, die Historiker beider Wissensgebiete müssen sich verständigen und dies sollte endlich allgemein anerkannt und nicht nur einseitig von den Musikhistorikern verlangt und gepflegt werden. Auch die metrischen und rhythmischen Probleme, z. B. im Minne- und Meistergesang, sind nur im engsten literatur- und musikhistorischen Austausch zu erörtern und zu lösen. Es genügt nicht, wenn in literarhistorischen Publikationen ein paar mit Noten versehene Texte beigegeben werden, sondern die Einzelbedingungen müssen untersucht werden. Die Metrik des Troubadour- und Minnegesanges kann ohne die musikalische Moduslehre und die Mensuration überhaupt nicht behandelt werden. Ebensowenig die des Meistergesanges ohne die Rhythmik des (Gregorianischen) Chorales usw. Auch die Textbehandlung der Oper in ihren verschiedenen Etappen kann ohne die Heranziehung der melischen Behandlung nicht untersucht werden. Es ist nur befremdlich, daß solche »Selbstverständlichkeiten« den Literarhistorikern erst vorgehalten werden müssen. Bei der

VII. Hilfsgebiete und Hilfswissenschaften.

Untersuchung des Troubadourgesanges sind einzelne Forscher mit gutem Beispiel vorangegangen. Die Erkenntnis der musikalischen Stilbehandlung bleibt ein unausweichliches Erfordernis für den Literarhistoriker.

Die Geschichte des Tanzes und der mimischen Künste ist ein willkommenes Hilfsgebiet der Musikgeschichte, besonders bei der Erforschung einzelner Formen. In den primitiven Stadien der Musik erstreckt sich der Einfluß des Tanzes und der Körperbewegung auf die verschiedensten Arten musikalischer Betätigung. Da wir bisher nur eine allgemein orientierende Literatur über derlei, Musik und Körperbewegung verbindende Übungen haben, so konnte die Musikgeschichte bisher daraus wenig Vorteil ziehen. Die eigentümliche Vereinigung körperlich-rhythmischer und musikalisch-rhythmischer Faktoren ist im einzelnen bisher nicht untersucht worden. Die Auf-, Abwärts-, Seiten- und Rundbewegungen der Körperteile wie des ganzen Körpers wurden in ihrer Relation zu Akzentbestimmung und rhythmischer Gliederung der Tonweisen bisher nicht genügend in Erwägung gezogen. Die richtige Verhältnisstellung der körperlichen Hebungen, Senkungen, Schwingungen zu den Akzentuierungen der Melodieglieder, seien sie taktisch oder ataktisch, kann manche Besonderheiten, auch Irregularitäten der rhythmischen Qualitäten von Motiven und Melodien erklären, wie dies bezüglich der Arbeitsbewegungen angebahnt wurde. Wir besitzen nur einzelne Tanzanweisungen bei stilisierten Tänzen, angefangen vom 17. Jahrhundert, die die Assoziation der Melodieteile und -teilchen mit den betreffenden Körperbewegungen erklären. Die tonkünstlerische Umbildung zu höheren Formen vollzieht sich nach den Stilforderungen der betreffenden Zeit und ermöglicht die Erhebung zu vollkommen selbständigen musikalischen Eigengebilden. Die Lehre, vielmehr die Behauptung, daß alle Instrumentalmusik auf diesem Boden erwachsen sei, ist eine willkürliche und wird gerade durch ein eingehenderes Studium der mimischen Tänze widerlegt. Dabei darf man nicht ohne weiteres aus gewissen rhythmischen Qualitäten, die Musik und Tanz gemeinsam sind, auf die Abhängigkeit der ersteren von dem letzteren schließen. Es gibt urrhythmische Glieder, die allen »Zeitkünsten» und im übertragenen Sinne auch den bildenden (Raum-)Künsten gemein sind, besonders im nahen Verhältnis der Tonkunst zur Baukunst*). Eine weder die historische Erkenntnis noch das musikalische Verständnis fördernde, geradezu schädigende Übung unserer Zeit ist die Übertragung von Musikstücken in eine supponierte körperliche Bewegung, wie sie von neuen »Schul«(!)methoden gelehrt und geübt wird. Die sich immer mehr verbreitende Bezeichnung des Motives als einer »musikalischen Geste«, die Substruktion der Körperbewegung unter die musikalische Linie verwirrt elementare Kunstbegriffe. Der Musik mit ihren seelischen Akzenten können nicht ohne weiteres Körperakzente untergeschoben werden, da sonst die Eigenstellung, das Wesen der reinen Tonkunst untergraben und verzerrt würde. Nie und nimmer kann der .Versuch, musikalische Kunstwerke in dieser äußerlichen, heterogenen Art zu erfassen, ins Körperliche zu übertragen, das Verständnis derselben heben, vielmehr nur hindern und hemmen; Verirrung, Verflachung, Verseichtung sind die unausweichlichen Folgen. Die stilistische Erfassung, die sich auf die musikalischen Kriterien als Hauptuntersuchungsmomente zu stützen hat, wäre gefährdet und gestört und deshalb hat sich die Methode dessen zu erwehren. So wie sich die Tonkunst von all den in den Anfangsstadien bemerkbaren Einflußkoeffizienten unabhängig gemacht und zu voller Selbständigkeit entwickelt hat, so muß die wissenschaftliche Betrachtung bei aller gewissenhaften Untersuchung des Wurzelerdreiches jeder musikalischen Gattung und ihrer historischen Verzweigung ihr

---

*) s. meinen »Stil in der Musik« S. 16 fg.

Hauptaugenmerk auf die musikalischen Momente der Kunstobjekte richten und Afterbetriebe und -Verwendungen ausschalten. Hilfsgebiete sind überhaupt nur dann heranzuziehen, wenn die wissenschaftlich zu trennenden Teile des Untersuchungsobjektes je einem oder verschiedenen Wissensgebieten angehören und dabei in einem organischen Zusammenhang miteinander stehen.

Das Verhältnis der Musikgeschichte zu der Geschichte der bildenden Künste ist nicht das der gegenseitigen Hilfeleistung, sondern der Parallelität, die gewisse Berührungspunkte und Verwandtschaft der Anschauungen und Resultate aufweist. Es ergibt sich eine Reihe von Analogien und die beiderseitigen Historiker können einander anregen. Ich habe in den Untersuchungen in meinem »Stil« (1911) darauf hingewiesen und einige wichtige Vergleiche angestellt. Bereits A. W. Ambros ist mit gutem Beispiel vorangegangen und hierzu boten seine Studien den richtigen Anhalt. Der Kunsthistoriker H. Wölfflin schließt (1912) seine Akademierede über das »Stilproblem«*) mit dem Satz: »Was hier auf dem Boden der neuen Kunstgeschichte an Begriffen gewonnen worden ist, wird seine ganze Bedeutung erst erhalten, wenn diese Entwicklung als eine periodisch sich wiederholende aufgefaßt wird und als ein Prozeß mutatis mutandis nicht nur für die Musik, sondern auch für die literarische Auffassung der Welt ebenso in Betracht kommt, wie für die bildende Kunst.« Er hätte hinzufügen können: für alle Gebiete der Kulturgeschichte. In seinem Buche über »Grundbegriffe der Kulturgeschichte« (1915) begegnet er sich auch sonst mit meinen Aufstellungen im »Stil«, ohne dieses Buch zu kennen**).

---

*) Sitzungsberichte der kgl. preußischen Akademie der Wissenschaften 1912 S. 572.
**) Dies wurde in einer Besprechung, die sechs Jahre nach Erscheinen meines »Stil« in den »Baseler Nachrichten« vom 21. September 1917 erschien, erkannt und hervorgehoben.

Die Musikgeschichte hat neben wissenschaftlichen Hilfsgebieten auch praktische Hilfsfächer, die eine besondere Gruppe bilden. Ihre Aufgabe richtet sich auf Möglichkeit und Art der Aufführungen von historischen Kunstwerken, besonders solcher, die den herrschenden Stilgattungen mehr oder weniger fern stehen, und des weiteren auf Fragen, die die Berücksichtigung dieser Bedürfnisse in Denkmälerausgaben und ihre Einrichtung in »praktischen« Ausgaben betreffen. Die praktische Einrichtung der Musikdenkmäler beruht auf Vereinigung wissenschaftlicher und künstlerischer Momente. Das innere Erleben von Kunstwerken der Vergangenheit kann nur durch historische Erkenntnis geläutert, die Wiedergabe nur durch künstlerischen Reproduktionsakt in ersprießlicher Weise erreicht werden. Die in authentischen Vorlagen (Ausgaben) zugänglichen Kunstwerke müssen wegen der Unvollständigkeiten der Niederschrift eine in gewissen Grenzen sich haltende Einrichtung erfahren, die sich auf dynamisch-agogische und instrumental-vokale Momente erstreckt. Von der Zeit der Vorherrschaft des Basso Continuo wurde schon gesprochen; ebenso wurde die Wahl der akzessorisch oder subsidiär einzustellenden Instrumente bei Mangel der Bezeichnungen, der sich auf ganze Jahrhunderte erstreckt, angedeutet.

Das sind offene Fragen, die noch zum größten Teil der zukünftigen Erörterung harren, deren Ergebnisse für die Erkenntnis des Entwicklungsganges von wichtiger Hilfsbedeutung sind; auch die der Herstellung und Handhabung der Instrumente sowie der in verschiedenen Stadien verschiedenen Gesangsbehandlung harren vielfach noch der Lösung. Es darf wohl nicht übersehen werden, daß diese Einrichtungen und Benutzungen, wie überhaupt die ganze Aufführungspraxis sowohl vom Stande der Forschung, wie (da sie von den Künstlern als Exekutierenden und Miteinrichtern abhängt) jeweilig von deren Fähigkeiten und subjektiven Momenten, von dem »Kunstgeschmacke« bedingt ist. Der Historiker hat das

Recht, streng historische Aufführungen zu verlangen — soweit er imstande ist, solche Forderungen im absoluten Sinne aufzustellen, was bisher von Werken der Tonkunst, die von der Mitte des 18. Jahrhunderts an nach rückwärts gehen, nicht völlig, bei mancher Periode überhaupt nicht der Fall ist — allein jede Kunstperiode, jede Generation kann unbeschadet dieses Anspruches des Historikers verlangen, daß ihr die historischen Werke in einer ihr zugänglichen Weise vorgeführt werden. Wie sich dies vereinigen läßt, hängt sowohl vom Stande der Forschung, wie von der Möglichkeit ab, diese Forderungen in Praxis umzusetzen. Der Forscher und der Künstler stehen da in einer gewissen Abhängigkeit voneinander und auch der höchst gebildete Teil der Apperzipierenden kommt mit dem Maß seiner Aufnahmefähigkeit in Betracht. Der Musikhistoriker ist da in einer ungünstigeren Lage, als jeder andere Kunst- und Literarhistoriker. Er hängt eben von einer Fülle außer seiner Macht stehender Bedingungen ab. Wir sollten uns da keiner Täuschung hingeben: trotz der sorgfältigsten Vorarbeiten der musikalischen Altertumsforschung sind wir heute nicht imstande, irgend ein antikes Musikstück, besser gesagt musikalisches Fragment zu einer dem Original irgend entsprechenden, nicht einmal nahekommenden Aufführung zu bringen — und diese spielt behufs lebendigen künstlerischen Wiedererlebens eine maßgebende, wenn nicht ausschlaggebende Rolle. Mit der älteren Phase des Chorals mit ihren durch die neuere Forschung sichergestellten Vierteltönen und Ziernoten geht es nicht anders und trotz aller Anerkennung der hohen Verdienste um die Wiederbelebung des diatonisierten Chorals durch die französischen Benediktiner hege ich Zweifel, daß der heutige, so prächtige Vortrag, der in einzelnen Klöstern geübt wird, der Urausübung auch in den rhythmischen Qualitäten völlig entspricht, um von den Ziernoten und -gruppen, von der Ausführung der »Hakenneumen« gar nicht zu sprechen. Und so geht es durch die Jahrhunderte weiter. Wären wir einmal so weit, dann würde auch das blöde Vorurteil gegen die Tonkunst älterer Zeit, deren Ausführung der Musikhistoriker vorläufig nur erahnt, rasch und erfolgreich behoben werden — selbst die primitive Mehrstimmigkeit würde nicht nur in ihrer historischen Berechtigung, auch in ihrer Wirksamkeit erkannt und wiedererlebt werden, zumal die übersättigte Tonkunst unserer Zeit sich in gewissen Stilzügen ihr wieder zuwendet. Dabei sei die Berechtigung dieser Bewegung gar nicht verteidigt. Beim Pariser Kongreß Mai bis Juni 1914 konnte die Internationale Musikgesellschaft in der Ste. Chapelle des Palais de justice, an dem Ort, da ursprünglich diese Musik ertönte, deren Wirksamkeit erleben, wobei auch da die sorgfältig vorbereitete Aufführung nicht der Originalausführung entsprochen haben, sondern ihr nur auf einige Distanz nahegekommen sein dürfte. Wie weit die Auffassungen auch heute noch bei Aufführungen von Werken Bachs und Händels, deren Boden wissenschaftlich relativ am meisten durchackert ist, voneinander abweichen, kann man täglich erleben und das bezieht sich sowohl auf neu eingesetzte Vortragszeichen als auf Begleitungsart, Besetzung und Wahl der Instrumente. Es ergibt sich, daß dieses Hilfsgebiet der Musikgeschichte wichtige Dienste zu leisten vermag, auch nach der Richtung, um dem Musikhistoriker in der ideellen Erfassung zu helfen und das Kunstwollen der betreffenden Zeit richtig zu erkennen.

Der Überblick über das Verhältnis der Musikgeschichte zu ihren Hilfswissenschaften und Hilfsgebieten ergibt somit eine große Reihe von Desideraten, die zu erfüllen sind, angefangen von der Bibliographie, den Dokumentensammlungen (Archivalien usw.) und der Lexikographie, die bis auf Tinctoris »diffinitorium musices« (circa 1474) zurückreicht. Im bibliographischen Anhang sind diese lexikalischen Werke mit wenigen Worten gekennzeichnet. Ihre dokumentarische Verwertbarkeit ist eine verschiedene. Für unsere Tage ist das weitverbreitete Hugo Riemannsche Lexikon ein unentbehrliches Hilfsmittel, das trotz des bewundernswerten Sammeleifers und der wissenschaftlichen Kapazität des Herausgebers infolge der räumlichen Beschränkung des Buches allen Anforderungen naturgemäß nicht entsprechen kann, abgesehen davon, daß die Hypothesen und Axiome des Herausgebers als feste Ergebnisse der Forschung hingestellt werden. Die Erklärungen der Termini müßten in den lexikographischen Arbeiten mit besonderer Beziehung auf die Grundqualitäten und die Arten des musikalischen Stils eingestellt werden und es ist eine unabweisliche Forderung, daß solche terminologische Lexika erscheinen. Wir bedürfen dringend solcher lexikographischer Behelfe, so eines Glossarium der musikalischen Termini der Antike, des Mittelalters und eines umfassenden Verzeichnisses der Termini der Neuzeit. Von einem Lexicon formularum habe ich bereits gesprochen, das die konventionellen Formeln und habituellen stilistischen Wendungen innerhalb je einer Stilperiode, einer Schule und die Idiotismen der Großmeister umfassen, respektive in getrennten Partien oder separaten Publikationen feststellen soll.

Diesem Abschnitte über Hilfswissenschaften und Hilfsgebiete seien einige Bemerkungen über die Biographistik hinzugefügt. Sie nimmt eine Doppelstellung ein. Sofern sie darin besteht, den äußeren Lebensgang des Künstlers zu untersuchen, sind ihre Ergebnisse ein Hilfsmittel der eigentlichen wissenschaftlichen Aufgaben der Musikgeschichte. Die Erforschung des künstlerischen Schaffens des Einzelkünstlers und dessen Verhältnisstellung und Einordnung in die Betätigung des Kunstwollens der vorangegangenen, zeitgemäßen und nachfolgenden Zeit sind spezifisch musikhistorische Aufgaben. Der Lebensgang gehört zum äußeren Quellengebiet. Für das große Publikum, für die weiteren Laienkreise, die nicht kunstwissenschaftlich gebildet sind, ist die Lebensbeschreibung von besonderer Anziehung und so ist es begreiflich, daß biographische Werke, die dies in den Vordergrund stellen, die größere Marktgängigkeit aufweisen. Die Lebensschicksale, die persönlichen Verhältnisse, Geselligkeit und Umgang drängen sich da in den Vordergrund und dies erstreckt sich bis auf die Waschzettel eines Goethe und die Putzmacherinbestellungen eines Wagner. So erklärt sich auch die weite Verbreitung der Künstlerromane und Novellen, die in einzelnen Fällen wenigstens literarische Bedeutung erlangen, wie z. B. die ergreifende Schilderung »Mozart auf der Reise nach Prag« von Mörike (1856). Sofern sie einen richtigen Einblick oder gar einen Tiefblick in den Charakter des Künstlers gewähren, sind sie auch dem Forscher willkommen. Die größere Zahl dieser literarischen Erzeugnisse ist auf Tendenz und Sensation gerichtet, steht somit der Arbeit des Forschers antipodisch gegenüber. Auch die Biographie im eigentlich kunstwissenschaftlichen Sinne soll der literarischen Behandlung nicht entraten: in ihrer Darstellung kann sie sich bis zum Kunstwerk erheben, in der fachgemäßen Quellenforschung muß sie auf dem Boden strengster Wissenschaftlichkeit aufgebaut sein. Sie erstreckt sich auf alle Daten, auf Abstammung, Familie, Personalverhältnisse, Stellungen, Berufsverpflichtungen und gesellschaftlichen Verhältnisse. Allein dies ist für den Musikhistoriker nur äußere Vorarbeit. All das und vieles andere gewinnt für die Musikgeschichte erst Bedeutung, soweit es die Individual- und Sozialpsyche erkennt, erklärt und in Relation steht zum Schaffen und zu den Werken der Künstler und der Aufnahmsfähigkeit und Aufnahmsart seiner Umgebung. Die Werke stehen im Zentrum der kunsthistorischen Arbeit und um diese gruppiert sich bezüglich der Verwendbarkeit das andere Material als Hilfsmittel der Forschung in bald näherer, bald fernerer Lage. Eine in unserer Zeit, besonders für populäre Vorträge beliebte Bezeichnung für die Schilderung dieser Außenvorgänge in Konnex mit den Schaffensakten ist die der »Werkstatt des Künstlers«. Die bauende Wissenschaft benutzt das Rüstzeug zur Erfüllung höherer Aufgaben: der Erkenntnis des Werdeganges der Kunst. Sie erhebt sich über die Voreingenommenheit des Biographen für den von ihm zu Schildernden. Selbst wissenschaftlich verläßliche Künstlerbiographien sind von dieser begreiflichen und entschuldbaren Prädilektion nicht freizusprechen; allein es ist nicht Sache der historischen Forschung, Bach über Händel, Palestrina über Lasso, Beethoven über Mozart oder die Initiatoren einer Kunstrichtung gegenüber den Vollendern in Schatten zu stellen, sondern ihre Beteiligung an dem Gange der Kunsttatsachen objektiv festzulegen. Von den wahnwitzigen Über- und Unterstellungen einzelner biographischer Werke hat sich die musikhistorische Forschung grundsätzlich fernzuhalten, und dies wird auch dadurch gefördert, daß die biographischen Arbeiten ihre Doppelaufgabe richtig erfassen: das äußere Leben in ein richtiges Verhältnis zu dem inneren Leben, zu dem Schaffen des Künstlers zu setzen, den Künstler in seiner Individualität, in seiner Eigenart, in den Besonderheiten seiner Produktion zu erkennen und wenigstens den Versuch zu machen, ihn in den Gang der Ereignisse richtig einzuordnen. Sowie die Biographistik das zu erfüllen sucht, ist sie nicht mehr bloßes Hilfsgebiet der Musikgeschichte, sondern trägt zur Erfüllung ihrer höchsten Aufgaben bei. Während sie bei der Behandlung des Äußeren die historische Methode in besonderem Hinblick auf die Erreichung dieser Ziele anwendet, hat sie sich bei Behandlung des Künstlerischen ihrer eigentlich musikhistorischen Mission zu unterziehen, der methodischen Mittel der Stilkritik zu bedienen. Dieser sei nunmehr das gebührende Augenmerk zugewendet.

B. Stilkritik.

I. Grundlage und Begründung.

Wir wenden uns nunmehr der Hauptaufgabe zu: der Erörterung des methodischen Verfahrens, das bei der musikalischen Forschung angewendet werden soll. Im Verlaufe der bisherigen Erörterungen wurde wiederholt auf die Stilkritik hingewiesen und bevor wir dieselbe klarzulegen suchen, wäre ihre Verwendung zu begründen und eine Anzahl anderer Versuche und Aufstellungen mit Rücksicht auf ihre Verwendbarkeit zu beleuchten. Ich verschließe mich nicht der Möglichkeit, daß auch in der Wissenschaft das Wort gelten könnte: Verschiedene Wege führen nach Rom. Allein es kommt darauf an, welcher der fundierteste, welcher der geeignetste ist, wobei nicht übersehen werden darf, daß zur Erreichung eines Wegzieles besonders auf zwischenliegenden Höhen auch Serpentinen und Windungen zu benutzen sind. Die Grundlage der stilkritischen Behandlung ist in meinem »Stil in der Musik, I. Prinzipien und Arten« gegeben. Dort sind die Kriterien dargelegt, mittels derer die methodische Arbeit zu verrichten ist. Es erscheint geboten, einiges zu erörtern, was im Anschluß an das dort Vorgebrachte zur Vorbereitung und Begründung des stilkritischen Verfahrens dienen kann.

1. In jeder Wissenschaft ist die Zusammenziehung von Erkenntniskategorien notwendig, die je nach den Bedürfnissen der Einzelwissenschaft vorzunehmen ist. Für die Kunstwissenschaft, speziell für die Musikgeschichte, ist die wichtigste ideelle Vereinheitlichung im »Stil« zu vollziehen.

Sie bietet dem Musikhistoriker die Möglichkeit, bei der Untersuchung der entwicklungsgeschichtlichen Probleme einheitlich und zielbewußt vorzugehen. Es handelt sich dabei weniger um eine Definition des Stiles, sondern um die Konzentration aller wissenschaftlich zu fassenden Kriterien in einen Gesamtbegriff. Wie der Stil das Ausschlaggebende künstlerischer Behandlung ist, so kann seine Untersuchung als eine Erkenntnisquelle von tiefster und bestimmender Art für Kunsterfassung angesehen werden, wie Goethe den Stil »als auf den tiefsten Grundfesten der Erkenntnis, auf dem Wesen der Dinge beruhend« ansieht. Der Historiker wird im Unterschied zur Goetheschen Aufstellung von »Einfacher Nachahmung, Manier, Stil« auch die beiden ersteren in die stilkritische Erörterung einbeziehen, besonders mit Rücksicht auf die von ihm zu verfolgenden genetischen Zwecke. Bei der Erklärung, die G. Semper vom Stil gibt: »das zu künstlerischer Bedeutung erhobene Hervortreten der Grundidee und aller inneren und äußeren Koeffizienten, die bei der Verkörperung derselben in einem Kunstwerke modifizierend einwirkten« *), werden wir die »Koeffizienten« in der wissenschaftlichen Fassung als »Kriterien« festhalten. Die im Kunstwerk hervortretende Idee, deren Ausarbeitung von den Stilmomenten (Stilfaktoren) mitbestimmt oder ausschlaggebend bestimmt wird, ist gerade mit Hinblick auf diese Momente in Vergleich zu ziehen mit anderen in Verwandtschaft oder organischer Beziehung stehenden Kunstwerken. Die stilkritische Erklärung eines Kunstwerkes und seiner Zusammenhänge umfaßt die Art und Weise der Verwendung der Mittel und bietet nicht-etwa nur eine äußerliche Aneinanderreihung oder Summierung der als Kriterien dienenden Mittel, die verwendet sind, sondern hat die Korrelation, die Wechselbeziehungen in ihrer Abhängigkeit, gegenseitigen Beeinflussung und Wechselwirkung

---

*) »Wissenschaft Industrie und Kunst« in seinen »kleinen Schriften«.

nach vor- und rückwärts zu untersuchen und festzustellen. Ästhetische Erklärungen der Begriffe und des Stiles, die sich auf die »Formbestimmtheit«, das »einheitliche Formgepräge«, auf »Einheit der Gestaltung in der Vielheit der individuellen Gestaltungsunterschiede« festlegen wollen, reichen nicht aus, um den Bedürfnissen der historisch-kritischen Stiluntersuchung zu genügen. Ferner können die von den Ästhetikern aufgestellten Stilarten im besten Fall nur ein Behelf oder klarer gesagt: eine Anregung für den Historiker sein, deren er sich zur Bezeichnung, Kennzeichnung der historischen Stile neben der kraft historischer Forscherarbeit vorzunehmenden Stilbestimmung bedienen kann. Die »Richtungen« und »Tendenzen« können im Sinne von Volkelt unterschieden und in Unterkategorien einander angereiht oder entgegengestellt, sie können vermehrt oder vermindert werden — der Musikforscher hat seine Aufgabe unabhängig davon darin zu sehen, in der genetischen Folge der Kunsterscheinungen das Allgemeine, Besondere und Individuelle innerhalb der einzelnen Kunstperioden, Zeitabschnitte, Schulen herauszuheben, klarzustellen, unbekümmert um die »Grundgestalten des Ästhetischen«, wie sie abstrakt aufgestellt werden. Nicht von außen hat der Historiker seine Maßstäbe anzulegen, sondern in der Art, wie W. v. Humboldt »von der inneren Sprachform» spricht. Der Denkprozeß wird da von kritischen Momenten geleitet, die aus einer schier unübersehbaren Menge von Teilkriterien sich zusammenfügen. Nicht die äußere Formbestimmung ist das einzig Maßgebende. Der Stil ist, um mich einer von Alexius Meinong eingeführten Bezeichnung zu bedienen, ein »Gegenstand höherer Ordnung«, ich möchte sagen: höchster Ordnung. Er ist ein »fundierter Gegenstand«, hat »fundierten Inhalt« — ein Begriff, der sich an den von Christian Ehrenfels unter Anregung von Ernst Mach geschaffenen Begriff der »Gestaltqualität« angeschlossen hat. Dieser Begriff war gerade mit Rücksicht auf die »Melodie«

aufgestellt worden, die nicht als eine Summe von Tönen erfaßt wird, sondern als ein aus inneren Beziehungen der Teile bestehendes Plus (abgesehen von Einzeltönen, Einzelintervallen, Rhythmus und wie alle die Einzelqualitäten lauten mögen, die dabei in Betracht kommen), »das dem Ganzen und nur ihm als neues Merkmal zukommt« ... »das zur Summe der anschaulichen Bestandteile auf Grund bestimmter Relationen sich ergebende neue Merkmal des Ganzen...«). Sowie die Melodie ein Komplexionsname ist, so steigern sich die Komplexionen im wissenschaftlichen Aufbau bis zu den Gegenständen höchster Ordnung. Schon J. K. Kreibig hat auf die Verwendbarkeit dieser Begriffe in der Ästhetik hingewiesen*). Für die Musikgeschichte kommt der kombinierte, komplexe Begriff des Stils als ein spezifisch historisch-wissenschaftlicher in Betracht und bedeutet die ideelle Zusammenfassung all der Momente, die ein Kunstwerk, eine Kunstschule, eine Künstlerindividualität, einen Kunsttypus und eine Kunstoriginalität ausmachen. Es liegt in ihm die höchste Synthese in Einzel- und Gesamterscheinungen. Im Stil wird die gesetzmäßige Entwicklung und die Zufallserscheinung innerhalb des organischen Verlaufes der Kunstgeschichte gleich wie im Empfinden und der Reflexion des Laien, so im Verstand und der Phantasie des Kunstforschers einheitlich erfaßt. Wie die Zusammenstellung der mit Hilfe des Mikrotoms hergestellten Teilschnitte dem Anatomen und Biologen ermöglicht, aus Durchgangsstadien zu Gesamterfassungen vorzudringen, so sind die Teiluntersuchungen dem Musikhistoriker nur ein Behelf, um zu den Gegenständen höchster Ordnung in der Gesamtbetrachtung des historischen Verlaufes vorzurücken, um zur Zusammenfassung vorzudringen. Somit ist die Stilfeststellung das Zentrum der Untersuchungen des Musikhistorikers. Allerdings darf er sich nicht hinter diesen Be-

---

*) »Beitrag zur Psychologie des Kunstschaffens.«

griff verschanzen, mit dem Wort herumwerfen, ohne die Fundierung zu verstehen, und mit dieser pseudo-wissenschaftlich zu hantieren, wie dies bei Halbschreibern und Tagesschriftstellern so häufig zu beobachten ist, sondern er hat das für die zu erforschende historische Gruppe oder für die zu kennzeichnende Einzelpersönlichkeit oder Kunstart Wichtige und Bestimmende aus all den Kriterien der Fundierung auszulesen und in Zusammenhalt mit dem Ganzen zu bringen. Gerade unter der Menge der den Stil ausmachenden Qualitäten sind jeweilig nur besondere Teile von kennzeichnender Bedeutung, wobei an der Gesamterfassung festzuhalten ist. Die unendliche Wandelbarkeit der Stilerscheinungen darf nicht die Gesamtvorstellung des Stils alterieren, dessen Bestimmung und Inverhältnisstellung die Hauptaufgabe des Musikhistorikers ist. Denn diese umfaßt die äußerlich formalen und die innerlich wirksamen Momente, Außen und Innen des Kunstwerkes, Zeichnung, Farbe, Gehalt, Ausdruck und Eindruck mit Zuhilfenahme all der Teilkriterien, der bedingenden, wirkenden, nachwirkenden Faktoren.

Die Stilbestimmung ist die Synthese der Einzelresultate, die auf Grund der Kriterien mittels der (im historisch-methodologischen Sinne) anzuwendenden »Kritik« und »Auffassung« gewonnen werden. Sie ist das Ergebnis des »raisonnement constructiv«*) auf künstlerischem Gebiete, das Sublimat musiktheoretischer und musikhistorischer Erkenntnis. Zeit, Ort und Autor werden vom stilkritischen Standpunkt aus erwogen und bestimmt. Wenn in den Einzeluntersuchungen, die vorangehen, jedes Moment für sich behandelt wird, so greift in ihrer Zusammenfassung die »Vertretung« ein, wonach »mehrere Vorstellungsmassen in eine einzelne Vorstellung einzuschließen und mit der Mitteilung der letzteren zugleich mitzuteilen sind, ohne jene mehrere einzeln

---

*) Ch. V. Langlois und Ch. Seignobolos »introduction aux études historiques« S. 222.

wiederzugeben«*). Für die stilkritische Behandlung hat diese »Vertretung« besondere Bedeutung. Wie der Künstler im Kunstwerk, bewußt oder unbewußt, die Stilbildung vollzieht, so verbindet der Forscher bei der stilkritischen Untersuchung alle Einzelmomente nach ihrer Feststellung in der Stilbestimmung. Wir mögen Technik, Form, Inhalt, jedes Teilkriterium, die Vorbedingungen, Einflüsse, Entlehnungen und was sonst noch alles in Betracht kommt, im Einzelnen untersuchen, in der darauf folgenden stilkritischen Bestimmung werden diese Einzelmomente im Sinne einheitlicher Erfassung zusammengezogen, auch die Zusammenhänge in dieser Weise nachgewiesen. Demnach ist bei der Aufstellung und Erörterung der einzelnen Faktoren auf diese Verbindung Rücksicht zu nehmen. Gerade in der Musik ist das stilbildende Moment das wichtigste (ähnlich wie in der Architektur), weil die Tonkunst ohne Vorbild in der Natur ist — wenngleich musikalische Urgebilde, die ohne künstlerische Reflexion geschaffen sind, in den Anfangsstadien der Kunstmusik gewisse Anlehnungen bieten und in den vorgerückteren Stadien Rückbildungen ermöglichen, Rückwendung zu Primitivitäten begünstigen — und sich nur dadurch zu wirklicher Kunst zu erheben vermag, daß das Tonwerk in allen Teilen einheitlich geordnet, sowohl äußerlich als innerlich stilhaft ist.

2. Vielfach werden Kriterien und Prinzipien verwechselt und dies ruft gerade beim Stil Verwirrung hervor. Ich suchte im »Stil I« vorerst die Kriterien als Kennzeichen und Unterscheidungsmerkmale festzustellen und bemerke, daß die fortschreitende Forschung stetig neue Kriterien und ihre Relationen zueinander aufdeckt. Die Prinzipien sind im Stil sowohl theoretisch wie praktisch zu unterscheiden: der Künstler verwendet sie im Schaffen und normierten Handeln, der Forscher sucht ihre Verwendung wissenschaftlich zu be-

---

*) Bernheim a. a. O. S. 729.

stimmen. Sie bedeuten gegenüber den Kriterien die leitenden Grundsätze der künstlerischen Tätigkeit. Wie die Kunstmittel, die der Forscher als Kriterium faßt, dem Wandel und Wechsel unterliegen, so auch die Prinzipien ihrer Verwendung. Der Forscher hat sie festzustellen, ohne sich um die letzten Gründe, das Warum der Erscheinungen, zu kümmern, ebensowenig wie der Naturforscher dies aufzudecken imstande ist. Dies bleibt dem Kunstforscher ebenso verschlossen, wie dem Künstler, der nach dem Kunstwerk immanenten Prinzipien schafft und der Gründe und des Herkommens sich nicht bewußt wird. Trotzdem erhebt sich die Forschung über die bloß sinnliche Beobachtung und die Feststellung der Stilprinzipien ist eine reine Erkenntnisquelle.

Man könnte die Stilprinzipien auch unter dem Gesichtspunkt der subjektiven und objektiven Bedingungen, unter denen ein Werk vom Künstler geschaffen wird, betrachten. Alle die Bedingungen des Schaffens, die dem Künstler von außen geboten sind, können als objektiv bezeichnet werden, während die aus seiner Eigenanlage hervorgehenden als subjektiv zu bezeichnen sind. Jeder Künstler ist mehr oder weniger historisch gebunden, die Eigenentfaltung seiner Produktionskraft von dem Gang der Ereignisse, der organischen Genetik der Kunsttatsachen abhängig. Der Charakter des Künstlers ist nur das für den Stilcharakter Mitbestimmende, während die Eigenart der Kunstgattung im betreffenden Stilstadium das Hauptbestimmende ist. Daß der Stil für die musikhistorische Erörterung das Hauptobjekt bildet, liegt — ich möchte mich eines Paradoxons bedienen — in der Natur der Tonkunst. Kein Künstler kann sich seiner Macht, seiner Herrschaft entziehen, sei es, daß er sie mitbegründet, festigt, ausbaut, sei es, daß er sie ändern oder stören will. Und wenn die Ausbildung eines Stiles bei den Größen der Tonkunst zumeist zur Vollendung gedeiht, so zeigt uns die Kunstgeschichte, daß auch das größte Genie dies nicht zuwege bringen kann, wenn nicht

I. Grundlage und Begründung. 117

die objektiven Stilbedingungen hierzu gegeben sind, wenn nicht die zeitliche Reife ermöglicht ist, nicht organisch eintreten kann, z. B. im Falle Purcell, der zu einer Zeit schuf, in der die Barocke noch nicht zur vollsten, höchsten Entfaltung gelangen konnte, so daß die geniale Wunderleistung seiner Kunst von den nachfolgenden Heroen überholt wurde und der Barockstil erst unter ihren Händen zur Vollendung gedieh. Ein Stil gelangt nicht dann und nicht deshalb zur Herrschaft, weil »gleichzeitig mehrere bedeutende Künstler ihn anwenden«*), sondern weil die Macht und Vorherrschaft in den natürlichen Bedingungen der Entwicklung gelegen ist, wobei der Fortgang der Geschichte wie durch die organische Stilentfaltung so durch die persönliche Eigenentfaltung der ihn ausübenden Künstler bestimmt wird. Die Forschung hat diesen zu einem verschmelzenden, in einem Akt sich vollziehenden Doppelprozeß klarzustellen und dies gehört in den genetischen Teil der Stilbestimmung. Dabei hat die stilkritische Untersuchung alle Phasen des Stilwandels- und -wechsels, der Stilübergänge, -ausgleichungen, -vermittlungen, -schwankungen, der Stilübertragung, -kreuzung, -mischung, der Stilwanderungen, -ausstrahlungen (territorialen und zeitlichen), der Stilversteifung — überhaupt alle Varianten der Stilbehandlung aufzuhellen und klarzulegen. Ich erklärte dies bei der Besprechung der »Prinzipien« in meinem »Stil« und suchte in den »Arten des Stils« die Ausführung dieser Prinzipien nach Abkunft und Zweck, nach Form und Ausdruck, nach Charakter und Haltung immer auf Grund der historischen Kunstwerke kategorienweise abzusondern und einzugliedern, mit dem Bewußtsein, daß erst die zukünftige Forschung mittels dieser Methode imstande sein wird, genauere Abgrenzungen, Unterscheidungen und Zusammenstellungen vorzunehmen. Sie hat nebst den rein musika-

---

*) Herbert Ratteken »Poetik« S. 16.

lischen Kriterien, die im Vordertreffen musikhistorischer Behandlung stehen, auch die mit den musikalischen Stilbewegungen zusammenhängenden geistigen, kulturellen Strömungen wenigstens in ihren Hauptkriterien und Prinzipien mit den ersteren in Vergleich und Verbindung zu bringen und die Abhängigkeit der Musikstile von der Gesamtanschauung der betreffenden Zeit zu erörtern. Sie begegnet sich darin mit der Geschichtsforschung, bei der die »Auffassung der allgemeinen Faktoren« der Entwicklung, des Ganges der Ereignisse eine wichtige Rolle spielt.

Die Stilkritik ermöglicht, die organische Folge der Kunstwerke in ihrer Gesamtheit und den Werdegang der Produktion des Einzelnen und der Künstlergruppen zu erfassen, das Gleichartige aneinanderzuschließen, die Verschiedenheiten abzusondern. Die Arbeiten und Versuche eines Künstlers in verschiedenen Gattungen und Arten können in die Individualfolge eingereiht werden. Wenngleich die allgemeine und die individuelle Abfolge in zwei gesonderten Reihen nebeneinandergestellt werden, so können sie doch als eine in sich geschlossene genetische Folge zusammengefaßt und die Aufstiege, Senkungen, Vervollkommnungen und Niedergänge, die Aberrationen präzis erkannt und festgestellt werden. Obzwar die Bedingungen der Entwicklung objektiv und subjektiv und die Entwicklungsreihen zwiefach sind, so läßt sich die allgemein organische neben und mit der individuell persönlichen in einer in sich geschlossenen Kette auf stilkritischem Wege verfolgen. Es ergibt sich dabei eine Stufenleiter der Verwandtschaften, gleichsam in Aszendenten und Deszendenten, in Agnaten und Kognaten, eine Abstufung der Beziehungen innerer und äußerer Art. Verwandtschaftsgrade und Aufstellung von Kunsttypen lassen sich auf diesem Wege bestimmen, ebenso die Abhängigkeit eines Kunstwerkes von einer Vorlage. Die stilistische Zusammengehörigkeit etwa von Schuberts »Hagars Klage« mit der Komposition Zumsteegs ist schon nach Einteilung, Melodik, Harmonik zu konstatieren. Schwieriger sind solche Zusammenhänge bei Werken aufzudecken, die trotz einzelner äußerer Analogien in Anlage und Ausführung verschieden sind und vorzüglich durch ähnliche Geistesrichtung und Gemütsstimmung einander nahe oder gar in Abhängigkeit stehen, wie z. B. die erste Symphonie von Brahms mit der letzten Symphonie von Beethoven. Das greift schon über die präzise stilkritische Untersuchung hinaus und trotzdem bleibt diese ein Prüfmittel für die Richtigkeit der darüber angestellten »Ansichten«, »Anschauungen« und »Behauptuugen«. Das Verhältnis der Stilrealien zu den den Stil mitbestimmenden Imponderabilien läßt sich nur auf Grund einer erprobten und ausgebildeten Erfahrung aufhellen und bleibt bezüglich der letzteren (Imponderabilien) relativ labil, so präzise auch die Interpretation und Kombination angestellt werden möge. Die Zusammenstellung und Benutzung von Realien und Imponderabilien ist bei den Forschern nach Nation und Individualität verschieden. Man kann Stilverwandtschaft konstatieren, ohne darin einen Anhalt zur Einordnung in einen Typus zu finden oder auch nur daran zu denken. Es ist eine Binsenwahrheit, zu sagen, daß die chromatische Phantasie und Fuge trotz ihrer grundverschiedenen Typen, die jedes dieser Stücke vertritt, stilistisch zusammengehörig sind. Über Typenbildung wurde bereits gesprochen und eine weitere Gegenüberstellung von Normal- und Idealtypus tangiert nicht die Grundanschauung über stilistische Zusammengehörigkeit der Typen. Der erstere, der auch als Durchschnittstypus bezeichnet werden kann, ist eine Abstraktion von einer Reihe von Kunstwerken oder Volksmusikprodukten, die gleiche Grundqualitäten aufweisen, unter ähnlichen Bedingungen entstanden und gearbeitet sind. Bei den Kunstwerken bleibt der individuellen Behandlung und Geartung ein gewisser Spielraum gewahrt, die Zufalls- oder

Begleitmomente haben mannigfache und charakteristische Abweichungen und Sonderzüge zur Folge und können bis zum Atypischen führen, das stilistisch immer noch im Verhältnis der Zusammengehörigkeit zum Typischen steht und gerade deshalb diese Bezeichnung erhält. Der Idealtypus ist entweder unter dem Vorbild eines dem Kunstideale (der höchsten Vollendung) einer Gattung oder Art entsprechenden, oder nahe oder zunächstkommenden Werkes aufgestellt oder er ist auf Grund von Beobachtungen und Erfahrungen erdacht oder ideell konstruiert, ohne bisher entsprechende Verwirklichung erfahren zu haben oder vielleicht überhaupt finden zu können. Diese typischen Bestimmungen gehen sowohl auf das Ganze einer Art oder Gattung, wie auf Teilerscheinungen aller Kriterien, so auf Themen- und Melodiebildung, Kadenzen, Wendungen usw. Ihre Auffindung und Beobachtung gehört zu den wichtigsten Behelfen stilkritischer Bestimmung. Allerdings könnte die Beschränkung der theoretischen Lehren einer Stilperiode, eines Zeitabschnittes auf solche typische Bildungen bei hartnäckiger sklavischer Lehrmethode ein Hemmschuh für die freie Entfaltung eines Schülers bilden, dessen Anlage nicht kräftig genug ist, um diese Zwängung zu überwinden. Ebenso könnten sie für den Forscher eine Gefahr für die freie Entfaltung seiner Arbeit sein, wenn er sich bei Erfassung einer Schule auf solche Typenbildungen beschränken und von da aus die ganze Produktion dieser Zeit einzuschließen und festzulegen, d. i. verrammeln wollte. Je richtiger das Typische erfaßt und je sorgfältiger die fortschreitende Typenforschung betrieben und ausgebaut wird, desto mehr schwinden die angegebenen Gefahren.

Die Ästhetik hat den Versuch gemacht, der Typenlehre das Kriterium der »Schönheit« beizugesellen und mit dem Idealtypus, sofern er in einzelnen Kunstwerken verwirklicht ist, das Attribut des »Schönen« gefühlsmäßig zu verbinden. Solches Vorgehen verläßt den festen Boden der realen Kriterien und nimmt Imponderabilien zu Hilfe, die sicherlich im Kunstleben und Schaffen nicht unwichtig sind. Aber gerade die Schönheit ist ein von der Stilkritik schwer zu verwendender Komplexbegriff, vielmehr komplexe Anschauung. Die Ästhetik hat dies in Parallele mit dem in der Logik angewendeten »Kennzeichen der Wahrheit oder Falschheit eines Gedankens« vollzogen. In theosophischen Lehren werden sogar »Schönheit« und »Wahrheit« auf dem Kunstgebiete identifiziert. Das Kriterium des Ästhetisch-Schönen ist ein schwankendes, nur relativ geltendes Merkmal, dessen Aufstellung in der Zeiten Lauf wechselt, während die wissenschaftlich erkannten Stilkriterien für sich bestehen und nur ihre Anwendung in den verschiedenen Schulen, Perioden, bei den originalen Autoren einem Wechsel unterliegt. Es gibt weder ein absolut Schönes, noch unabänderliche Kriterien des Kunstschönen. Das schließt nicht aus, daß im Laufe der Kunstbegebenheiten gewisse Tatsachen und Leistungen der Kunst immer wieder von Laien und Forschern als einem Schönheitsideal entsprechend angesehen werden, ohne Allgemeingültigkeit dauernd behaupten oder Schwankungen vermeiden zu können. Dabei ist diese Bezeichnung eines »schönen Werkes« oder »schönen Stiles« nicht mit der Vollendung eines Stilganges verbunden, wie z. B. die von Alessandro Scarlatti gepflegte Stilrichtung, die sofort die Bezeichnung des »schönen Stiles« erhielt. Die Hochblüte der A cappella-Musik im 16. Jahrhundert, die klassische Instrumentalmusik der Wiener Schule werden gleichfalls mit diesem Attribut versehen. In Wirklichkeit kann sich die Wirksamkeit der Kunstwerke der verschiedensten Schulen und Zeiten mit der Bezeichnung des Schönen assoziieren. Diese Imponderabilien bilden, wie oben gesagt, eine nicht zu unterschätzende Begleiterscheinung stilkritischer Untersuchung besonders nach der Seite der individuellen Auffassung des Forschers und seiner Darstellung der Kunstbegebenheiten, allein auf dem positiven Boden der wissenschaftlichen Forschung stehen nur Stilbestimmungen ohne Schönheitswertung und ohne Schönheitslehre der Ästhetik. Der exakte Forscher wird sich dies stets gegenwärtig halten, um sich nicht in einen Irrgarten zu verlieren und die Wege, die zur Erkenntnis der Genetik führen, nicht zu verlassen. Schönheitsbetrachtungen sind gleichfalls als Verschönerungen und Auszierungen der Darstellung willkommen — wenn sie nicht ins phrasenhafte geraten. Die dokumentarische Feststellung der Ansichten und Empfindungen über resp. von Schönheit in je einer Stilperiode und über die diesbezügliche Auffassung der jeweiligen Zeitgenossen einer Stilrichtung, eines Meisters ist eine willkommene Bereicherung der literarischen Quellenstudien. Mit diesen Feststellungen stehen kunsthistorische Auslegungen in Beziehung, die, weil sie eine methodologische Behandlung erfuhren, einer eigenen Erörterung unterzogen werden sollen, besonders nach der Richtung, ob und wie weit sie gegenüber der Methode der Stilkritik standhalten und zur Erreichung der Ziele musikhistorischer Arbeit beizutragen imstande sein können.

3. Von all den bisherigen Versuchen, die angestellt wurden, um der Methode auf die Beine zu helfen, um die Methodik des musikhistorischen Vorgehens wissenschaftlich zu begründen, sind diejenigen, die sich um die Hermeneutik gruppieren, die belangreichsten. Sie wurden von Hermann Kretzschmar in zwei Aufsätzen erörtert*) und erfuhren von anderer Seite eine Nachbehandlung. Sie dürften wohl angeregt sein von Diltheys Aufsatz »Entstehung der Hermeneutik«**). Niemand hat das Thema der Hermeneutik von einem höheren Gesichtspunkte erfaßt als Dilthey, der neben der Entstehung auch das Wesen der Hermeneutik erörtert. Die Hermeneutik

---

*) Jahrbuch Peters IX, 1902, S. 45—66 und XII, 1905, S. 73—86.
**) In »Philosophische Abhandlungen«, gewidmet Chr. Sigwart, Tübingen 1900, S. 185 fg.

I. Grundlage und Begründung.

ist ursprünglich ein philologisches Verfahren und ist dem Begriffe nach als *ἑρμηνεία* die »kunstmäßige Auslegung von Schriftdenkmälern«. Als hermeneutische Wissenschaft bietet sie die »Kunstlehre der Auslegung«, die Kunst der Auslegung als »wissenschaftliche Darstellung und Begründung des Inhaltes«, die besonders auf Bibelforschung ihre Anwendung findet. Der Altphilologe August Boeckh hatte der Hermeneutik nebst der »Theorie der Kritik« den ersten Hauptteil seiner »Enzyklopädie und Methodologie der philologischen Wissenschaften« (1877), der die formale Theorie der philologischen Wissenschaft enthält, gewidmet. Er bezeichnet die Hermeneutik als das »Verständlichmachen« und unterscheidet erstens, je nach den objektiven Bedingungen des Mitgeteilten, die grammatische Interpretation (aus dem Wortsinn an sich), die historische (aus dem Wortsinn in bezug auf reale Verhältnisse) und zweitens nach den subjektiven Bedingungen des Mitgeteilten die individuelle Interpretation (aus dem Subjekt an sich) und die generelle (aus dem Wortsinn in Beziehung auf subjektive Verhältnisse). Diese Aufstellungen und Kategorisierungen könnten auch bei der Kunstforschung Berücksichtigung finden, allein sie bieten gerade für das Hauptziel der musikhistorischen Forschung, die Erkenntnis der Genetik auf Grund spezifisch-musikalischer Kriterien und ihrer Verwendungsweise keine Grundlage und noch weniger eine methodische Handhabe. Wie diese von Boeckh aufgestellten philologischen Erkenntniskategorien, die auf das Historische wenigstens in einem Teile gerichtet sind, für die Musikforschung nur äußerlich in Betracht kommen könnten, so bietet die bisher geübte Hermeneutik der Musik keinen geeigneten Anhalt, um die Genetik der Kunsttatsachen zu erforschen, während diese das Um und Auf musikhistorischer Forschung ist. Diese musikalische Hermeneutik könnte im Sinne Diltheys weitergeführt werden, wenn sie zum Verständnis des Künstlers und der Künstlergruppe geleitete und ihre gegenseitige Abhängigkeit nachgewiesen würde. Schon Hans Tietze hat erkannt, daß dieser Weg nur in der Biographie anwendbar sei. Die Ergebnisse dieser Forschung ergäben bestenfalls einen Teil des Untergelasses des historischen Gebäudes. In meinen akademischen Übungen im »Erklären und Bestimmen von Musikwerken« (einer Art von Proseminar) wird das »Verständlichmachen« als Vorbereitung zu den eigentlich historischen Aufgaben der Stilbestimmung, Einordnung, der Erkenntnis der Stilbedingtheiten betrieben, wobei die Hauptsache die richtige Verwendung der Stilkriterien ist. Mit der Wahrnehmung der Empfindungen eines Künstlers und des Hörers, ihrer Substruktion unter Teile, Teilchen, Abschnitte, das Ganze eines Kunstwerkes oder der Totalempfindung beim Schaffen und Hören sind Bedingtheiten gewonnen, die mehr oder weniger nur das Subjektive der Interpretation betreffen. Die Hermeneutik ging nach Dilthey*) darauf hinaus, die Kunstregeln zu erfassen, zusammenzustellen und festzulegen und die »Darstellung dieser Kunstregeln bildete sich früh aus«. Sie ist also eigentlich eine didaktisch-pädagogische Disziplin und erhob sich erst allmählich zur »Interpretation«, zur Auslegung von »kunstmäßigem Verstehen von dauernd fixierten Lebensäußerungen«. Und wenn sie zu dem Heranziehen der historischen Umstände überging, zu den Lebensnachrichten von und über den Künstler, zum »Geist und den Strömungen der Entstehungszeit«, so bedient sie sich dieser Mittel nur im Dienste ihrer Absichten, erhebt sich aber nicht zur Erfüllung der höchsten genetischen Aufgaben der Musikgeschichte und versieht sich im Gebrauch der methodisch anzuwendenden Mittel, die behufs Erreichung des Zieles einzig um das Zentrum des Stiles angewendet und behufs Erforschung der Stilprinzipien angelegt sein müssen. Die Hermeneutik bleibt im Bannkreise der »Auslegekunst«, auch dann, wenn

---

*) Ibid. S. 190.

I. Grundlage und Begründung. 125

sie über ihre Grenzen hinausstrebt. Es ist bezeichnend, daß man da von der »Kunst des Auslegens« spricht. Die Eigenanlage des Erklärenden, seine künstlerische Intuition bildet den Gradmesser für die Art der Betätigung innerhalb dieser Auslegung. Wenngleich auch die strengste Forschungsarbeit, wie wiederholt hervorgehoben wurde, der Phantasie, der mitschaffenden Phantasie bedarf, so hat die Methode in erster Linie die Aufgabe, die exakte Verwendung der streng wissenschaftlich zu bestimmenden Mittel zu lehren.

Wenn Dilthey und Boeckh mittels der Hermeneutik zu den höheren Aufgaben der philologischen Arbeit vordringen, so begnügt sich Kretzschmar die Behelfe zu geben, vom Kunstgenießen zum Kunsterfassen zu gelangen. Damit bildet die Hermeneutik die Vorschule kunsthistorischer Erkenntnis und ist gleichsam ein Seitenstück zu der Ästhetik, die vom Empfinden ($αἰσθάνομαι$), vom Wahrnehmen, von dem Erfühlen zum Erkennen aufsteigen will. Wahrnehmen, Hören, Verstehen sind aufsteigende Begriffe, wie im französischen entendre, écouter, comprendre. H. Kretzschmar ist von dem in seinem »Konzertführer« geübten Verfahren der Erklärung von Kunstwerken ausgegangen und beschränkt sich in der »Hermeneutik« darauf, den Hörer so vorzubereiten und aufzuklären, daß er »in die kleinsten Teile des Kunstwerkes einzudringen vermag«. Er beschränkt die Hermeneutik sogar auf die Untersuchung der Affekte, im Sinne der Gefühlsästhetik des 18. Jahrhunderts, die in den von E. T. A. Hoffmann und R. Wagner gegebenen Erklärungen von Kunstwerken (besonders der Symphonien von Beethoven) eine gewisse Höhe erreicht hatte, die sie eigentlich nicht zu überbieten vermag. Kretzschmar sucht die Hermeneutik auf die Affektenlehre zu gründen und scheint sich damit begnügen zu wollen. Alles: Melodie, Motiv, Thema, Harmonie, Rhythmus, Kadenz und Thematik wie Variation spitzt sich in die Exegese des Affektgehaltes zu. Von da aus kann man aber nicht zu einer Erklärung der Gesamtheiten der Qualitäten eines Kunstwerkes in ihrer Korrelation und noch weniger zur Synthese der Stilbestimmung und der genetischen Abfolge, wie Zusammengehörigkeit, Unterscheidung und Gegensätzlichkeit vordringen. Die so geübte Hermeneutik läuft in eine poetische Erklärung des Gesamtinhaltes eines Kunstwerkes aus und bedient sich der etwa zufällig aufgegriffenen, formalen und anderen Kriterien nicht im methodischen Sinne zur Aufdeckung der Stilhaftigkeit oder der Stildefekte und kann demgemäß auch nicht zur stilkritischen Erfassung der Kunstwerke in der historischen Folge der Erscheinungen gelangen. Formalanalyse und Affektenanalyse sind ein Teil der Vorbedingungen stilkritischer Feststellungen; ebenso könnte zu diesen einbezogen werden eine »ästhetische Intervallenlehre«, eine Motivästhetik u. dgl. m. So wenig die Ästhetik einzig auf Symmetrie aufgebaut werden kann (wie dies von Formalästhetikern versucht wurde), so wenig wie sie in der Affektenlehre den einzigen Stützpunkt finden kann (wie dies die Ausdrucksästhetiker anstrebten), noch viel weniger kann die Musikgeschichte einzig auf eines dieser Fundamente, auch nicht auf die ästhetische Verwendung dieser Fundamente eingestellt werden, sondern muß sich ihre Kriterien und die Zusammenstellung, Zusammenziehung und Vergleichung mit Hinblick auf ihre genetischen Absichten selbst bestimmen und alles danach einrichten. Die dichterische Erklärung bietet eine Zusammensetzung des tonpoetischen Gehaltes eines Kunstwerkes, sie ist die »poetische Verdichtung des musikalischen Stimmungsgehaltes«[*]) und kann auf unendlich verschiedene und mannigfaltige Art mit den Behelfen dichterischer Phantasie durchgeführt werden. Es liegt darin eine Übertragung, eine Umsetzung, sogar im Einzelfalle eine Umwertung des tondichterischen Inhaltes in sprachlich-dichterische

---

[*]) G. Ellinger »E. T. A. Hoffmann«. S. 70.

Gedanken (wie sie erfolgreich von den Romantikern betrieben wurde). Sie gerät in das Gebiet der Phantastik und die Auslegekunst wird ein feines Spiel der Gedanken, das an sich wertvoll und beachtenswert sein kann; aber je weiter sie vordringt, desto mehr entfernt sie sich von der wissenschaftlichen Erfassung und kann ihr sogar diametral entgegenlaufen. Von gesunden Trieben und wichtiger Intuition geleitet, kann sie die letztere in einzelnen Fällen fördern — so z. B. R. Wagners Erklärung des Cismoll-Quartettes von Beethoven — und als Belebungsmittel der wissenschaftlichen Phantasie dienen. Sie kann besonders dazu beitragen, die Kohärenz der inneren und äußeren Form eines Kunstwerkes aufzuklären. Sowie das Verständnis jedes Teiles eines Kunstwerkes von dem des ganzen abhängt, so kann das Gesamtwerk nur durch die richtige Erfassung der Teilglieder bestimmt werden. Darin liegen die größten Hemmnisse, die die exegetische Hermeneutik zu überwinden hat und nie überwinden kann, da sie sich auf subjektive Auslegungen der Begleitaffekte beschränkt. Jedes Intervall, jede Wendung, sei sie melodischer, polyphoner, harmonischer oder koloristischer Art, ändert sich bezüglich ihrer affektuosen Wirksamkeiten durch die Stellung im Kunstwerke im Verlaufe der Geschehnisse eines Kunstwerkes.

Die »Sprachgewalt melodischer Formen« wechselt mit der unendlich mannigfaltigen Verwendung der Einzelglieder und Partikelchen innerhalb eines Kunstwerkes. Hierfür können nicht allgemeine Regeln aufgestellt werden. Einer Affektenlehre liegt immer mehr oder weniger die subjektive Deutung zugrunde und die kann nicht Ausgangspunkt der stilkritischen Untersuchung sein, da sie des festen Haltes der Wissenschaftlichkeit enträt. Man muß ein Kunstwerk aus dem Geiste seiner Entstehungszeit, im Zusammenhalt mit dem Vorangegangenen zu erklären suchen, man darf es nicht in eine schiefe Stellung bringen. Um das eine zu erreichen, das andere zu vermeiden, kann nicht die Affektenlehre als einziges methodisches Mittel verwendet, sondern bestenfalls als ein die eigentlichen Stilkriterien belebendes Mittel gebraucht werden. Man muß das Kunstwerk aus dem Gesichtswinkel betrachten und zu erfassen suchen, aus dem der Künstler es geschaffen. Kirchenwerke sind nicht vom Standpunkt des Konzertes zu verstehen, ebensowenig wie ein Konzertführer in eine Opernmusik, geschweige in die Oper einführen kann, weil dadurch die Entstehung, Verwendung und somit die Anlage übersehen und das Kunstwerk in ein falsches Licht gestellt wird. So wenig wie eine abstrakte Affektenlehre die Anleitung, Handhabe für die richtige zeitliche, örtliche Einstellung bietet, so wenig kann ein Kunstwerk in dieser Weise historisch auch nur nach der Gefühlsseite erklärt werden. Erst die Untersuchung des ganzen Komplexes der Stilkriterien und -Prinzipien bietet eine geeignete Handhabe, methodisch zu verfahren, und somit erhebt sich die Stilkritik über die Unterstadien der Forschung und führt zum Gelingen der Aufgaben des Musikhistorikers. Selbst wenn die Hermeneutik die »Spitze theoretischer Weisheit« wäre — was sie nach dem Gesagten nie sein kann — so gibt sie nur eine der Vorbedingungen historischer Erkenntnis. Die Hermeneutik kann überfüttert werden, sie kann in »Hyperhermeneutik« ausarten, von der Bernheim*) spricht — allein sie kann selbst bei richtiger Ausführung ihres Vorgehens nie zur Endaufgabe der Musikhistorie gelangen.

II. Ausübung.

1. Der Ausgangspunkt der wissenschaftlichen Stilkritik ist die Formalanalyse, die in der Musik den festen Anker jeder Untersuchung bildet. Man muß vorerst die Formalanalyse von der Inhaltsanalyse trennen, in vollem Bewußtsein, daß im

---

*) a. a. O. S. 595.

lebendigen Kunstwerk Form und Inhalt untrennbar miteinander verbunden sind. Die Trennung der beiden ist ein notwendiger Behelf der Stilkritik, wenn sie zur Lösung ihrer höheren Aufgabe gelangen will. Die Formanalyse umfaßt alle technisch-konstruktiven Kriterien, die rhythmischen, tonalen, melodischen, ornamentalen, harmonischen, kontrapunktisch-polyphonen, motivisch-thematischen, wobei auch das klanglich-koloristische herangezogen werden kann. Bei Vokalwerken kommen außerdem metrisch-prosodische Kriterien in Betracht: der Wechseleinfluß von dichterischer und musikalischer Form und die Akzentuierung. Manche Forscher begnügen sich mit formal-analytischen Untersuchungen und stellen die Probleme einzig von diesem Gesichtspunkte auf. Ihre Ergebnisse sind an sich wertvoll und bilden eine sicherere Grundlage als die Problembehandlungen oder die Einzeluntersuchungen über Inhalt (Gehalt) eines Kunstwerkes oder einer Gruppe von Kunstwerken. Die Formgebung ist in der Musik das bestimmende Moment. Allein die Feststellung der »mathematischen Form« (im Sinne von Kant) ist nur der Anfang der stilkritischen Untersuchung, die sich schon bei der Formalanalyse auf die Erkenntnis der »stilhaften Form« richten muß. Die äußere Form des Musikwerkes ist nicht bloß das Kleid der zum Ausdruck gebrachten Gedanken, Stimmungen und Regungen, sondern sie ist mitbestimmend für den inneren Verlauf des seelischen und geistigen Gehaltes, wie er sich im Kunstwerk entwickeln kann. Die formale Ausgestaltung ist mitbedingende Begleiterin der Ausführung der ideellen Absichten des Künstlers, wie er sie im Werk verwirklicht. Wohl in keiner Kunst ist die Entfaltung des Ausdrucksvermögens so abhängig von der Ausgestaltung wie in der Musik. Äußere und innere Form, »Daseins«- und »Wirkungsform« decken einander je nach der größeren oder geringeren Vollkommenheit des Werkes. Allerdings gibt es Tonwerke, bei denen die äußere Formgebung das einzig bestimmende ist und nur der Schein eines inneren Verlaufes erweckt wird, wie z. B. etwa in Fugen von Berliner Tonsetzern des 18. Jahrhunderts (zweite Hälfte) oder des Wiener Tonsetzers Simon Sechter (in der ersten Hälfte des 19. Jahrhunderts) oder in den bekannten Kanonstücken von A. A. Klengel, überhaupt bei Formalmanieristen, die uns fast in allen Stilperioden begegnen. Der Musikhistoriker hat sich, sobald er den festen Boden der Formalanalyse verläßt und sich der Inhaltsanalyse zuwendet, bei den reinen Musikstücken auf das Seelischgeistige zu beschränken, darf oder sollte sich nicht auf die Festlegung der »Affekte« einengen, wie dies im 18. Jahrhundert behauptet wurde und jetzt wieder von einzelnen Historikern vertreten wird. Er hat sich dessen bewußt zu sein, daß er damit in die Sphäre der schwankenden, schwebenden, elastischen Erfühlungen, Erahnungen gelangt, die, je deutlicher sie in Worte gekleidet werden, desto mehr an Tonpoesie einbüßen und nur in Kunstwerken, bei denen Wort und Ton verbunden sind, begriffliche Deutlichkeit erhalten, aber auch dann behufs Erreichung seelischer Eindringlichkeit sich nicht des Grundcharakters der musikalischen Eindrücke begeben dürfen oder können. Wie beim Künstler manchmal ein Zufall die seelische Empfindung zu künstlerischer Tat auslöst, so kann auch beim Forscher, sofern nicht verläßliche Äußerungen des Künstlers vorliegen (die aber immer der wissenschaftlichen Kritik unterzogen werden müssen), eine freie Assoziation, die auch durch einen Zufall bestimmt werden kann, die Auslegung begünstigen oder bestimmen. Wenn schon in der Formalanalyse eines Werkes die Auffassung in ihre Rechte tritt und ein und dasselbe Werk formalanalytisch je nach der Gegenüberstellung der Teile, nach Verwendung der konstruktiven Mittel der wissenschaftlichen Interpretation unterzogen wird, so tritt diese bei der Behandlung der Formprobleme mit Hilfe der Komparation und Kombination in ihre vollen, weitgreifenden Rechte.

Eine nur äußerliche Formuntersuchung, die sich mit der Feststellung der Formalkriterien begnügt, bleibt im Vorhof der stilkritischen Untersuchung gebannt. Sie erhebt sich erst durch Vergleichung und Zusammenstellung zu den Aufgaben der Interpretation und schreitet durch die Untersuchung über die Relation der Form- und Inhaltsprobleme, die die Genetik klarzustellen hat, zur eigentlichen Stilkritik vor. Schon in der Formal- wie in der Ausdrucksanalyse werden die Fäden gesponnen, aus denen das Gewebe der stilistischen Zusammengehörigkeit, Abhängigkeit und die Feststellung der Eigenart der betreffenden Kunstwerke gewonnen wird. Sowohl Form- wie Gehaltsanalyse hat neben dem rein wissenschaftlichen Charakter auch einen praktischen Wert: beide dienen dem Hörenlernen, der Erlernung des Hörens in geläuterter, gefesteter Art. Diese künstlerisch-pädagogische Bildung wird daher mit besonderem Erfolge in den akademischen Lehrstätten betrieben und ist von Bedeutung für die künftige Wirksamkeit jener, die von da aus zur Ausübung künstlerischer Tätigkeit gelangen. Diese Ausbildung richtet sich auch auf die richtige Einstellung des geistigen Hörens je nach der Eigenart der einzelnen Stilperioden, Etappen und Kunstgattungen, sowie der einzelnen Künstlerindividualitäten. Nach der Doppelanalyse wird bei der Relationsuntersuchung das Wechselverhältnis der innerhalb einer Kunstgruppe angewandten Formen und des zum greifbaren Bewußtsein gelangenden Gehaltskreises erörtert. So werden z. B. die typischen Formen und Formeln des katholischen Chorals mit dem gemäß der liturgischen Vorschriften und Übungen zulässigen Gefühls- und Gehaltskreise zusammengestellt, die sich im Gebet, in der Stärkung des Glaubens, in der Befriedigung künstlerischer Bedürfnisse, in der Belebung und Imagination religiöser Vorstellungen und Empfindungen innerhalb der Absichten der Kirche bewegen und entfalten. Die Motivsymbolik wird festgestellt. Die Einordnung wird je nach den Bedürfnissen der einzelnen Gottesdienste, ihrer Rangstellung an Fest- oder Wochentagen in Rücksicht gezogen. Die Art der Verwendbarkeit und Verwendung dieses Chorales in den verschiedenen Stilperioden wird untersucht. So gelangen wir in sich stetig steigender Weise zur Erörterung der immer größere Gedankenkomplexe umfassenden stilkritischen Probleme. Bezüglich der Aufdeckung der Assoziationen sind wir im Gebiete der weltlichen Musik größeren Schwierigkeiten ausgesetzt, als in der kirchlich-religiösen. Die Motivsymbolik ist da mehr Zufälligkeiten preisgegeben, als dort, wo eine autoritative, autoritäre Übung statthat. Die Verknüpfung bestimmter äußerer Vorstellungen wird schon in primitiver Musik konventionell geübt, wie in jenen rhythmischen Schlägen einer Volksgruppe in Innerafrika, die den weit entfernten Nachbarn, die die Schläge am Boden erlauschen, die Jagderlebnisse mitteilen. Solche konventionelle Hörzeichen machen sich in allen Perioden bemerkbar und gewinnen mit der zunehmenden Ausbildung der Instrumentalmusik wachsende Bedeutung bis zur tonpoetischen Verklärung in der Programmmusik des letzten Jahrhunderts und unserer modernen Musik. Im Wesen haben sie sich seit ihren primitiven Anfängen nicht geändert, nur an tonmalerischer Kraft und koloristischem Vermögen gewonnen, ohne zur Deutlichkeit, die an und durch sich erkenn- und erfaßbar wäre, gelangen zu können. Sie bleiben mehr ein Spiel mit Gedanken. Es wird immer eine Kluft bleiben zwischen methodisch fundierten und zufällig hingeworfenen Erklärungen von Gehalt und Zusammenhang. Das Anklammern an den Ausdruckscharakter des Hauptthemas eines Werkes, eines Satzes oder des Haupt- und Seitenthemas des Sonatensatzes, um die Gehaltsbestimmung vorzunehmen, ist ein Notbehelf der gegenwärtigen Forschung. Wohl bahnt es den Weg zur Gehaltserkenntnis, allein das Geschehen, das seelische Ereignis vollzieht sich erst in den Wandlungen der thematischen Behandlung und, je nach der

Neigung und Arbeitsart, im Eintreten neuer Themen. Ein markanter Fall dieser Art ist der erste Satz der »Eroica« von Beethoven. Das Thema ist nichts weniger als von, den heroischen Charakter des Satzes bestimmender Eigenart. Erst im Verlaufe des Satzes erhebt sich die künstlerische Mitteilung zur Darlegung der von einer Heldennatur zu bestehenden Konflikte und Entbehrungen, die wie bekannt, in dem Durchführungsteile ihren seelischen und künstlerischen Höhepunkt haben — alles eingefaßt von der Form und der damit verbundenen Entwicklung des seelischen Gehaltes. Allerdings gibt es Kunstformen und Kunstwerke, deren Ausdruckscharakter durch den seelischen Gehalt des Themas bestimmt wird. Wir werden noch einen langen Weg der Forschungsarbeit zurückzulegen haben, um diese verschiedene Geartung in der Anlage, um die konventionellen Formeln von den individuellen, subjektiven Weisen und Führungen streng wissenschaftlich scheiden und die formale und seelische Ausgestaltung in ein richtiges Verhältnis setzen zu können. Wir haben uns auch gegenwärtig zu halten, daß die Art der Assoziation von seelischem Vorgang an Melodik, Harmonik, Polyphonie, Koloristik im Laufe der Zeiten wechselt und haben diese Assoziation in ihrem wahren Verhältnis zur Zeit der Entstehung des oder der betreffenden Kunstwerke und ihre Veränderung im Lauf der Zeiten möglichst klarzustellen.

Des weiteren ist bei Vertonungen von Dichtungen verwichener Zeiten — wie z. B. heute einzelne Komponisten mit Vorliebe zu chinesischen Poesien einer viele Jahrhunderte zurückliegenden Zeit greifen — die Art der Anknüpfung an diese Empfindungs- und Dichtkreise zu untersuchen, inwieweit das Ewig-Menschliche in der Vorlage und seiner neuerlichen tonkünstlerischen Umfassung oder Unterordnung herauszufinden ist. Zweifellos ist die Stilmacht der neuen Zeit das hauptbestimmende. Motivreminiszenzen oder Verwendungen sind im Verhältnis zu dieser Herrschaft stilistischer Verarbeitung von nebensächlicher, untergeordneter Bedeutung und zwar desto mehr, je entfernter die Stilgeartungen der beiden Perioden voneinander sind. Dagegen tritt eine wenigstens partielle Stilannäherung leichter ein, wenn die beiden Gefühlskreise einander nahe stehen, wie z. B. bei den Verwendungen von ältesten Choralmotiven (psalmodischer Art) in der reinen oder angewandten Musik der Romantiker des vorigen Jahrhunderts. Die Art der Wiederspiegelung der tondichterischen Verarbeitung, der Umwandlung und Spezifizierung in der neuen Empfindungswelt, des Vollzuges, der Vermittelung — dies bildet das Objekt der Untersuchung, die sich da in das Gebiet der verwickelteren Probleme der Stilkritik begibt. Da unterscheiden sich am greifbarsten die methodisch-fundierten von den dilettantisch-oberflächlich hingeworfenen Erklärungen über Gehalt und Form in ihrem wechselseitigen Verhältnis.

2. Mittels der Zusammensetzung der Ergebnisse der Formal- und Inhaltsanalyse schreiten wir im angegebenen Sinne zur Erfüllung der höheren Aufgaben der Stilkritik vor. Die Zusammenziehung der Einzelerkenntnisse, die auf analytischem Wege gewonnen sind, läßt sich am geeignetsten durch Denkprozesse vornehmen, die immer auf den Stil und seine bereits erörterten begrifflichen Komplexe gerichtet sind. Dementsprechend werden die von Historikern getrennten Verfahren der Auffassung und Kombination und bei der Musikgeschichte auch das der Vergleichung (Komparation) im Dienste der Feststellung des Stiles, der Stile und ihrer genetischen Zusammenhänge verwendet. An die Stilkritik schließen sich von selbst alle Verfahren an, die zur methodischen Durchführung der Aufgaben der Musikgeschichte geleiten, sie ermöglichen. Die entwicklungsgeschichtlichen Probleme, sowohl die der Form wie des Ausdrucks, erwachsen auf ihrem Boden. Kontinuität wie Unterbrechung, Übernahme und Fallenlassen,

Annahme und Verwerfung, Verwendbarkeit und Untauglichkeit, Vorschrift und Verbot, Klarheit und Verworrenheit (Irrtum) in den Entwicklungsprozeßen werden in dieser Weise am zweckmäßigsten untersucht. Induktion und Deduktion werden fallweise je nach Bedürfnis und Eignung verwendet, um zu den Resultaten, die angestrebt werden, vorzudringen. Nicht äußerlich, schematisch soll vorgegangen werden, sondern in Anpassung auf den einzelnen Fall, auf die zu konstatierende Tatsachenreihe, auf die Problemstelluug. Der äußeren Kritik über Prüfung der Echtheit der Vorlagen und Bestimmung der Quellen schließt sich die innere Kritik über die Stilhaftigkeit der Werke an. Das methodische Verfahren vervollständigt und ergänzt sich je nach der Möglichkeit, die Kriterien festzustellen und in Verbindung zu bringen. Für jedes Kriterium sind die Behelfe heranzuziehen, die seiner Eigenart entsprechen. Dem sich in einer Gruppe von Werken ergebenden Gleichbleibenden tritt das im Einzelwerk hervortretende Spezielle gegenüber. Man begnügt sich dann bei der Anführung mit der Angabe der »Vertretung« (im oben angegebenen Sinne): die Bezeichnung eines Stückes als Mensuralwerk genügt für die allgemeine Kennzeichnung in semeiographischer und rhythmischer Beziehung, dazu kommt die Kennzeichnung der bestimmenden Einzelzüge. Das Typische wird vom Individuellen geschieden, beides in seiner Ausbildung beobachtet. Die organische Stilbildung wird in ihren Entwicklungsstadien verfolgt, sowohl in verallgemeinernder als in spezialisierender Beziehung. So entsteht in Ausübung der Stilbestimmung neben der Vereinheitlichung eine reich wechselnde Kennzeichnung. Übung im Beherrschen des kritischen Materiales ermöglicht eine klare Absonderung des Sichgleichbleibenden und des Besonderen. Der Ungeübte wird bei dieser Gegenüberstellung leicht in den Fehler geraten, in gemeinsamen Qualitäten einer Schule, einer Gruppe, einer Zeit Eigenheiten des Kunstwerkes oder des Künstlers zu sehen. Wenn bei der wissenschaftlichen Stilbestimmung diese Fehler und Versehen nur durch exaktes Verfahren vermieden werden können, so sind sie bei sogenannter intuitiver Stilbestimmung des Kunstliebhabers, des Laien-»Kunstkenners« wegen der dabei unvermeidlichen Zufälligkeiten und Willkürlichkeiten fast unkontrollierbar. Beim Forscher bildet die Schärfe des Kunstverstandes ein Korrektiv, wobei Reichtum der Phantasie ihm ebenso zugute kommt, wie dem rein praktisch sich betätigenden Kunstfreunde und dem die Tonwerke vom materiellen Standpunkte »beurteilenden« Verleger, ferner dem die Wirksamkeit der Aufführung erwägenden Kapellmeister oder ausübenden Künstler, wenn er nicht kunstwissenschaftlich geschult ist. Diese Erfahrung kann nur durch Übung gewonnen, an Einzelübungen exemplifiziert werden.

Der streng stilkritischen Bestimmung kommt ein Begleitprozeß zuhilfe, den die Psychologie als »Einfühlung« bezeichnet, besonders nach dem Vorgange von Th. Lipps. Die längere Beschäftigung mit einer Stilrichtung bringt bei sympathischem Verhalten eine Art Gefühlseinlebung hervor, die für das Erkennen der Gemeinsamkeiten und Unterscheidungen von belebender Bedeutung wird und beim »Laienrichter« das einzig Bestimmende bleibt. Trotz der manchmal verblüffenden Erfolge kann sich der Forscher nicht darauf stützen, sondern hat bei Mitschwingung dieser Gefühlswerte den mühsamen Erkenntnisweg zu verfolgen — nur auf diesem gelangt er zu wissenschaftlich verläßlichen Ergebnissen. Diese »Einfühlung« in einen Stil hat nicht selten die Abstumpfung der Fühler für andere Stile zur Folge. Die tägliche Beschäftigung mit einem in sich abgeschlossenen Stile erschwert oder kann die Anpassung an einen anderen erschweren. Dies sieht man z. B. deutlich bei den geistlichen Orden, die etwa ausschließlich Choral singen, oder bei Kirchenchören, die nur a cappella-Werke oder im konzertanten Stil gehaltene

Werke pflegen. Auch die weltliche Kunstpflege zeigt dies deutlich. In analoger Weise tritt dies bei Musikhistorikern auf, die sich durch längere Zeit nur mit einer Stilrichtung beschäftigen oder sich gar nur auf das Studium einer Zeit, einer Schule, eines Künstlers beschränken. Die Einfühlung in ein Musikwerk, in eine musikalische Stilrichtung erfolgt intensiver, als bei Werken anderer Künste, weil die Musik mit ihren Gefühlserregungen die Saiten des Gemütes heftiger in Mitschwingung versetzt. Umgekehrt wird die Abneigung gegenüber einer Stilrichtung auch die wissenschaftliche Erkenntnis erschweren oder gar verhindern, wovon die Geschichte unserer Forschung einige ergötzliche Beispiele und Fälle enthält.

3. Man könnte das stilkritische Verfahren normativ regeln; dadurch wäre es einerseits fixiert, andererseits gebunden. Das letztere soll vermieden werden. Gewisse Grundregeln können nichtsdestoweniger aufgestellt werden, die auf die Art der Anlegung der Kriterien an das einzelne Kunstwerk und ihre Zusammenstellung behufs einheitlicher Erfassung des Stils gerichtet sind: Jedes Kriterium wird vorerst für sich angelegt und erwogen. Die für das Kunstwerk, die Kunstgruppe markanten Kriterien werden herausgehoben und dienen zur besonders qualifizierten Stilbestimmung. Dabei treten die anderen, minder wichtigen zurück, bilden aber immer einen mitgehenden, latenten Teil der Bestimmung. Kein Moment darf übersehen werden. In jeder neuen Stilrichtung erstehen neue Qualitäten, die in ihrer Verhältnisstellung innerhalb der sie einschließenden Kategorie der Kriterien untersucht werden müssen. Somit geht die erste Regelung des Verfahrens bei der Anwendung der Stilkriterien auf die klare und exakte Einstellung des Kunstobjektes, mit Hinblick auf die Verwendung jedes einzelnen Mittels der Forschung. Die zweite Regelung richtet sich auf die Klarstellung der Beziehung der einzelnen Mittel (und ihrer Kriterien) zueinander, wobei zwei oder drei oder mehrere heran-

gezogen werden können. Die dritte Regelung betrifft das Verfahren bei Zusammenziehung aller Kriterien zur Fixierung des Gesamtstiles. Die wissenschaftliche Interpretation erstreckt sich wie auf die Teile, so auf das Ganze eines Kunstwerkes und wendet sich in weiterem Vorgehen der Feststellung des Verhältnisses in der Folge und dem Nebeneinander der Kunstwerke zu.

Themenbau und Inhalt werden interpretiert vermittels Vergleichung und Zusammenstellung mit den verwandten und durch Absonderung von den verschiedenartigen Gebilden. Sodann wird die Verhältnisstellung der Themen und ihrer Verarbeitung innerhalb der Ausgestaltung und seelischen Wandlung der Auslegung unterzogen. Es geht in der Musikgeschichte nicht an, die Interpretation nur auf die Untersuchung der Stellung eines Kunstwerkes in der entwicklungsgeschichtlichen Reihenfolge zu beschränken. Die Interpretation der Teilerscheinungen geht von selbst in die Gesamtauffassung über, aus der ersteren ergeben sich die Anschlußglieder für die letztere. Das höchste Ziel der Interpretation ist allerdings auf die Darlegung der Entwicklungszusammenhänge gerichtet: man interpretiert ein Kunstwerk als ganzes und in allen seinen Teilen aus dem Geiste seiner Zeit, man faßt es als Glied der Entwicklungsreihe sowohl gegenüber dem Vorangegangenen wie dem Gleichzeitigen und in seinen eventuellen Wirkungen auf die Folgezeit. Man erforscht die objektiven und subjektiven Entstehungsbedingungen. Diese allgemeine Interpretation schließt sich der Formal- und Inhaltsinterpretation an. Wie der Philologe von der grammatischen Auffassung spricht, so könnte der Musikhistoriker eine kompositionstechnische Auffassung der bezeichneten Interpretation einordnen oder gar zugrundelegen, gleichsam nach den Regeln von Harmonielehre, Kontrapunkt und Formenlehre gemessen. Allein die Anwendung der Kunstregeln wechselt fast von Generation zu Generation und gerade auf die Untersuchung dieser Verschiedenartigkeiten, der wechselnden Verwendung im Verlaufe des Entwicklungsprozesses, ist dieser Teil der Interpretation gerichtet. Der Verlauf wird nicht durch Neuaufstellung von Regeln bestimmt und nur ausnahmsweise werden Kunstbewegungen von Regelstellungen begleitet. Selbst das Verbot paralleler Quinten und Oktaven zur Zeit von Philipp de Vitry (14. Jahrhundert) war ein pium desiderium, das sich erst allmählich durchsetzte, nie und nirgends zur Vollgültigkeit gelangte, zum völligen Ausschluß von Parallelbewegungen »vollkommener« Konsonanzen. Gerade die Verschiedenartigkeit der Handhabung solcher »Generalregeln«, wie sie am Ende des 15. Jahrhunderts Tinctor aufstellte, ist das Objekt der Interpretation in satztechnischer Beziehung. Und dies gilt von allen Vorschriften, die sich auf Bewegung der Stimmen im mehrstimmigen Verbande beziehen. Die Aufdeckung der Probleme, die sich Künstler und Schulen, sei es bewußt oder unbewußt, stellen, um ihre Absichten zur Verwirklichung zu bringen, ist für die Interpretation von größerer Wichtigkeit als die Regelmessung. Diese Aufdeckung führt zur Erkenntnis der Stilzusammenhänge und -Unterschiede in der musikhistorischen Entwicklung. Welche Kriterien für diesen Zweck besonders heranzuziehen sind, ergibt die nähere Betrachtung und Untersuchung. Wie in den Kunstwerken bald melodische, bald harmonisch-mehrstimmige, bald koloristische Momente, bald Vereinigungsart von Wort und Weise mehr oder weniger hervortretend und für den Stil bestimmend sind, so hat der Interpret diese oder jene herauszugreifen, in den Vordergrund zu stellen, dann wieder zurücktreten zu lassen, um die spezifischen Differenzen in das richtige Licht zu stellen.

Die Auffassung des wissenschaftlichen Arbeiters unterscheidet sich von der des Laien und Kunstgenießers gerade durch die bewußte und methodische Verwendung dieser Untersuchungsmittel. Auch dem letzteren ist die Auffassung eines

Kunstwerkes nicht möglich, ohne irgendwie dieses mit anderen zu vergleichen auf Grund von Kunsterfahrungen und Erlebnissen. Der Laie begnügt sich oder kann sich begnügen, die von den einzelnen Kunstwerken ausgeübten Wirkungen miteinander zu vergleichen. Er tut dies in subjektiver Weise. Nach gewöhnlichem Sprachgebrauch könnte man sogar ein Kunstwerk auffassen, ohne es irgend in Vergleich zu stellen. Die methodische Verwendung der Vergleichung ist Aufgabe der wissenschaftlichen Untersuchung. Sie stellt die Kriterien und Prinzipien zusammen, kombiniert sie in Rücksicht auf ihr Hervortreten in einer Reihe von Kunstwerken und gewinnt dadurch den festen Boden für die Interpretation der Zusammenhänge. Der methodischen Abstraktion und Induktion gesellt sich die im künstlerischen Apperzeptionswege gewonnene Einfühlung, die der Historiker mit jedem Kunstaufnehmenden gemein hat. Nur darf er sich weder von der Zufallswirkung abhängig machen, die das Kunstwerk ausübt, noch von momentanen Bewertungen, denen das Kunstwerk unterzogen wird. Das Erlebnis eines echten Kunstwerkes ist ein gleichsam heiliger Akt und soll möglichst als Heiligtum bewahrt und den nachfolgenden Zeiten in irgend einer Weise überantwortet werden. Allein die Wirksamkeit wechselt und ist so verschieden sowohl in der Zeit des Entstehens als in der nachfolgenden Zeiten Lauf, daß der Historiker darauf nicht die Untersuchung über die Verhältnisstellung des Kunstwerkes im Stilprozesse basieren darf. Eine völlige Deckung der Kunsterlebnisse aus alter und neuer Zeit ist ausgeschlossen, selbst bei einem und demselben Kunstwerk. Es kommt vor, daß Werke, die gänzlich aus dem Geiste der Zeit geboren und entwicklungsgeschichtlich vollkommen organisch eingereiht werden können, erst zu einem viel späteren Zeitraum (nach mehreren Generationen) zur höheren Wirksamkeit gelangen, wenn man diese schon äußerlich nach der Zahl und Folge der Aufführungen messen will; so ist dies z. B. bei den

Passionswerken und Kantaten von J. S. Bach der Fall. Die Variabilitäten der Wirksamkeit sind geradezu unendlich. Der Historiker hat sich vor Übertreibungen und, ich möchte sagen, auch vor Untertreibungen zu hüten — davon bietet uns die Geschichte unserer Wissenschaft ergötzliche und betrübende Beispiele, besonders hervorgerufen durch die so beliebte und verbreitete Einstellung der Forschung auf die Bewertung der Werke in Relation mit der besprochenen Wirksamkeit. Der Musikhistoriker kann auf die Art und die Gründe der Wirksamkeit näher eingehen, sie des näheren beschreiben und als Behelf seiner Absichten heranziehen. Er wird sie nicht ganz außer acht lassen. Schon in der Inhaltsanalyse ist die Untersuchung nicht ganz davon zu trennen, allein sie darf sich nicht gerade darauf einstellen, sonst gerät der Forscher in die Betrachtungsweise des Laien, der sich damit begnügt, das Resultat der Vergleichung von einzelnen Kunstwerken oder Sätzen eines Musikwerkes in den Worten zu geben: Dies gefällt mir besser als jenes. Der Musikhistoriker vermag auf Grund der Bestimmung der relativen oder absoluten stilistischen Geschlossenheit, der mehr oder weniger erreichten Kongruenz von Form und Inhalt die Vollkommenheit und Unvollkommenheit in ihren verschiedenen Graden zu erkennen. Er hat, von der Untersuchung der Qualitäten im einzelnen ausgehend und sich zur Gesamtauffassung erhebend, die inneren Zusammenhänge der Einzeltatsachen aufzusuchen und festzustellen. Er hat die für den Fortgang der Kunstentwicklung bedeutungsvollen Momente zu erfassen und vorzüglich darauf die Bestimmung des Wertes oder der Bedeutung vorzunehmen, also in Beziehung zum Auf- und Abbau der Stilrichtung. Dem gegenüber bleibt die ästhetische Bewertung auf dem Standpunkt stehen, den der Laie einnehmen möge. Sie kann sich scheinbar zu objektiver Fassung erheben, wenn sie die sogenannten Kriterien des Kunstschönen heranzieht, die aber, wie schon auseinandergesetzt wurde, in Wirklichkeit verfließende Anschauungen sind und sich, soweit mir bekannt, noch nie zu festen und klaren Erkenntnissen erhoben haben. Es mag zugegeben werden, daß dies für den Kunstgenießenden auch nicht erforderlich sei, ihm gar nicht erwünscht wäre. Diese ästhetische Bewertung kann auch höher greifen, wie der Historiker mittels der Heranziehung von leitenden Ideen einer Weltanschauung Werturteile über Geschehnisse und Tatsachen schöpft, so können diese mit Zuhilfenahme von allgemeinen Kunstanschauungen gefällt werden. Wenn dies auf Grund der Stilhaftigkeit bzw. Stillosigkeit geschieht, begegnet sich diese Bewertung mit der Übung des Musikhistorikers, der natürlich auch die geistigen Richtungen mit heranzuziehen hat. In Wirklichkeit sind die ästhetischen Bemessungen Abstraktionen von Schönheitsqualitäten, die an Werken einer bestimmten Schule, eines bestimmten Künstlers gewonnen worden sind. Und gerade davor hat sich der Musikhistoriker zu hüten. So wenig wie er musikdramatische Werke an reinen, unvermischten Tonwerken zu messen hat und noch viel weniger letztere an ersteren (was immer wieder geschieht, besonders mit der Anwendung der Bezeichnung ›dramatisch‹ bei Kammer- und Symphoniemusik), ebensowenig dürfen Werke einer zeitlichen Stilrichtung mit denen einer anderen zusammengestellt werden, um Wertmaßstäbe zu errichten und anzulegen. Der Musikhistoriker hat die Werke in ihrer Bedeutung und phylogenetischen Wirksamkeit für eine Stilperiode zu bewerten. Unbeschadet dieser Aufstellung muß hervorgehoben werden, daß jedes Kunstwerk (jedes wahre, selbständig geschaffene) Eigenwert auch ohne Rücksicht auf seine geschichtliche Einordnung und Stellung hat. Allein die Bestimmung dieses Eigenwertes ist mehr subjektiv, dagegen die Wertbestimmung mit Rücksicht auf die Bedeutung in der Folge der Erscheinungen, in der Stilentwicklung ist eine vom Historiker objektiv vorzunehmende. Er begnügt sich nicht damit, in einem Kunstwerk den Maßstab für andere zu ziehen und aufzustellen, ebensowenig soll er ein Fiktionsgebilde aus den hervorragendsten Qualitäten einer Zeit konstruieren, um danach die Produkte dieser oder gar einer nachfolgenden Stilperiode zu bewerten. Wohl aber kann die Resultante aus den Einzelwerten als Behelf für die Wertbemessung im angegebenen Sinne dienen. So können die entwicklungsgeschichtlich minderwertigen oder gar wertlosen Werke zur Erleichterung des Verfahrens ausgeschaltet, so kann das Material auf das Nötige eingeschränkt werden, wodurch die Möglichkeit leichterer Übersicht gewährt wird. In der Tat ist es erstaunlich, wie relativ wenige Werke dann als Glieder in die sich schließende Kette aufzunehmen sind, während so viele fallen gelassen oder in die einzelnen Ringe der Kette mit aufgenommen werden. Allein die große Menge der Kunsterzeugnisse muß doch in Rücksicht gezogen werden. Manchmal sind es auf den ersten Blick unauffällige Züge an relativ schwächeren, also minderwertigen Stücken, die für den Fortgang der stilistischen Ausbildung einer Kunstgattung sich steigernde Wichtigkeit gewinnen. So tauchen z. B. in dem großen Wandlungsprozesse der Suitenvorherrschaft zur Alleinherrschaft der zyklischen Sonate in einzelnen sonst gar nicht hervorragenden Stücken Übergangsstellen auf oder Wiederholungen thematischer Gruppen oder Neueinstellungen thematischer Teilglieder, die für die Ausbildung des Sonatensatzes von weittragender Wichtigkeit sind. Und dies gerade nicht bei Meistern ersten Ranges, sondern bei Mittel- und Kleinmeistern, die solche Bausteine für ein neues Kunstwollen zusammentragen. So entstehen die voneinander abweichenden Behauptungen, daß dieses oder jenes konstruktive Glied, diese oder jene motivische Zerlegung oder thematische Behandlung sich vorerst bei einem oder dem anderen Künstler finden.

Als Konsequenz dieser Ausführungen ergibt sich, daß die scharfe Profilierung einer Künstlerindividualität nicht immer, nicht allein maßgebend ist für den kunsthistorischen Wert seiner Werke, so sehr der einzelne Kunstaufnehmende gerade diese Eigenschaft der scharfen Charakteristik zu schätzen vermag und von ihr mit Begeisterung erfüllt werden kann. Auch dem Musikhistoriker als Genießenden muß diese Freiheit gewahrt bleiben und er kann in der Darstellung des Stoffes dieses Moment besonders berücksichtigen — am geeignetsten in der Künstlerbiographistik. Wenn die Wertbestimmung nicht immer von der Prägnanz der Persönlichkeit abhängt, so sei nichts destoweniger der Segen wahrer Persönlichkeit in dem Kunstschaffen anerkannt. Von den größten Künstlern der Hochblüte der a cappella-Musik ragen Palestrina und Lasso als besondere Individualitäten hervor, die für den Kenner unterscheidbar sind. Allein diese Unterscheidbarkeit tritt zurück hinter der Bestimmbarkeit von Künstlern, die gleichzeitig schufen und schärfere Mittel verwendeten, wie etwa Cyprian de Rore oder Luca Marenzio. In der relativ leichteren Unterscheidbarkeit liegt nicht die Zuerkennung höherer Bewertung. Die Minderwertigkeit, ja die Schlechtigkeit machen ein Werk und seinen Schöpfer (Schreiber) direkt manchmal leichter unterscheidbar. Schiedermayers Kirchenwerke sind in ihrer Entartung ebenso erkennbar, wie Haydns Messen und dies innerhalb eines und desselben Kunststiles. Die kunsthistorische Wertbestimmung richtet sich nicht so sehr nach der Originalität der Ideen, als nach der Art ihrer Verarbeitung in stilistischer Beziehung. So verstehe ich die Ansicht Grillparzers, daß derjenige Künstler, an dem man die Originalität als künstlerische Eigenschaft in erster Linie hervorhebt, eben um dieser Originalität willen in den zweiten Rang gehöre. Er hebt hervor, daß »die Geister ersten Ranges es wie alle anderen machen, nur unendliche Male besser«.*) Persönlichkeit

---

*) »Die Kunstverderber« Ges.-Ausg. Cotta Bd. 15, S. 33. Die Abhandlung gehört nach der Feststellung von A. Sauer in die 50er Jahre, entweder 1851/52 oder 1856.

ist nicht zu verwechseln mit Originalität. Die historische Kritik hat die Neueinführung von Stilmitteln, Konstruktionen, die für den organischen Fortgang wichtig und bestimmend sind, auch dort aufzusuchen und anzuerkennen, wo im Übrigen der Gedankenflug nicht die Erhebung in höhere Kunstregionen bewirkt.

Die Musikgeschichte zeigt uns, daß innerhalb der einzelnen Stilperioden die Entwicklung in der Regel vom Allgemeinen zum Besonderen fortschreitet. Es erfolgt eine allmähliche Subjektivierung des Gehaltes beim Aufstiege, eine Manierierung beim Abstiege. Anfangs treten Formalgemeinsamkeiten und Formaldifferenzen allgemeiner Art auf oder es konzentrieren sich aus den Ansätzen Formtypen, die erst in weiterer Folge charakteristische Individualisierungen erfahren. Erst nach und nach treten Individualmerkmale in den Vordergrund und machen sich immer mehr bemerkbar. Selbst in der Entstehungszeit der Oper, die eine Begleiterscheinung der Hochrenaissance ist, wurde vorerst aus dem mehrstimmigen Madrigal je eine Stimme solistisch, quasi-solistisch vorgetragen, dann erst der eigentlich »darstellende« Stil (rappresentativo) gewonnen, der den dramatischen Forderungen Genüge leisten konnte. Dabei wurden stereotype Wendungen und Kadenzformeln in schier endlosen Wiederholungen verwendet. Die individualistischen Behandlungen, die von dem allgemeinen Gegensatz der ebenmäßigen, gesangsmäßigen gegenüber der emotional-ausdrucksvollen Richtung ausgingen, konnten sich erst nach und nach entwickeln. Mit der individualistischen paart sich die kompositionstechnische Vervollkommnung. Allein dieses Fortschreiten hat seine natürlichen, kraft des Stiles gebotenen Grenzen. Eine Zeit, wie die unsrige, in der der Subjektivismus fast ins Schrankenlose geraten ist, ist der Neubildung stilhafter Formen nicht günstig. Kühne Experimente, überschwengliche Versuche liegen fast immer außerhalb der organischen Entwicklungslinie. In den bisherigen Darlegungen über Ausübung der Stilkritik liegt die Begründung, dieses Verfahren wie bei den im allgemeinen geführten Erörterungen über Einordnung von Kunstwerken so auch bei der kategorienweise abgesonderten Untersuchung behufs streng wissenschaftlicher methodischer Behandlung anzuwenden, und zwar bei der Bestimmung von Zeit und Ort der Entstehung der Kunstwerke, von der Zuerkennung zu einem Autor, überhaupt über Zugehörigkeit und Abhängigkeit, wie über Selbständigkeit. Und damit sind wir zu einer Aufgabe der Stilkritik gelangt, in der, wie schon Goethe erkannte, »die Achse der ganzen Kunstkenntnis befestigt« ist: die Bestimmung von Zeit, Ort und Autor eines Kunstwerkes. Hiebei hat die Stilkritik alles heranzuziehen, was für das Wesen des Kunstwerkes und seine Stellung im Zusammenhange der Kunsttatsachen von Bedeutung ist.

III. Zeitbestimmung.

Wenn dem Musikhistoriker ein Tonwerk, sei es handschriftlich oder gedruckt, sei es datiert oder undatiert, sei es mit Autornamen bezeichnet oder unbezeichnet (anonym) zur Bestimmung vorliegt, so hat er Zeit und Ort der Entstehung und den Autor festzustellen. Wie das Kunstwerk unteilbar, so ist eine Detailbestimmung mit der andern essentiell verbunden, und doch hat die stilkritische Untersuchung jede separat zu behandeln und kann gegebenenfalls in der Zeitbestimmung stecken bleiben. Versagt dieser Versuch, kann diese Aufgabe nicht gelöst werden, dann ist überhaupt die Möglichkeit einer anderen Bestimmung fast ausgeschlossen, wenn es sich um ein Kunstwerk handelt. Volksmusik kann örtlich, eventuell ohne genauere Zeitfixierung bestimmt werden. Zeitbestimmung ist das Um und Auf der Stilkritik. Wie die gesamte Musikgeschichte aus der Klarlegung der Zusammenhänge besteht, so ist das Einzelkunstwerk aus der Vergleichung mit gleichgearteten Kunstprodukten und der Feststellung der Differenzen gegenüber verschieden gearteten Erzeugnissen bestimmbar. Die Möglichkeit der Abgrenzung der Entwicklungsphasen vollzieht sich je nach der Schärfe der Stilkritik, die angelegt werden kann. Je entfernter die Epoche, desto geringer die Aussicht auf detaillierte Bestimmbarkeit und engere Begrenzung — besonders wegen des Mangels an Vergleichsmaterial. Je näher wir unserer Zeit rücken, desto mehr wächst die Wahrscheinlichkeit präziser Bestimmung, sei es nach Generationen, sei es nach noch engeren Zeitabschnitten. Äußerliche Gliederungen, Schachtelungen, etwa nach Dezennien*) halten nicht stand, wenn sie nicht den inneren Bedingungen der Entwicklung entsprechen. Mit der Verfeinerung der methodischen Handhabung der Stilkritik wächst die Möglichkeit präziser zeitlicher Gliederung.

Der Zeitstil wird wie jede Bestimmung mit Zuhilfenahme aller Stilkriterien festgestellt. Wie sich die Entstehung von Kunstwerken innerhalb eines Zeitabschnittes organisch vollzieht, so hat die Untersuchung alle diese Bedingungen der Produktion aufzudecken, die Probleme, die die Künstler dieser Zeit beherrschen, klarzulegen, alle die gemeinsamen Erscheinungsweisen zusammenzustellen, um die Maßstäbe für die wissenschaftliche Einordnung zu gewinnen. Wie das ganze kulturelle, geistige, seelische, soziale Leben dieser Periode für die Entstehung und Ausgestaltung der Kunstwerke bestimmend ist, so sind alle Details der Erscheinungsformen und der Eindrucks- und Wirkungsarten auf Geist und Gemüt festzustellen, alles miteinander in Relation zu bringen, um das Einzelkunstwerk in ein richtiges Verhältnis zur Gesamtleistung der Zeit zu stellen.

Die Untersuchung der Entstehungzeit bedient sich wie

---

*) R. M. Meyer »Die Literaturgeschichte des 19. Jahrhunderts« machte diesen Versuch.

die von Ort und Autor äußerer und innerer Kriterien. Die äußeren beziehen sich auf die Art der Erhaltung des Kunstwerkes, in Originalschrift oder Kopie oder Abdruck, auf den Schreib- und Druckapparat, auf die Gelegenheit, anläßlich welcher das betreffende Werk geschaffen wurde, sowie auf alle dokumentarischen Beweisargumente. Paläographie und Semeiographie mit ihren für das Werk heranzuziehenden Bestimmungsfaktoren der Individualschriften bilden die Behelfe. Allein die Vorlage kann eine Abschrift aus späterer Zeit sein oder in dieser zum Druck (Stich) gekommen sein. Da treten wie allenthalben und immer die inneren Kriterien als Prüfmittel ein und geben den Ausschlag. Dies gilt auch bei irrtümlicher Zuerkennung eines Werkes an einen bestimmten Autor, der das Werk nur kopiert hat. Oder auf dem Umschlag einer Komposition (ob in Partitur oder in Stimmen erhalten) finden sich Daten von Aufführungen. Das erstangeführte muß nicht das der Entstehung sein, sei es daß es erst um viele Jahre darnach zu Gehör gebracht wurde, sei es, daß der Umschlag nicht der ursprüngliche, sondern ein erneuerter ist. Auf alle Umstände achtet der wachsam Prüfende, die in ihrer Mannigfaltigkeit hier nicht einzeln zu erörtern sind. Die äußere Datierung kann der Ausgangspunkt der chronologischen Untersuchung sein. Das Schwergewicht und die Entscheidung liegt in der inneren Stilprüfung. Der zeitliche Abstand von erster und zweiter oder mehrfacher Fassung oder von Überarbeitung oder Neubearbeitung kann derart sein, daß letztere einer Stilentwicklung angehören, die sie von der **ursprünglichen** Fassung ganz abtrennen. Man denke z. B. an die Pariser Bearbeitung der Venusbergmusik im »Tannhäuser« von R. Wagner: auch in stilistischer Beziehung eine vollständige Neuschaffung. Die Partitur des »Telemacco« von Gluck ist uns in einer Umarbeitung des Komponisten erhalten, die Teile enthält, wie sie Gluck zur Zeit der ersten Fassung wohl nicht geschrieben haben könnte. So begegnet die Einordnung eines Werkes in eine gewisse Schaffensperiode eines Künstlers Schwierigkeiten gerade durch Umarbeitung, besonders wenn die erste Fassung nicht erhalten ist. Aber auch wenn alle Fassungen erhalten sind und die äußere Datierung durch bestimmte Angaben oder durch Untersuchung der Skizzen vorgenommen werden kann oder gewisse Stützen erhält, muß die innere Stilkritik ergänzend eingreifen: die Entstehung der drei Leonoren-Ouvertüren von Beethoven ist ihrer inneren Struktur, dem Aufbau, der gesteigerten Inhaltsgebung, dem erhöhten Ausdrucksgehalte nach betrachtet in der Reihenfolge ihrer Numerierung anzunehmen. Der Versuch der Umdatierung der ersten als letzten nach der dritten mit Hilfe äußerer Argumentation*) ist bis heute nicht als gelungen anzusehen und stilkritische Erwägungen schwerwiegender Art sprechen dagegen.

Wenngleich alle Stilkriterien heranzuziehen sind, so ist manchmal nur ein einzelnes von ausschlaggebender Bedeutung. Wenn in einem mehrstimmigen Satz eine Landinosche Kadenz vorkommt, dann fällt seine Entstehung sicher nicht vor dem Aufkommen derselben, möge die mehrstimmige Struktur auch sonst die Ansetzung auf eine frühere Zeit für möglich erscheinen lassen. Teilmomente geben manchmal einen Anhalt für Zeitbestimmung: so Verwendung eines Instrumentes, z. B. der Klarinette — wenn sie nicht nachträglich eingesetzt wurde. Hätten wir eines der von Mozart bearbeiteten Oratorien Händels nur in dieser Bearbeitung, dann müßte aus inneren Gründen nachgewiesen werden, daß das Werk seiner Entstehung nach vor Mozart und seine Zeit fällt und die Hinzufügungen und Änderungen aus einer der Entstehung nachfolgenden Zeit herrühren. Ein Kunstwerk kann stilistisch einer bestimmten Zeit zugesprochen werden, nichtsdestoweniger könnte seine Entstehungszeit eine andere sein: dann

---

*) Nottebohm »Beethoveniana« I und II.

regulär eine spätere. Es ist mir kein Fall bekannt, in dem bei genauer Kenntnis der Kriterien und ihrer Zusammenfassung im Zeitstil ein Kunstwerk vor der Zeit anzusetzen wäre, in die es der so vorgenommenen zeitlichen Zuerkennung nach gehört. Man kann sagen, daß es eine absolut bestimmbare Grenze nach rückwärts gibt, nicht aber eine solche nach vorwärts. Wie die Natur nicht vorgreift, ebensowenig ist es in der Kunst der Fall. Dagegen kommen Rückbildungen vor. Die vollendetsten Kunstwerke sind fast ausnahmslos die Schlußsteine, die Krönung einer vorangegangenen Stilentwicklung. Kein Kunstwerk entgeht dem Einfluß des Zeitstils, wenn anders es in den Zusammenhang der Kunstentwicklung sich eingliedert und nicht außerhalb der Richtlinie, sei es als äußerliche Nachahmung von Erzeugnissen vergangener Stiletappen, sei es als außerhalb der Entwicklungslinie stehendes Experiment konstruiert ist. Nichtsdestoweniger sind diese Nachschaffungen (Schöpfungen) als solche kenntlich, sowohl wegen des mehr oder weniger hervortretenden Mangels wahrhaft inneren Miterlebens der die Werke der nachgeahmten Zeit hervorbringenden Kunsttriebe, als auch wegen gewisser entstellender, befremdender Momente, die die Einheitlichkeit des Stils tangieren besonders durch Verwendung einzelner Mittel und Wendungen der Folgezeit, gewöhnlich aus der Zeit der Entstehung des Gebildes. Die Werke des »Palestrina des 17. Jahrhundertes«, des »Palestrina des 18. Jahrhundertes«, wie ein oder der andere Meister diesen Titel erhielt, sind eben wegen dieser Qualitäten ganz gut von denen des echten Palestrina unterscheidbar, besonders wegen Harmonik (rein Dur, rein Moll), dann wegen des durchgängigen Taktrhythmus oder wegen der Kadenzen — manchmal nur wegen eines oder des anderen dieser Momente. Von den Cäcilianern des 19. Jahrhunderts und ihren unter dem Bannkreise des Geistes des Cinquecento geschaffenen Kirchenwerken gilt dies in gleichem Maße, obzwar kraft der sich vertiefenden historischen Erfassung besonders die theoretisch-spekulativen Tonsetzer im vorigen Jahrhundert in der stilistischen Behandlung erstaunliche Fortschritte machten. Bei einer gewissenhaften und geübten Handhabung der Stilkriterien sind Täuschungen bezüglich Echtheit und Unechtheit vermeidbar. Je tiefer der Historiker in die Stilkritik eingedrungen, desto größer die Wahrscheinlichkeit der Vermeidbarkeit und desto kleiner die Möglichkeit der Täuschung. Der methodisch Geübte, dessen Stilvorstellung mit begleitendem Stilgefühl auf kleine Differenzen eingestellt ist, wird auch ohne jedweden äußeren Behelf ein Werk in einen Zeitstil einordnen. Die Grundbestimmbarkeit bleibt die zeitliche. So verschieden im Einzelnen die Qualitäten sein mögen, besonders mit Rücksicht auf örtliche und individuelle Differenzen, gewisse Grundzüge sind die gleichen in allen zeitlich zusammenfaßbaren Abschnitten. Ein Meister wie J. S. Bach hätte sonst nicht italienische und französische Werke herübernehmen und in seinem Sinne »umarbeiten« oder »bearbeiten«, »übertragen« können — denn eine stärkere Kunstindividualität gibt es wohl nicht in der Geschichte der Musik, trotz aller subjektiven Exzentrizitäten, die in der Tonkunst des 19. Jahrhunderts auftreten. Diese Grundwahrheit der Zeitbestimmbarkeit besteht, auch wenn sie dort nicht realisierbar war, wo eben keine Gleichstrebung behufs Durchsetzung der Kunstabsichten sich geltend machen konnte, besonders wegen zu starker Gegensätze der Veranlagung der Nationen und Schulen oder wegen Ungleichheit ihrer künstlerischen Vor- und Ausbildung. Die Zeit bildet den Rahmen, der die Werke einschließt. Er muß je nach dem Ausschnitt, der eingefaßt werden soll, verschieden angelegt sein, er darf nicht unverschiebbar sein und die kunsthistorische Arbeit wird feststellen, welchen Zeitraum er einzuschließen hat, um eine innere Zusammengehörigkeit der Werke zu manifestieren. Es ist also kein unbeweglicher Rahmen, sondern ein ideell beweglicher, der die Zeitabschnitte umschließt, denn von jedem Abschnitt gehen Beziehungen nach vor- und rückwärts und die seitlichen Relationen sind unabsehbhr mannigfaltig. Innerhalb jedes Zeitabschnittes sind neben den die Zeit eigentlich charakterisierenden Werken auch Neuformationen, wie Nachbildungen älterer Gebilde bemerkbar. Im Fortgang der Ereignisse sind die Erstgenannten das organisch Bestimmende und daher auch das Hauptobjekt der stilkritischen Untersuchung. Die Durchschneidung der künstlerischen Probleme in ihrer Ausführung, die Komplikationen, Antinomien, Divergenzen, die Vereinbarungsfähigkeit und Verknüpfung müssen aufgedeckt sein, um die Bestimmbarkeit der Kunstwerke zu sichern. Je belebter, intuitiver die Untersuchung, desto eindringlicher wird die Verhältnisstellung der Kunstwerke erkannt und desto fester und sicherer die Zeitbestimmung vorgenommen. Je oberflächlicher die Betrachtung und Interpretation, die Gedankenprozesse, desto steifer und starrer die Abgrenzung der Abschnitte und desto schwankender die Zeitbestimmung des Einzelwerkes. Einige die Zeitbestimmung betreffende Argumente werden im Abschnitt über den Nachweis stilistischer Zusammenhänge erörtert werden.

IV. Ortsbestimmung.

1. Eine nicht so ausschlaggebende Rolle wie der Zeitbestimmung fällt der Ortsbestimmung zu, wenngleich auch sie von Wichtigkeit ist. Die Bestimmbarkeit ist eine mehr beschränkte. Die Beweglichkeit tonkünstlerischen Gutes ist beträchtlich, wenngleich einzelne Schulen, in sich geschlossen, relativ weniger Beziehungen zu anderen Kunststätten aufweisen. Allein der Austausch erfolgt früher oder später innerhalb des Gebietes der musikalischen Kulturvölker. Die Termine sind verschieden. Abgesondert, abgetrennt von anderen bleibt keine Künstlergruppe. Die Tonwerke sind in

steter Wanderschaft begriffen, bald schreiten sie schneller, bald langsamer. Eine absolute Abgeschlossenheit gibt es nicht. Je nach der Eigenart der Stile und ihrer Etappen wechselt mit der Ausbreitungsfähigkeit der Rang der Lokal- und Landesschulen, der künstlerischen Ritualdiözesen (wenn ich so sagen darf) und der Kunstterritorien. Im engeren und weiteren Sinne ist die örtliche Abgrenzung vorzunehmen vermittels der Heranziehung der Stilqualitäten: nach Orten, Distrikten, Ländern und im weiteren Sinne nach Nationen. Wir sprechen von einer Berliner Liederschule, einer Königsberger evangelischen Kirchenmusikschule, einer Pariser Schule primitiver Mehrstimmigkeit usw. Dann von niederländischen, süd-, mittel- und norddeutschen Schulen usw. Wir teilen das Gesamtgebiet der europäischen Musikkultur nach Nationen und Staaten.

2. Die äußeren Kriterien liegen wie bei der Zeitbestimmung vorerst in der Fixierung der Schreiberschule, des Druckortes. Letzterer ist vielfach nur eine Zufallserscheinung. Daß sich der Ort der Niederschrift, des Druckes und Stiches, geschweige der Aufbewahrung nicht immer mit dem Ort der Entstehung und Zugehörigkeit deckt, bedarf nicht hervorgehoben zu werden. Zumindest aber ist diese Aufweisung wichtig für die Verbreitung der Kunstwerke und von symptomatischer Bedeutung für Stileinflüsse und Stilausstrahlungen. Für das Mittelalter sind die Fixierungen und die genaue Kenntnis von Schreiberschulen ein wichtiges Mittel der Bestimmung, ein ausschlaggebendes Argument für die liturgische Verwendung in einem Territorium. Bedauerlicherweise entbehrt die semeiographische Beschreibung der Eigenzüge der verschiedenen Choralschulen bisher exakter Beschreibungen und ist mehr auf die Empirie beschränkt. Bisher sind nur allgemeine Züge der französischen (gallikanischen), italienischen (wie langobardischen und ambrosianischen), spanischen (mozarabischen), irischen, deutschgotischen Schule beobachtet, nur

für einzelne Lokalschulen, wie die von Nonantola, Metz, St. Gallen sind Sonderzüge als entscheidend erkannt. Von gleicher Wichtigkeit sind für die Ortsbestimmung der Mehrstimmigkeit des 12. bis 14. Jahrhunderts die Arten der Notierungen, die sich nach bisheriger Beobachtung vorzüglich nur auf französische und italienische Spezimina beschränken. Die Instrumentaltabulaturen der verschiedenen Länder bieten des weiteren einen Anhalt für territoriale Bestimmung, doch sind sie, auch abgesehen von den lokalen Eigenarten des Duktus, nicht von stringenter Beweiskraft für den Entstehungsort, besonders nicht seit der Zeit, da die französische Lautentabulatur die vorherrschende wurde (2. Hälfte des 17. Jahrhunderts). Die Orgeltabulatur ringt sich zur Internationalität hervor und doch sind die Schreibereigentümlichkeiten der Einzelgebiete fixierbar, hier wie bei anderen Arten der Tabulaturen. Ob sich für die Unterscheidung der ortsüblichen Bezeichnungen der Bezifferungen des Basso Continuo verläßliche Tabellen zusammenstellen lassen, kann heute nicht behauptet werden, hier scheint mehr persönlicher Gebrauch differenzierend einzugreifen.

Zu den äußeren Mitteln der Ortsbestimmung gehört des weiteren die künstlerische Verherrlichung von Lokalereignissen. Solche Werke sind regulär an der Stelle entstanden, für die sie bestimmt sind, so z. B. die Chandos-Anthems von Händel, die Kantate ›Der glorreiche Augenblick‹ von Beethoven, die Gelegenheitskompositionen in den Trienter Codices, die Lokalkantaten von J. S. Bach usw. Daß dies nicht immer der Fall ist, zeigen andere Fälle, wie der Amerikanische Marsch von R. Wagner und alle Kompositionen, die mit Verwendung fremder Themen geschaffen und nach ihnen benannt sind, ohne sonst in Beziehung zu stehen mit der Musikproduktion der Gebiete, denen diese Melodien entnommen sind. In liturgischen und geistlichen Werken ist die Besingung eines Ortsheiligen ein Hinweis auf lokale Entstehung.

Bei Dedikationen ist die Ortsbestimmung nicht immer ein Argument für die engere stilistische Lokalzugehörigkeit, wohl aber für Ausführung und Pflege der betreffenden Stilgattung am Orte des Dedikaten. Die Aufführung der 54-stimmigen Messe von Orazio Benevoli in Salzburg bringt nicht den Beleg für eine eigenartige Ausbildung der polychoren Schule an diesem Orte; dem Nachweise der Verwendung anderer derartiger Kompositionen hat die innere stilkritische Untersuchung über etwaige lokale Differenzen gegenüber der römischen Schule zu folgen.

3. Für die Erstehung einer Lokalschule ist die Erfüllung von Bedingungen nötig, die die Zusammengehörigkeit von Künstlern und ihren Produkten in einer gewissen engeren oder weiteren Geschlossenheit ermöglichen. Die Grundbasis dieser Eigenentwicklung ist der nationale Boden, der von verschiedenen Händen bearbeitet und zubereitet wurde. Es wird jetzt mehrfach der Versuch gemacht, das völkische Moment als einzig ausschlaggebend anzusehen; so wird die Literaturgeschichte nach Landschaften und Gauen abgegliedert. Zweifellos ist die Volksmusik ein Ausgangspunkt der Kunstentfaltung, bei dem immer wieder Einkehr gehalten wird oder werden sollte. Allein die Abtrennung von Volks- und Kunstmusik läßt sich nicht nach einer Schablone vornehmen, das Verhältnis ist zahlreichen Wandlungen ausgesetzt, die mit dem genetischen Gang der Musikgeschichte zusammenhängen, so daß sich nicht eine über alle Zeitläufe erstreckende einheitliche Behandlung festsetzen läßt. Daher ist die Abhängigkeit einer Kunstschule von der Volksmusik eine von Fall zu Fall zu erörternde Angelegenheit. Das Material der Volksmusik ist nicht eingliedrig, nicht einzeitlich, sondern jeweilig von der Tonkunst der betreffenden Zeit mitbeeinflußt. Das völkische Moment tritt mehr in der Volksmusik, das nationale mehr in der höher stilisierten Tonkunst hervor.

Die Möglichkeit nationaler Eingliederung wechselt nach

der Art der verschiedenen Stile: je stärker der stilisierende Charakter einer Zeitgruppe, desto schwächer der nationale Einfluß und seine Wirkungssphäre. In allen Stilperioden treten nationale Momente hervor, allein in graduell verschiedener Art*). Mit der Ortbestimmung steht dies bald in näherer bald in entfernterer Beziehung, auch je nachdem der »Ort« bald enger bald weiter genommen wird. Im weitesten Sinne erstreckt er sich auf die Nation oder auf ein die Ansiedlung mehrerer Nationen umfassendes Kulturgebiet mit musikalisch einheitlichem Charakter. Das Hauptbestimmende ist in den höheren Stilarten nicht die Verwendung von Motiven aus der Volksmusik oder von Volksliedern, sondern die Art der stilistischen Verarbeitung des herangezogenen Materiales. Der »omme armé« wurde nicht nur von Franzosen und Niederländern, sondern auch von Italienern und Deutschen als Tenor oder Hauptthema mehrstimmiger Kompositionen innerhalb mehrerer Generationen verwendet. Demnach ergibt sich daraus nicht die Möglichkeit einer Lokalisierung oder Territorialisierung im engeren Sinne. Trotz der Verwendung nationaler Motive kann die lokale Zuerkennung in verschiedener Weise vorgenommen werden. Immerhin wird, wenn in einem bestimmt ausgebildeten Stile Motive verwendet werden, die der innerhalb der Kunstzone dieser Stilübung liegenden Volksmusik entnommen sind, die Vermutung dafür sprechen, daß die betreffenden Werke auch dort entstanden sind. Sind z. B. in der mehrstimmigen Kirchenmusik des 15. Jahrhunderts böhmische Volkslieder nachweisbar, so ist die Annahme gerechtfertigt, daß diese Werke böhmischen Ursprungs sind, was in diesem Falle auch durch die Provenienz der Codizes nachweisbar ist. Dagegen wird die Verwendung von Liedern der Indianer in symphonischen Werken des 19. Jahrhunderts kein Argument dafür bilden, diese Kompositionen dem In-

---

*) Darüber habe ich in meinem »Stil« in den Abschnitten über »nationale Einflüsse« und »nationale Stilarten« gesprochen.

dianergebiet Amerikas angehörig zuzusprechen. A. Dvořáks »Symphonie aus der neuen Welt« gehört stilistisch der »alten Welt«, speziell der unter deutschem romantischem Einfluß stehenden böhmischen (Prager) Schule seiner Zeit an. Webers Turandot-Ouvertüre (in erster Fassung als »Overtura Chinesa») gehört dem Stile der ersten deutschen Romantik an.

Gegenüber der Bedeutung der großen zeitlichen und nationalen Stilgruppen stehen Ortsschulen in der Geschichte der Musik im allgemeinen in zweiter Linie. Allein in Einzelerscheinungen treten diese gerade in den Vordergrund. Angefangen von den mittelalterlichen Schulen des Chorales und sodann der Mehrstimmigkeit bis zur Wiener klassischen Schule beanspruchen lokale Stilbildungen die besondere Aufmerksamkeit der Forscher. Aus der empirischen Erfassung der Allgemeinzüge solcher Gemeinschaften wird die fortschreitende Forschung noch mancherlei präzisere differenzierende Feststellungen vorzunehmen haben, um in streng wissenschaftlicher Weise die Zuerkennung der Einzelkunstwerke in solche Lokalverbände zu ermöglichen. Wir sind da erst am Anfang der Arbeit. Erschwert wird diese Fixierung durch die Fluktuationen des Kunstlebens und Strebens in allen Stilperioden, bald mehr, bald weniger gehoben durch Wanderungen der Künstler, durch Austausch der Produkte. Der Internationalismus, der Interlokalismus sind die Reversseite auch solcher Kunstwerke, die auf der Vorderseite das nationale und lokale Gepräge tragen, vielleicht richtiger ausgedrückt: jedes Kunstwerk ist eine Mischung dieser Elemente in verschiedenen Legierungen, in mehr oder weniger freier Bearbeitung. Je nach der Kulturströmung tritt bald das Eine, bald das Andere hervor: im 18. Jahrhundert (besonders der zweiten Hälfte) der Kosmopolitismus, im 19. Jahrhundert der Nationalismus, der in der Kunst nicht solche feindlich und unverträglich einander gegenüberstehende Parteiungen und Befehdungen hervorrufen kann, wie im politischen Leben.

Jeder größere, kräftigere Künstler weist in seinem Entwicklungsgang den Niederschlag, den Einschlag solcher verschiedener örtlicher Beeinflussungen auf und gelangt je nach seiner individuellen Eigenart zu einer mehr umfassenden oder sich begrenzenden Entfaltung seines Kunstbetriebes. Selbst bei einem Palestrina kann man eine niederländische vor der der römischen Richtung (zeitlich getrennt und doch in Übergängen verlaufend) nachweisen. Manche Künstler häuten sich gleichsam örtlich. Die starken unterscheiden sich dann von den schwachen Künstlern dadurch, daß die ersteren zur Eigenentfaltung vordringen, während die letzteren in den lokalen Beschränkungen stecken bleiben. Die Anpassung an einen Ortstil ist verschieden je nach der Weichheit der Künstlernatur, je nach der Assimilationsgabe des Schaffenden. Diese Betrachtung könnte den Übergang zur Autorbestimmung bilden. Jedoch sind vorerst noch einige Momente zu besprechen, die die Gemeinschaft in örtlicher Beziehung betreffen.

Ein ortsbestimmendes Kriterium kann das sprachliche Moment bilden, für Bestimmung des Landes, der Nation, der Landschaft, unter Beziehung auf gewisse lokale Wendungen und zeitliche Bildungen. Die Benutzung der lateinischen Sprache als offizieller liturgischer Sprache der katholischen Kirche, so auch für gewisse Kunstgattungen, z. B. für die Motette (seit dem 14. Jahrhundert fast mit Ausschluß der den älteren Motetten eigentümlichen Sprachenverbindungen in verschiedenen Stimmen) oder für das Schuldrama in verschiedenen Ländern bietet für die territoriale Bestimmbarkeit nur dann eine Möglichkeit, wenn die sprachlichen Wendungen einen Anhalt bieten. Dies ist dann Aufgabe der philologischen Untersuchung. Anders liegt die Sache bei den lebenden Volkssprachen, die in der Kunstmusik des Abendlandes verwendet werden. Hier ist für die engere lokale und auch für die zeitliche Bestimmbarkeit im Allgemeinen ein fester

Anhalt gegeben, im Besonderen nur eine erhöhte Möglichkeit. Ein sicheres lokales Beweismoment liegt eigentlich nur in der Verwendung der deutschen, englischen, nordischen und slawischen Sprachen. Denn soweit mir bekannt, werden diese nur in den betreffenden Territorien zu Texten von Musikwerken verwendet. Dagegen gelten französisch und italienisch als internationale Musiksprachen. Die Verwendung von Musikwerken in spanischer Sprache am Wiener Hofe beschränkt sich nur auf den kurzen Zeitabschnitt der engen politischen und dynastischen Beziehungen von Österreich und Spanien. Während Palestrina nur lateinische und italienische Texte verwendet, komponiert Lasso in allen Kultursprachen, auch im Anschluß an die betreffenden Kunstformen und dies gilt von einer Reihe deutscher Komponisten, die dem kosmopolitischen Zuge ihrer Nation auch auf dem Gebiete der Tonkunst folgen. Die französische Sprache als diplomatische Verständigungssprache, die italienische zur Zeit der Vorherrschaft Italiens in der Musik stehen in internationaler Verwendung und letztere behauptete diese Stellung noch lange, als die Italiener den Primat an die Deutschen abgegeben hatten — in den Gattungs- und Vortragsbezeichnungen trotz aller Gegenversuche bis auf den heutigen Tag. Wenngleich anscheinend nur ein äußerliches Moment, ist es doch gleichsam von symbolischer Bedeutung. Das ausschlaggebende für die Beibehaltung dieser Bezeichnungen ist der Umstand, daß die von den Italienern um 1600 inaugurierte, richtiger befestigte Stilrichtung in den Haupt- und Grundzügen besonders auf musikdramatischem Gebiete sich erhalten und bewährt hat, ferner, daß diese Termini, auf italienischem Boden eingeführt, wegen ihrer Eignung, ihres ansprechenden Klanges und wegen der humanistischen Neigungen der Kulturvölker allen Ablösungsversuchen standhalten konnten. Man sollte aber dieses Moment nicht überschätzen und gar als Argument für die immer wiederholte irrtümliche Aufstellung ansehen, daß

»Italien die Wiege der Musik sei«. Dies könnte nur in der Einschränkung gelten, daß andere Völker ihre Kunsterzeugnisse im 17. und 18. Jahrhundert mit Vorliebe in eine italienische Wiege legten — ein Usus, mit dem seit dem 19. Jahrhundert besonders durch die Verdienste der deutschen Romantik (die der italienischen Musik wesensfremd ist) definitiv gebrochen wurde.

Wichtiger als dieses äußere Moment der Verwendung von Termini ist der innere Einfluß der Qualitäten sowohl der gebundenen wie der ungebundenen Sprache auf die Vokalmusik. Die quantitative Messung wie die Akzentuation machen sich geltend, letztere in erhöhtem Maße. Die Frage der Beeinflussung der gewöhnlichen Sprechweise, der gesprochenen Rede, des deklamatorischen und pathetischen Vortrages auf die vokale Behandlung der Musik und in mittelbarem Wege auch auf die instrumentale Musik ist so gut wie gar nicht wissenschaftlich behandelt. Die Unterschiede der National- und Volksmusik werden durch diese Untersuchungen eine festere Grundlage erhalten und auch in die höher stilisierten Formen reichen diese von der Sprechweise bedingten Einflüsse. In den verschiedenen Stiletappen machen sie sich in verschiedener Weise geltend, je nach dem Grade des nationalen Einschlages, der auf dem Gebiete der Instrumentalmusik in unverhüllter, bestimmender Weise erst im 19. Jahrhundert hervortritt. Allein die Vokalmusik untersteht seit ihrer Entstehung dieser Machtsphäre, denn ihre Wurzeln sind sowohl sprachlich wie rein musikalisch. Die Entfernung von den natürlichen Vorbedingungen tritt besonders in solchen Stilabschnitten hervor, in denen die Vokalmusik eines Volkes, eines Gebietes in wichtigen Wendungen, so z. B. in den Kadenzen von stilisierten Behandlungen abhängig ist, die auf fremdsprachigen Boden erwachsen sind. Nach dem bisherigen Stande der Forschung lassen sich aus den melischen Wendungen wenig sichere Anhaltspunkte für die Ortsbestimmung gewinnen, soweit sie auf die Sprache zurückzuführen sind, wohl aber enthalten natürlich die Qualitäten der Melodie an sich die relativ verläßlichsten Stützen für die Stilkritik.

4. So wie Zeitstile, so sind Ortsstile, Territorialstile verschiedenen Umfanges, verschiedener Ausdehnung abhängig von dem kulturellen Milieu, das sich auf Grund der physischen und psychischen Geartung der betreffenden Bevölkerungskreise, des Wechselaustausches nach allen Richtungen bildet. Die Bedürfnisse des Kulturlebens, die Folgeerscheinungen der Naturanlage mischen und verbinden sich entsprechend der Eingliederung der einzelnen Gesellschaftsschichten und bringen im organischen Fortgang der Eigenentwicklung der Tonkunst die Stiletappen hervor, die sich in lokalen Stilbildungen verdichten. Der musikgeschichtlichen Forschung ist die Aufgabe gestellt, die Einflüsse all dieser außermusikalischen Momente auf die eigentliche musikalische Stilbildung in Gesamt- und Einzelerscheinung aufzudecken. Von mitbestimmender Bedeutung ist der künstlerische Zweck einer Gattung, einer Art, eines Kunstwerkes, die Dienststellung, die Abhängigkeit oder relative Unabhängigkeit des Tonsetzers. Die Materialbeschaffung, die räumliche Verwendung hängen mit den kulturellen Bedürfnissen und der damit verbundenen materiellen Lage der Nation, des Staates, des Gesellschaftskreises, des Bestellers und seiner Einflußsphäre zusammen. Hofmusik unterscheidet sich schon in der äußeren Anlage von der Kunst des Bürgertums und der niederen Schichten des Volkes. Das edelste, was in weltlicher Musik geschaffen wurde, gehört dem Bedürfniskreise der Mittelschicht an: in deutschen Landen das vierstimmige deutsche Gesellschaftslied im ersten Viertel des 16. Jahrhunderts und die Quartettmusik der Wiener Klassiker. Luxusbedürfnisse haben Luxuserzeugnisse zur Folge: überreiche Ausstattung und äußere Kumulierung der Mittel. Die einheitliche Vergesellschaftung aller Kreise im 19. Jahrhundert fördert Kunstwerke zutage, die sich gleichsam an die ganze

Menschheit wenden. Doch gehören dieser auch alle echten Werke an, die aus verschiedenen kulturellen Milieus stammen. Ein musikalischer Lokalstil eigener Art entsteht dort, wo die kunstfördernden Momente auf Grund der Eigenanlage zu einer Eigenbildung vordringen, die sie von Zeitgenossen und Vorgängern genau unterscheidbar macht. Die hierbei besonders hervortretenden und differenzierenden Kriterien betreffen zumeist nicht, fast nie das Gesamtgebiet der Stilkriterien der Musik ihrer Zeit, sondern jeweilig nur einen Teil derselben. Bald bezieht es sich auf melodische, bald auf harmonische Wendungen, bald auf die Art der Stimmführung, bald auf thematische Verarbeitung, bald auf klangliche Behandlung und manchmal sind die innerhalb einer Zeit sich bildenden Lokalschulen nur durch Nebenumstände unterscheidbar, wie es auch bei den Meistern einer Schule der Fall ist, wenn sie nicht ausgesprochene Individualitäten sind. Je weiter wir in der Geschichte der Musik zurückgreifen, desto enger und geschlossener ist die eine Zeit, ihre Schulen und ihre Einzelerscheinungen umklammernde Stilkraft und Einheit. Die Macht der Schule ist in den älteren Perioden so gewaltig, daß Schüler die Arbeit der Meister klag- und schadlos fortführen und ausführen. Indessen ist selbst trotz des sich immer mehr entfaltenden Subjektivismus der letzten zwei Jahrhunderte eine Zusammengehörigkeit zu beobachten, die durch die einheitliche Geltung der Kulturmomente mitbedingt ist. Der Kulturkreis bestimmt dann den Zusammenschluß der Einzelerscheinungen, so sehr der einzelne gewillt ist, in der Kunst sich und nur sich auszuleben, ohne Rücksicht auf die neben ihm Schaffenden. Auch diese Beobachtung leitet in die Autorbestimmung über.

5. Es wird zu untersuchen sein, ob ein Haupt- oder Grundstil in einem Orte entsteht, oder ob er nur eine Teilerscheinung einer über weitere Territorien sich erstreckenden Stilentstehung ist. Fast ausnahmslos scheint das letztere der

Fall zu sein. Zumeist gewinnt ein herrschender Stil an einem Orte seine höchste Ausbildung, seine vollendete Ausreifung und dies vollzieht sich durch Austausch und Anpassung in den Leistungen des Künstlers oder der Künstler, die den betreffenden Stil zur Vollendung bringen. Auch da steht die größere oder geringere Anschmiegsamkeit des Genies in Relation zu der örtlichen Stilbildung. Der genius loci ist stets von Einfluß auch auf das größte Genie und der Künstler kann ein Werk für einen erst zu schaffenden Aufführungsort schaffen, von dem dann die Produktion mit beeinflußt ist — mit oder ohne Aussicht auf Verwirklichung. Die Phantasie des Schaffenden erhebt sich dann in seinem Kunstwillen über die Beschränkung der ihm zur Verfügung stehenden örtlichen Bedingungen, wie etwa R. Wagner mit seiner Tetralogie oder seinem Bühnenweihefestspiel. Erst seit dem Überhandnehmen der Selbstherrlichkeit der Schaffenden im 19. Jahrhundert emanzipieren sich die Künstler immer mehr von der Ortsbindung des Stils. Die Künstler schaffen dann auch ohne besondere Rücksichtnahme auf die ihnen dort und da zur Verfügung stehenden Mittel und die üblichen Bedingungen, oder verallgemeinern eine für eine bestimmte Gelegenheit gebotene Fülle der Mittel. Generell tragen die an bestimmten Orten zur Verfügung stehenden Mittel das ihrige zur Stilbildung bei. Dies ist in den einzelnen Fällen zu untersuchen und nachzuweisen. In der Verbindung von Stoff und Geist bildet auch das äußerlich Stoffliche ein stilbildendes Moment. Dies ließe sich an zahllosen Fällen nachweisen. Doch auch das umgekehrte Verhältnis ist zu beobachten: der Künstler verlangt durch die Anlage des Werkes eine Umgestaltung, Bereicherung der Mittel oder es kommt ihm eine durch die Ausbildung des Stiles mitverursachte technische Vervollkommnung oder Ergänzung oder Neueinführung der Instrumentenerzeugung zugute oder er ersinnt selbst solche Einführungen oder Verbesserungen. Solche Instrumente werden gelegentlich unter dem Einfluß einer Stilströmung konstruiert, sei es in Anlehnung an Vorbilder, die zu der betreffenden Zeit nicht mehr verwendet werden, wie etwa die zur Zeit des Humanismus nachgebildeten antikisierenden Instrumente, sei es in freier Neueinführung von Instrumenten, die sich mehr oder weniger an vorhandene ortsübliche Instrumente anlehnen und daher gewöhnlich als Umbildungen anzusehen sind. Solche Instrumente konnten und können nur dann künstlerische Verwendung finden, wenn sie den inneren Forderungen der Stilbildung entsprechen, Geist und Seele mit verkünden können; dagegen fallen Versuche, die durch Schöngeistigkeit und Überschwang verursacht sind, ab, ebenso wie technisch untaugliche Experimente. Was da von den Instrumenten angeführt wird, gilt in gleicher Art von all den Hilfsmitteln der Exekution. Die »geläufige Gurgel« einer Sängerin war für die Arien der Königin der Nacht ebenso mitbestimmend, wie die Usancen des Koloraturstiles. Die tiefen Bäße der Münchner Kapelle bestimmten Lasso und seine lokalen Kunstbrüder zur Benutzung von Tönen, die sonst nicht überall ausführbar waren und dem Stil der betreffenden Werke eine besondere Abwandlung gewährten.

Die an einem Orte zu Gebote stehenden Mittel ermöglichen eine Stilausführung, schaffen aber nicht einzig die Möglichkeit einer Stilverwendung oder Ausbildung. Trotz relativ oder absolut reicher Mittel bringen es Kunstpflegestätten nicht zu einer eigenen Stilschule. Dies belegen in unserer Zeit besonders zwei deutsche Orte, die gleichsam als eine Art Zentrum der Kunstpflege angesehen werden können: Berlin und München. Die Schaffung einer mehr oder weniger großen Zahl von Werken von daselbst eingeborenen oder ansässigen Künstlern ist nicht gleichbedeutend mit einer selbständigen Stilschule oder Stilrichtung. Ein Zusammenschweißen von Stilelementen, ein Amalgam von Stilteilen ist noch kein eigener, selbständiger Stil. Der einzelne Künstler kann auf einem größeren Territorium der Stilbewegung zu einer Persönlichkeit mit ausgebildetem Individualstil vordringen, ohne daß damit eine lokale Zusammengehörigkeit stilistisch Gleichstrebender geschaffen wäre. Allerdings läßt sich eine dezidierte wissenschaftliche Bestimmung immer erst in einer gewissen zeitlichen Distanz vornehmen.

Die großen Stilbewegungen lokalisieren sich an verschiedenen Orten und die historische Feststellung des Wechselverhältnisses gehört zu den schwierigeren Aufgaben stilkritischer Arbeit. Wie in Handel und Wandel, wie im geistigen und kulturellen Leben überhaupt, ist die Priorität einer Einführung auch in der Geschichte der Tonkunst nicht immer zweifellos festzustellen. Die langsame Verbreitung der Kunstwerke in einzelnen Perioden, die Behinderung durch den Mangel an Stechern, Setzern, Druckern und Verlegern in manchen Kunstemporien, ungünstige Lage eines solchen Ortes, Zufälle aller Art, die da mitspielen, erschweren auch dem Musikhistoriker die Aufgabe der Aufklärung, des Nachweises, an welchem Orte ein Stil entstanden ist, in welcher Weise sich die Ausführung und Übertragung eines Stiles in örtlicher Beziehung vollzogen haben. Zweifellos läßt sich feststellen, an welchem Orte ein Stil sich veräußerlicht hat. Während z. B. in Wien die lebendige Ausgestaltung des Stiles des obligaten Akkompagnements bis zur Vollendung sich vollzogen hat und nach dem Höhenzuge dieses Stiles die Künstler noch lange Zeit sich von dort leiten ließen und von Sehnsucht nach diesem Orte erfüllt waren (Schumann, Brahms), versteiften die Arbeiten der von Österreich nach Mannheim verpflanzten Setzlinge in kurzer Zeit, so daß sie keinen weiteren Einfluß auf die Entfaltung dieses Stiles nehmen konnten. Der den Tonsetzern dort zur Verfügung stehende Apparat (der gerade zur Zeit der Versteifung fast vollkommener war, als der in Wien bestehende) konnte diese Vermanirierung nicht aufhalten — die Kunstübung war dem Mutterboden entzogen und verdorrte, veräußerlichte. Ich zitiere gerade diesen Fall, weil er die krasseste Entstellung erfahren und in der literarischen Welt besonderes Aufsehen erregt und gläubige Nachbetung erfahren hat, ferner weil dieses Verhältnis der Reinerhaltung am Orte der Entstehung und der Versteifung am Orte der Übertragung sich in den wenigsten Fällen so überzeugend nachweisen läßt — wenigstens bisher, mangels an wirklichen stilkritischen Untersuchungen in zielbewußter Ausführung. Wir sind da erst am Anfang der Erfüllung unserer Aufgaben.

Resumierend läßt sich sagen, daß die Ortsbestimmung sich im allgemeinen nicht so dezidiert fixieren läßt, wie die Zeitbestimmung und wenn auch, wie wir sahen, bei der letzteren nicht immer alle Zweifel behoben werden können, so läßt sich doch bei ihr eine verläßlichere Argumentation aus inneren Gründen vornehmen, die bei der örtlichen Bestimmung vielfach im Stiche lassen. Bei der Ortsbestimmung treten mehr die äußeren Gründe in den Vordergrund. Inwiefern kollektivistische Betätigungen, wie etwa die der Meistersinger, für die Ortsbestimmung in Betracht kommen, wird sich nach dem Gesagten von selbst ergeben, sobald ihr Verhältnis zur Individualentfaltung und zu den Typen der Schaffenstätigkeit klargestellt sein wird. Für jetzt sei hervorgehoben, daß die kollektivistische Tätigkeit am bündigsten in der ausübenden Tonkunst hervortritt, in den Verbänden und Vereinigungen örtlicher Art, die eine gewisse Gleichleistung anstreben.

V. Autorbestimmung.

Die wichtigste und einschneidendste Bestimmung ist die des Autors. Die Zuerkennung eines Werkes an einen Komponisten hat nicht jenen materiellen Wert, wie die eines Bildwerkes. In der Tonkunst hat sie vorzüglich ideelle Bedeutung. Vom wissenschaftlichen Standpunkt aus sind die beiden Forscherarbeiten einander gleichgestellt. In der Zuerkennung an einen Autor treten subjektive und objektive Bestimmbarkeit relativ am schärfsten einander gegenüber. Die instinktive, intuitive, subjektive Zuerkennung, die nur empirisch erworbene Fähigkeit, Kunstwerke zu bestimmen, kann trotzdem nie getrennt werden von der in Handhabung wissenschaftlicher Kriterien bestehenden objektiven Forscherarbeit. Der geübte Kunstfreund und der erfahrene Kunstkenner begegnen einander im Kunstforscher, der ein Werk zu bestimmen hat. Empirik und Wissenschaft sind hier untrennbar verbunden. Wie die Pharmakologie, auch wenn sie ausschließlich chemisch betrieben wird, sich nicht ganz von der Volkserfahrung in Verwendung der Kräuter und Heilmittel entfernen kann (im Sinne der älteren Pharmakognosie), so wird der Kunstgelehrte auch bei exaktester Untersuchungsmethode die empirische Kennerschaft nicht ganz, wohl überhaupt nicht außer acht lassen. Kunstgeschmack und Kunsterfahrung, Kunstgefühl und Kunstverstand müssen sich vereinigen, um die Bestimmungsfähigkeit zu heben. Der Anreiz ist gerade beim Individualstil am größten, denn Persönlichkeit ist, wie Goethe sagt, höchstes Gut. Es ist eine der schwersten, aber dankbarsten Aufgaben des Musikhistorikers, die Kennzeichen, Merkmale des Individualstiles herauszuheben, hervorzuholen.

Es führen, wie wir sahen, verschiedene Wege zur Stilerkenntnis. Wir gehen bald analytisch, bald synthetisch, oder bald induktiv, bald deduktiv vor. Bei den Feststellungen einer Schule wird der induktive Vorgang der vorherrschende sein — vom Einzelnen zum Allgemeinen, Zusammenfassenden. Wir gelangen zu der Fixierung einer Schule durch Summierung und Konzentrierung der Einzelerscheinungen, der Einzelmomente. Das Verbindende, Vereinheitlichende kann nur nach vorheriger Bestimmung der einzelnen Stilfaktoren, wie sie in einer Gruppe von Kunstwerken Gleichstrebender hervortreten, konstruiert werden. Die Typen der Schule werden in dieser Weise festgestellt. Dagegen werden die Stilmerkmale der Werke eines Künstlers leichter nach der Durchleuchtung und einheitlichen Erfassung der Persönlichkeit gewonnen werden. Dort wird die Schule erst aus den Zusammenziehungen der Einzelfakten zur Gesamtpersönlichkeit (zur »juristischen«, rekte künstlerischen Person) erhoben. Bei der Stilbestimmung einer Einzelindividualität wird daher regulär das deduktive Vorgehen vorherrschen: von der Künstlerphysiognomie ausgehend, sind die Einzelzüge zu bestimmen und damit in Relation zu bringen. Indessen wird dies nicht ausschließlich, nicht ausnahmslos so vor sich gehen. Ein Wechselaustausch wird platzgreifen; um einen Künstler einer Gruppe zugehörig zu bestimmen, ist es notwendig, geboten, die allgemeinen Züge einer Zeit, einer Ortsvereinigung festzustellen und dann wird es erst möglich sein, die Individualzüge zu differenzieren. In manchen Fällen werden sich die beiden Verfahren auf ihren Wegen begegnen, um mittels der Rekognoszierungen die Stellung des Künstlers innerhalb der Gruppe, der Schule zu erspähen, klarzulegen. Das Vorgehen des Forschers hängt sowohl von seinen Neigungen und seiner Anlage ab, wie von dem Stande der Forschung, den diese ihm jeweilig zu bieten vermag. So sehen wir, wie verschieden die Wege in der Literatur betreten und verfolgt werden, um zum Ziele zu gelangen. Verwirrung kann nur das Tasten und die Unsicherheit anrichten, die Ziellosigkeit des Vorgehens, das Sichverlieren in Details, der Mangel an Kraft, die Einzelkriterien zusammenzustellen, zu verbinden und in Vergleich zu ziehen, der Mangel an Kombinationsgabe, das Schwanken bei der Wahl der ausschlaggebenden Merkmale. Hiervon kann nur streng methodisches Verfahren Abhilfe schaffen.

Es wird demnach geboten sein, sich vorerst in die Individualpsyche des Künstlers einzuleben. Dies geschieht sowohl durch die Berücksichtigung seiner menschlichen, wie seiner künstlerischen Qualitäten. Alle seine Äußerungen und Leistungen werden einheitlich erfaßt und als Ausfluß seiner Psyche gewertet, erkannt und bestimmt. Die Wandlungen im Werden, im Auf- und Abstieg des seelischen Lebens des Künstlers werden verfolgt, die Widersprüche in seinem Wesen erwogen und aufgehellt. Das Verhältnis zur Sozialpsyche seiner Zeit, seiner Umgebung wird klargestellt und so der Weg geebnet zur richtigen Einschätzung seiner Werke im Verhältnis, in Beziehung zu denen seiner Zeitgenossen, Vor- und Nachgänger. Das Grundwesen seines Charakters wird durchleuchtet im Wege der Psychoanalyse, der Einzelfeststellung seiner seelischen Eigenschaften. Sowie jedes seiner Werke der Ausfluß seiner Gesamtpersönlichkeit ist, so muß es in der Untersuchung darauf eingestellt werden. So selbständig das Kunstwerk als Einzelerscheinung sein möge — es trifft nicht gar zu oft ein — so abhängig ist es einerseits von der Gesamtanlage des Künstlers, andererseits von den Gesamtbedingungen und den Strömungen seiner Zeit. Die als Individualzüge hingestellten Eigentümlichkeiten eines Komponisten sind nicht immer verläßliche Erkennungsmerkmale, denn ihre künstlerische Verwirklichung hängt von dem Stande der Stilentfaltung seiner Zeit ab und deckt sich nicht selten mit ihren künstlerischen Verwirklichungen. Temperamente mögen noch so verschieden sein, ihre Verwirklichung richtet sich nach der Möglichkeit ihrer Durchsetzung innerhalb der Stilgrenzen ihrer Zeit. Die Charakteristika eines Johann Sebastian Bach, eines Beethoven, eines Wagner hängen nicht bloß von ihrem Individualgenie ab, sondern von der Möglichkeit der Entfaltung ihrer Persönlichkeit mittels der ihnen zur Verfügung stehenden Mittel. Je selbständiger die Verwirklichung der Absichten und der Eigenart in den Einzelwerken eines Künstlers, desto straffer muß die Untersuchung der individualisierenden Bestimmung behandelt werden, um die innere Verbindung der Stilbehandlung innerhalb der Tätigkeit eines Künstlers ziehen zu können.

Die Stilvergleichung zur Bestimmung des Autors kann auf Grund aller oder einzelner Kriterien vorgenommen werden. Es können innerhalb der unendlichen Variabilität dieser Kriterien im Einzelfalle einige wenige als besondere Erkennungszeichen angesehen werden. Jedes Moment kann von Wichtigkeit sein. Es kann Fälle geben, wo ein einziges Merkmal bestimmend sein kann. Differenzierende Bestimmungen können wegen der unabsehbaren Mannigfaltigkeit der Erscheinungen nicht aufgestellt werden. Allein es lassen sich zumeist bei jedem Künstler, der wirkliche Individualität besitzt, einzelne Kennzeichen angeben bezüglich melodischer, harmonischer, satztechnischer, formaler, koloristischer, bei Vokalmusik auch sprachlicher Behandlung. Diese lassen sich analytisch feststellen; sie treten nicht selten gegenüber der Gesamtphysiognomie der künstlerischen Erscheinung zurück und da kommt man an den Punkt, in dem die Kennerschaft sich der Detailbestimmung paart. Das bedeutet durchaus nicht Abdikation kunstwissenschaftlicher Arbeit, sondern wie auf allen Geistesgebieten Vereinigung der Verstandes- und Phantasietätigkeit, wobei die letztere in den Vordergrund treten, den Haupteinschlag bieten kann, in der Musikgeschichte unter besonderer Berücksichtigung gewisser Fluiden, die sich der rationalen Behandlung entziehen. Das, was der Kenner erfühlt, erspäht, ahnt, bringt der Forscher zum Bewußtsein und kann es je nach seiner Fähigkeit in einer mehr oder weniger klaren Weise zur Aussprache bringen. Wenn Spohr als Komponist die Art Beethovenschen Schaffens so zu charakterisieren sucht, daß er im Scherzo seiner ›historischen‹ Symphonie durch kurze Wiederholung einer Figur den Eigensinn Beethovens als Charakteristikum der Kompositionsbehandlung stigmatisiert, so schlägt er ebenso fehl, als wenn ein Musikhistoriker irgendein Machwerk auf Grund der gleichen Erscheinung diesem Meister zuerkennen wollte. Man kann gleichwohl auf Grund irgendeines Gliedes, eines Teiles, einer Qualität, ein Kunstwerk einem bestimmten Künstler mit mehr oder weniger Sicherheit zusprechen. Die Coda im ersten Satz der Eroica, die E-moll-Episode im selben Satz können, in Erkenntnis ihrer Zugehörigkeit zur Wiener klassischen Schule, allein genügen, um den Satz oder das Werk Beethoven zuzuerkennen. Aber natürlich müßte das andere diesen Teilen entsprechen — sonst würde der Kenner sagen: das ist ein Flickwerk, in das man Teile eines Kunstwerkes herübergenommen hat, die einzig von Beethoven sein können. Man kann also auch aus Fragmenten einen Künstler bestimmen, wie in der bildenden Kunst ein Torso bestimmbar ist. Brahms hätte vollkommen Recht gehabt, schon auf Grund der einen Oboenmelodie die Kantate auf den Tod Josef II. Beethoven zuzusprechen, allein er hätte es nicht gewagt, wenn das Andere dieser Annahme schnurstracks widersprochen hätte. Wie man einen Menschen nach einer Handlung beurteilen kann, ohne sein ganzes Wesen zu ergründen, so läßt sich ein Kunstwerk in Erfassung eines Teiles, einer Wendung, eines Zuges einem Künstler zusprechen mit der Darlegung, daß das Ganze nicht dieser Annahme widerspricht.

Je größer das Vergleichsmaterial, je tiefer das Eindringen in die Eigenart, in die besonderen Qualitäten eines Künstlers, die sein Wesen offenbaren, desto mehr wächst die Wahrscheinlichkeit des Gelingens der Bestimmung, die sich bis zur Gewißheit erheben kann. Apodiktische Gewißheit über die Autorschaft wird erreicht, wenn jeder Einwand der Zuerkennung behoben ist und die äußeren Momente, die Argumentation aus den äußeren Quellen nicht im Widerspruche steht. Diese letzteren allein können oder sollen nie die einzige Stütze der Zuerkennung sein. Aus den beobachteten Gliedern der inneren stilkritischen Argumentation soll sich in Berücksichtigung und Prüfung der äußeren Umstände die

Erkenntnisreihe bis zur Feststellung des Hauptzieles dieser Untersuchung, der Autorbestimmung erheben; das noch unbekannte Glied soll sich als Schlußteil in der Reihe der Argumente ergeben, entfernt vergleichbar den Berechnungen der mathematischen Proportionen, mit dem Unterschiede, daß dieses Endergebnis gewöhnlich von vornherein vom Forscher als die Künstlerpersönlichkeit ins Auge gefaßt wird, auf das die Untersuchung gerichtet ist. Gegebenenfalls ergibt diese Proportionalaufstellung ein anderes Resultat, als das vom Forscher erwartete. Das zu bestimmende Werk hat der Gesamterfassung der Individualität zu entsprechen, gleichsam als Teilabschnitt, in dem alle, oder gewisse bezeichnende Qualitäten dieser Persönlichkeit enthalten sind. Diese Künstlerschaft muß in diesem Werke zur greifbaren Erscheinung gelangen, sei es im Stadium der Entwicklung, sei es im Zustande voller Entfaltung. Die Eigenzüge treten bei verschiedenen Meistern in verschiedenen Lebensaltern hervor, bei einem früher, beim andern später, bald stärker, bald schwächer. Im allgemeinen ist die volle Eigenphysiognomie erst mit der gereiften Meisterschaft im Mannesalter erreicht. Doch kommen Ausnahmen vor: so zeigt sich Mendelssohns Eigenart seit seinem 17. Jahr (Ouvertüre ›Sommernachtstraum‹, Oktett), Schuberts Ringen nach Selbständigkeit tritt im 14. Lebensjahr auf und erreicht mit dem 18. Lebensjahr eine Vollreife, allerdings vorerst nur im Liede. Wie das Leben selbst bei scheinbarer Gleichartigkeit, in allen Bewegungen und Tatsachen ungleich, selbst bei den Vorgängen, die auf unwandelbaren Gesetzen beruhen, im einzelnen nur Ähnlichkeit, nie Identität aufweist, so gestaltet sich das Schaffen in der Kunst verschiedenartig, in ewigem Fluß begriffen, sich nie wiederholend. So sind bei aller Festlegung der Entwicklungsgesetze der Stile oder des Stiles die Einzelerscheinungen, die Einzelkünstler, die Einzelwerke, die Einzelwandlungen in Gattung und Individuum eigenartig. Dementsprechend sind Stilphasen der einzelnen

V. Autorbestimmung. 173

Künstler ganz verschiedenartig und die Bestimmung hat sich danach einzurichten.

Jede Schule, jede Zeit hat eine eigenartige Möglichkeit individueller Arbeitsbetätigung. Der Mittelpunkt kompositorischer Entfaltung wechselt mit den Schulen, er liegt, um mich eines Vergleiches zu bedienen, nicht immer im geometrischen Zentrum des Kunstkomplexes, ist nicht an die Brennpunkte der Ellipse gebunden, er wechselt seine Lage, kann bald dort, bald da liegen und darauf ist das Augenmerk bei der Stilbestimmung des Autors im Verhältnis zu seiner Schule zu richten. Das »bewußte Ringen« des Einzelkünstlers verquickt sich mit dem allgemeinen Kunststreben seiner Zeit und die Individualbestimmung hat die Relation der allgemeinen Stilqualitäten der Schule und der Spezialmerkmale der einer Schule zugehörigen Meister zu kennzeichnen. Die Gesamtbedingungen der Zeit sind im Kunstwerk untrennbar mit den Individualdurchsetzungen vereint und können nur stilkritisch gesondert erwogen werden. Die Sonderung wird bei der Individualbestimmung vorgenommen und richtet sich auf die Einzelzüge. Die unterscheidende Kennzeichnung des Einzelkunstwerkes in seinem Verhältnis zu den gleichartigen seiner Zeit, des Einzelkünstlers zur Gruppe, der er zugehört, dient zur Bestimmung des Werkes und seines Autors. Sowie jede Zeit, jede Schule ihre Gesamtcharakteristik hat, so jedes Kunstwerk, jeder Künstler seine Sondercharakteristik. Ein Künstler macht verschiedene Stadien seiner Stilentfaltung mit und doch bleiben gewisse Grundzüge die gleichen — wenn sein Charakter sich in geradliniger Entwicklung entfaltet (was nicht immer der Fall ist). In allen seinen Werken treten, auch wenn sie verschiedenen Kunstgattungen angehören, gewisse immanente Stileigenschaften, gewisse sich gleichbleibende Grundeigenschaften hervor: in den starken Werken eines Künstlers treten die Individualzüge mehr hervor, als in den schwachen. Gewöhnlich deckt sich dies mit der Pauschalbeurteilung von Werken in der Stufenleiter von »gut« bis zu »schwach« (schlecht). Wer möchte »Wellingtons Sieg« ohne weiteres Beethoven zuerkennen? Und doch sind Einzelzüge da, die die Tatze des Löwen empfinden lassen.

In dem Verhältnis der Meister zu der Schule, der sie angehören, zeigt sich die größte Mannigfaltigkeit, die sich zwischen vollster Abhängigkeit und relativ freiester Unabhängigkeit bewegt, nie die Grenze der Zugehörigkeit überschreitet. Die Sicherheit der Individualbestimmung wächst mit der Eigenart des betreffenden Künstlers. Wir gewinnen aus dem Studium der Werke und dem Vergleiche mit den zeitgenössischen Produkten die Anhaltspunkte, um die Erkennungszeichen und Eigenmerkmale ausfindig zu machen. Alles, was sich auf die Technik bezieht, bietet einen gewichtigen Anhalt und ist mit der psychischen Eigenart, der seelischen Durchleuchtung in Verbindung zu bringen. Wenngleich wir auch Handhaben gewinnen, um mittlere oder sogar auch kleinere Meister, die einer Gruppe angehören, zu bestimmen, so ist generell eine absolute Gewißheit nur bei den großen Meistern zu erreichen möglich und da vorzüglich bei den Hauptwerken. Doch deckt sich das Maß der Erkennbarkeit nicht immer mit der Bedeutung des Tonsetzers. Es gibt, wie wir sahen, scharf profilierte Künstlerphysiognomien, die in ihrer entwicklungsgeschichtlichen Stellung und in ihrer Gesamtleistung an die führende Persönlichkeit nicht heranreichen. Eine gewisse Wahrscheinlichkeit, die sich zur Gewißheit steigern läßt, kann auch bei unbedeutenderen oder relativ zurückstehenden Meisterwerken erzielt werden. Es gibt da eine Stufenleiter mit einer schier unübersehbaren Zahl von Erkennungsgraden. Die volle Gewißheit wird entweder durch untrügliche, äußere Bestimmungsmittel bestätigt oder durch einen sensus communis der Berufenen bekräftigt. Jeder Meister bedient sich gewisser Idiotismen, die ihm eigen sind und an denen er erkennbar ist. Indessen ist auch da Vorsicht geboten, denn Schüler und Nachahmer bedienen sich ihrer gelegentlich und da ist an der Art ihrer Anbringung und Verwendung der Erfinder, der Initiator von den Imitatoren zu scheiden. Bei letzteren sind diese Idiotismen erstarrt und entbehren der ursprünglichen Vitalität. Doch kommen auch bei den in ihrer Manier verharrenden Meistern solche Versteifungen vor, wie z. B. bei Spohr oder Marschner, bei Meistern des Cinquecento, wohl in allen Stiletappen.

Über diesen Individualidiotismen stehen die einer Schule zukommenden typischen Qualitäten, die sich natürlich auch in den Werken des dieser Schule zugehörigen Meisters, auch des größten und genialsten bemerkbar machen. Sie ergreifen das Ganze des Einzelwerkes, das sich in das Gesamtschaffen des Künstlers und der Künstlergruppe einordnet. Über Typenbildungen wurde bereits gesprochen und auch innerhalb der Produktion eines Künstlers konnten Typenbildungen nach dem Grade seiner Entwicklung nachgewiesen werden. Die Versuche, die ein Künstler im organischen Prozesse seiner Kunstentfaltung macht, stehen fast ausnahmslos auf dem Boden der zeitgenössischen Typenbildung. Innerhalb derselben kommt die Individualpsyche des Einzelkünstlers zu mehr oder weniger greifbarer Geltung. Die Selbständigkeit der Erfindung und der Ausführung ist wissenschaftlich durch Ausfindigmachung der Einzelmerkmale festzustellen. Zu den Gefühlswerten gesellen sich die greifbaren Spezialdifferenzen. Das Sicheinleben in die Eigentümlichkeiten eines Meisters kann auf wissenschaftlichem Wege oder auch in künstlerischer Weise erfolgen. Das erstere ist unbegrenzt, das letztere begrenzt. Der Forscher dringt streng sachlich ein und bedient sich der künstlerischen Begleitempfindungen als Hebemittel zur Erlangung der Merkmale und Erkennungszeichen. Der Forscher dringt oder kann bis in die tiefsten Falten des menschlichen und künstlerischen Charakters einer vollen Künstlerpersönlichkeit eindringen. Der Manierist, der nachahmende Produzent, wird nie die volle Tragkraft des Originals, seines Musters erreichen, wenn er in der Nachahmung stecken, gleichsam im Umkreis des Spielerischen gebannt bleibt, entfernt vergleichbar, wie ein selbst niedrigst Begabter ein Thema bald in der Art dieses, bald in der Art jenes Meisters ausführt, wie die ›Klavierhumoristen‹ in verschiedenen Manieren improvisieren. Eine solche äußerliche Anpassung in der Phantasietätigkeit beruht auf einem Geschick, das auch dem Forscher zugute kommen könnte, doch wird er sich hüten, davon in anderem Sinne Gebrauch zu machen, als zur Förderung seiner Erkenntnistätigkeit. Dazu dienen ihm auch Federproben in Stilarten, die er anstellt, Versuche, um sich in die Schreibart dieses oder jenes einzuarbeiten — gleichsam ein Nachzeichnen ohne unmittelbare Vorlagen. Dort entstehen Karikaturen, hier Homunculi. So niedrig solche Beschäftigungen auch einzuschätzen sein mögen, so stehen sie doch in Verwandtschaft mit der Kunstausübung der Manieristen, deren stilkritische Feststellung als ein Beitrag zur Durchleuchtung des Originals, des führenden Künstlers angesehen und verwendet werden kann. Alles ist willkommen, was irgend dazu behilflich ist.

Es darf die Behauptung aufgestellt werden, daß kein Musikhistoriker heute die Erfahrung und die Kenntnisse besitze, um alle Künstler in den verschiedenen Stilperioden exakt zu bestimmen. Die Kriterien sind noch nicht genügend aufgestellt und die Detailaufklärungen zumeist mangelhaft vollzogen. Für einzelne Perioden gibt es Spezialisten, die eine relative Sicherheit in Bestimmbarkeit erworben haben. Diese Insuffizienz des Standes der angewandten Wissenschaft ist kein Argument für die absolute Unmöglichkeit der Ausbildung unserer Wissenschaft und ihrer Erkenntnisse in diesem Sinne. Wie schon hervorgehoben wurde, wird die Fähigkeit und Möglichkeit der Bestimmung abnehmen, je weiter zurück die

Kunstleistungen liegen. Je weiter wir in der Geschichte der Musik zurückgehen, desto schwerer wird die Individualbestimmbarkeit: ferner, je unbedeutender die Einzelleistungen, je weniger originell die Kunstwerke, desto verminderter die Aussicht auf Erreichung dieser Aufgabe. Dies hängt mit der vereinheitlichenden Stilmacht der älteren Schulen zusammen. Dagegen nimmt die Sicherheit der Zeitbestimmung nicht in dem gleichen Maße ab. Feste Konturen behaupten sich auch — allerdings innerhalb relativ größerer Zeitläufe — in den älteren Stilperioden. Die Umrahmungen behalten auch für die Anfangsstadien ihre Deutlichkeit und klare, wissenschaftliche Erfassbarkeit. Mit dem 15. Jahrhundert wächst stetig die Entfaltbarkeit der Individualleistung bis zur Produktion unserer Tage, für die die Zuerkennung vermittels des lebendigen Umganges bis zur Absolutheit erhoben wird. Doch ist auch das Einleben in einen älteren Stil nicht eher vollzogen, als bis nicht das Gefühl des »lebendigen Umganges« erreicht ist. Der tägliche Verkehr schärft die Unterscheidbarkeit. Sie wird gehoben durch die Möglichkeit, die Kunstwerke in einer dem Willen des Komponisten möglichst nahekommenden Weise zu Gehör zu bringen, wovon noch die Rede sein wird.

In einzelnen Werken ist, wie erwähnt, ein Autor schwerer, in anderen leichter zu erkennen. Das letztere trifft besonders in den Fällen zu, wo die Individualzüge schärfer hervortreten oder die Ausgeglichenheit der Arbeit, die reife Meisterschaft zeigt oder die Schwäche der Erfindung (besonders in Alterswerken) die Eigenart der Arbeitsmethode des Künstlers nicht schmälert, überhaupt dann, wenn sich das Werk über seine Zeit erhebt und der Künstler gleichsam die Resultante der Ergebnisse seiner bisherigen Produktion zieht. Schwer bestimmbar sind jene Werke des Autors, die sich mehr allgemein im Zeitstil halten oder wenn sich zwei ähnlich begabte Meister in der Produktion begegnen. So sind manche Werke gleichzeitig schaffender (auch großer) Meister in einzelnen Teilen und wegen einzelner Teile nicht exakt bestimmbar, nicht diesem oder jenem zuzusprechen. Dies trifft z. B. bei einzelnen Kammermusikwerken, richtiger Sätzen, noch richtiger Satzteilen von Haydn und Mozart zu, wie Hubert Parry*) nachgewiesen hat. Manchmal läßt sich durch ein unscheinbares Detail die Autorschaft erkennen oder vermuten, die dann mittels anderer Momente zu erweisen ist. Charakteristische Ausdrucksweisen, die der innersten Natur eines Künstlers entstammen, sind nicht immer klar greifbar, ebensowenig wie die Art der Ausdrucksgewalt, mehr die Gestaltungskraft. Erstere läßt sich nicht so klar erwägen, wie sich die letztere messen läßt; die Kraft liegt nicht in äußerer Ausdehnung, sondern in der Art der Zusammenfassung der Teile und Teilchen. Die Wahl der kennzeichnenden Mittel wechselt nach der Eigenart der betreffenden Periode. Es lassen sich nicht einheitliche Bestimmungsgründe und Argumente für die verschiedenen Schulen aufstellen. Ob Haupt- oder Nebenumstände in Betracht gezogen werden und ausschlaggebend sind für die Zuerkennung, ist gleichgültig. Die Stilkritik hat sich alles dessen zu bedienen, was der Intuition zuhilfe kommt, wobei der empirischen Aufgreifung immer gewissenhafte Prüfung folgen, jedes Gegenargument berücksichtigt und klargestellt sein muß. Sicherlich darf nicht die »Formensprache« das einzig oder auch nur vorherrschend Maßgebende sein. Bei der Schule könnte sie genügen, bei dem Autor und seiner Individualität kommen als wichtige Begleiterscheinungen die oben angeführten Ausdrucksmomente in Betracht. Nicht Themen, nicht Finalklauseln, nicht Codagestaltungen sind für sich von genereller, ausschlaggebender Bestimmbarkeit, so sehr sie für die Autorschaft herangezogen und im Einzelfalle

---

*) Oxford History of Music, Bd. V.

in den Vordergrund gestellt werden können. Wie Themen ganz schulgemäß sein können und in Wirklichkeit sind — so in den älteren Schulen die »cantus firmi« — so können wieder andere Themen von steigender Beweiskraft für die Autorschaft sein. Bach benutzt Themen seiner Vorgänger und Zeitgenossen und konzipiert wieder andere von einer Eigenart, die unrepetierbar ist. Demnach läßt sich eine allgemein bindende Vorschrift nicht aufstellen; alles hat sich für den Fall, für die Zeit, für die betreffende Schule einzurichten.

Bei der Autorbestimmung kommt, wie bei der von Zeit und Ort, noch ein Moment in Betracht, das in Rücksicht der letzteren zwei bereits angedeutet wurde: die Schwierigkeit der Bestimmbarkeit kann mit der Unsicherheit in der künstlerischen Ausführung, mit der fraglichen Exekutierung wachsen. Hiezu kommt die relativ seltene Begabung für Verlebendigung eines Kunstwerkes beim Lesen, selbst bei detailliertem, exaktem Studium. Die äußerst spärliche Gelegenheit, alte Kunstwerke zur ebenmäßigen Aufführung zu bringen, ist auch ein Hindernis für die Einstimmung in den künstlerischen Ausdrucks- und Gefühlskreis einer Zeit, einer Schule und besonders einer Künstlerpersönlichkeit. Ich bediene mich dieses Wortes »Einstimmung« wahrscheinlich in Analogie mit der »Einfühlung«; doch ist die Bezeichnung »Einstimmung« gerade für musikalische Werke wohl bezeichnender, für die Reproduktion das Hauptbestimmende, für die Möglichkeit, das Kunstwerk in seiner lebendigen Wirksamkeit zu erfassen, auch mit Rücksicht auf seine Zweck- und Raumbestimmung. Musikwerke sind gerade in dieser Beziehung viel heikler zu behandeln, als Produkte anderer Künste. Die richtige »Ingehörstellung« (wie ich das Wort bezeichnen möchte) ist ein Wesenserfordernis für die zur Bestimmbarkeit erforderliche geeignete Einstimmung. Manchmal geben Vortragszeichen Anhaltspunkte für die Zuerkennung des damit versehenen Kunstwerkes zu einer Schule, einem Künstler. Die literae significativae der St. Gallener Schule sind solche schulbestimmende Nebenerscheinungen. Andererseits dürfen solche Bezeichnungen und Gebräuche nicht fälschlich nur einer Schule zugeschrieben werden, wie dies mit dem Orchester-Crescendo im 18. Jahrhundert geschehen ist — Fehlerquellen sollen nicht künstlich und willkürlich erzeugt und vermehrt werden. Manchmal sind Partituren nur aus dem Grunde schwerer bestimmbar, weil die Detailausarbeitung fehlt in älteren Perioden, zumal im 17. Jahrhundert, wird die Detailausführung mehrfach den Exekutierenden überlassen. Mancher Komponist dieser Zeit kann nebst der Erkenntnis seiner Eigenart in den Hauptzügen gerade deshalb sicherer bestimmt werden, weil er seine Werke relativ genauer niedergeschrieben hat, wie z. B. Monteverdi. Gerade seine exakteren Instrumentationsangaben heben die Bestimmbarkeit, wie sie zur größeren Popularität beigetragen haben. Hätten wir phonographische Aufnahmen aus vergangener Zeit, könnte vielleicht manches Bedenken behoben werden. Die Mitwelt wendet zumeist ihr Hauptinteresse den exekutierenden Künstlern zu. Für die Nachwelt kommt ihre Bestimmbarkeit nicht mehr in Betracht. Wären verschiedene Auffassungen einer und derselben Beethovenschen Klaviersonate, wie sie Liszt, Rubinstein, Bülow gespielt haben, wie sie Beethoven selbst und seine Lieblingsschüler in verschiedener Art und zu verschiedenen Malen vorgetragen haben, im lebendigen Beispiel erhalten, so würde dadurch wohl nicht die Zuerkennung dieses Werkes an den Meister fixiert, allein der ganze Phantasie- und Gefühlskreis, die Gedankenwelt, die sich in diesen Reproduktionen offenbaren, würde zur Aufhellung der im Kunstwerke selbst gelegenen Geist- und Gemütsemanation ein Erkleckliches und wohl auch zur Bestimmung das ihrige beitragen, besonders auch zur Geschichte der Auffassung von Kunstwerken in verschiedenen Zeiten. Diese verbal nicht präzis zu fassenden Fluida der Auffassungen können von so starker physiognomischer Eigenart sein, daß sie das Urbild des Kunstwerkes mehr oder weniger tangieren und alterieren. Jedes vollendete Musikwerk bietet die Möglichkeit verschiedener reproduktiver Auffassung. Dieser Umstand kann für die Stilbestimmung als Begleitmoment in Betracht kommen. In der Einschätzung solcher Valeurs liegt zumeist der Tummelplatz der Tageskritik, die sich demgemäß mehr an die Ausführenden und ihre Auffassung, als an die Werke selbst hält. Diese geraten so mehr in die Zufallsbeleuchtung der Aufführung, die so vergriffen, so falsch sein kann, daß sie das Werk fast oder ganz unkenntlich machen. Der Historiker soll das Urbild des Werkes erschauen, wie es dem Künstler vorgeschwebt hat und dabei die verschiedene Auffassungsmöglichkeit mit in Rücksicht ziehen. Der Forscher muß das in der Niederschrift nicht Erhaltene, aber im Kunstwerk Enthaltene aus dem Geiste des Kunstwerkes herausholen und der richtig exekutierende Künstler hat möglichst das gleiche anzustreben. Und wie dieser das Kunstwerk in mehr oder weniger stilhafter Wiedergabe bringt, so muß der Forscher, der ein Kunstwerk bestimmen will, alle diese Vortragsmomente heranziehen und gleichsam als Nachschaffender bei der Stilbestimmung vorgehen. Auch da tritt das Erfühlen neben das Erkennen, von deren Kombination wir gerade auch bei der Autorbestimmung ausgegangen sind.

Als kleiner Anhang zu diesem Kapitel sei die Autorbestimmung von Traktaten und Schriften über Musik erwähnt, die nach der Untersuchung der äußeren Kriterien die inneren Qualitäten mit Rücksicht auf die darin erfaßte Kunstübung feststellt. Die theoretischen Aufstellungen, die historisierenden Betrachtungen und alles Detail müssen klargestellt werden, um Zeit, Ort und womöglich Autor zu bestimmen. Die Stellung zur musikalischen Praxis bildet den Gegenstand eingehender Erwägung und bietet zumeist geradezu ein Hemmnis für die exakte Zuerkennung. Denn selbst bei den mit theoretischen Untersuchungen sich beschäftigenden Tonsetzern tritt nicht selten ein Gegensatz zwischen Eigenpraxis und spekulativer Aufstellung ein. Daß die Theorie und ihre Lehren der Praxis zumeist nachfolgen, wurde schon erwähnt. Da wachsen die Schwierigkeiten der Autorbestimmung. Zum Glück überwiegt die Zahl der mit Autornamen versehenen Schriften die der Anonymi, die auf Grund solcher Vergleiche mindestens der Zeit nach fest zu bestimmen sind. Und dies ist für den Zweck der Musikgeschichte die Hauptsache.

VI. Zusammenhänge und Gegensätze in entwicklungsgeschichtlicher Betrachtung.

Wir konstatierten, daß, so hoch auch einzelne Meister alles bisher Geschaffene überragen mögen, ihre Werke mit gewissen Typen ihrer Zeit zusammen-, von ihnen abhängen. Jedes echte, lebensfähige Einzelwerk steht auf dem sicheren Grunde des Normaltypus in mehr oder weniger freier Wandlung. Diese Zusammenhänge nachzuweisen obliegt der stilvergleichenden Forschung. Und darüber hinaus hat der Musikhistoriker seine Arbeit zu krönen durch den Nachweis der stilistischen Zusammenhänge im großen und ganzen, aus der Fülle der Einzelfälle den organischen Zusammenhang aller Kunsterscheinungen im Wechselverhältnis der Kunstgattungen und Formen darzulegen und mit dem geistigen und kulturellen Leben in Verbindung zu bringen. Mit dieser Erwägung kehren wir zum Ausgangspunkt unserer Untersuchungen über die methodische Arbeit zurück und der Kreis der Aufgaben schließt sich. Die historische Erkenntnis findet darin Ausgangs- und Endpunkt. In der methodischen Handhabung der Stilkriterien liegt die Möglichkeit zur exakten Erfüllung der Hauptaufgabe des Musikhistorikers: neben der Eigenart des Einzelkunstwerkes die Abhängigkeit und Zusammengehörigkeit zu erkennen. Darin

liegt die Gesamttendenz der kunsthistorischen Auffassung und
der Pol stilkritischer Erkenntnis: die Einzelwerke in ihrer
gegenseitigen Beziehung, in ihrer Bedeutung für den Verlauf
der Ereignisse zu erfassen und aus der Kombination all dieser Erkenntnisse die Zusammenhänge zu konstruieren. Der
Nachweis aller Einflüsse, die sich geltend machten, wird die
Erfüllung dieser Aufgabe stützen: die Stilzusammenhänge und
Übergänge, die Aufstiege, Höhen und Niedergänge, die Änderungen und Richtungen, die Ausstrahlungen und Hemmungen sind zu kennzeichnen. Daraus ergibt sich der Anhalt für alle Darlegungen musikhistorischer Themen. Der
Zusammenhang ergibt sich aus der Erkenntnis, inwieweit
Grund- und Nebenzüge von Kunstwerken übereinstimmen,
inwiefern einzelne Qualitäten einander entsprechen, welcher
Art die Beziehungen sind, die da bestehen. Wir untersuchen
die Kunstwerke in ihrer Bedeutung für den Konnex der Leistungen, als Teilerscheinungen der Entwicklungsreihe, geradeso
wie das Gesamtwirken eines Künstlers als Glied in die Kette
der Erscheinungen einzureihen ist. Die Einordnung ist nicht
nach persönlichen, sondern nach sachlichen Momenten vorzunehmen, die Kennzeichnung der Persönlichkeit schließt sich
an. Die Grade und Arten der Zusammengehörigkeit zeigen
sich fast so wandelbar und mannigfaltig, wie die Einzelwerke
selbst. Die verschiedensten Möglichkeiten der Abhängigkeit,
der Anlehnung, der Entlehnung, der Anpassung, der Entnahme, der Verselbständigung, der Freischaffung zeigen sich
in unendlichen Varietäten. Es sind die Anregungen zur
Schaffung eines Kunstwerkes, das wie nur zufällig durch
dieses oder jenes Erlebnis, durch irgend einen Umstand ausgelöst wurde, in die Abhängigkeit, die im gemeinschaftlichen
Kunstwollen sich manifestiert, einzuordnen. Die stilistische
Abhängigkeit beruht auf der das Kunstschaffen allgemein erfassenden Macht, die Groß- und Kleinkünstler ergreift und
beherrscht. Nicht äußere Zufälle sind das Bestimmende, son-

dern innere Not. Der Zusammenhalt liegt in der Gemeinschaft der geistigen Strömungen, der psychischen Strebungen und der physischen Möglichkeiten, aus denen das Einzelindividuum zu eigenem Schaffen vordringt. Gegenströmungen können den Prozeß verlangsamen, aber auch zu energischerem Vorgehen anstacheln und dienen nicht selten zur Läuterung und Stählung des Arbeitseifers und zur Absonderung der Schlacken. Dies vollzieht sich im künstlerischen Leben geradeso wie im sozialen, wirtschaftlichen und (vielleicht auch im) politischen Leben, wie im allgemeinen historischen Geschehen.

Die Abhängigkeit kann eine direkte oder indirekte sein: es kann sich entweder eine direkte Einflußnahme eines Werkes auf das nachfolgende geltend machen oder es ist eine indirekte durch die allgemeine Zeitströmung bedingte Abhängigkeit bemerkbar. Das Einzelwerk geht immer aus einem mehr oder weniger selbständigen Akt des Künstlers hervor und doch ist das selbständigste, originellste Vorgehen bedingt von der Lage, den Aspirationen der Zeit, die manchmal durch eben diese Kunstwerke erst allgemein geweckt werden: auch das »vorgeschrittenste« Kunstwerk ist, wie es in der Technik von der Zeit mitbedingt ist, in seiner Wirksamkeit auf eine Gemeinde angewiesen, die, sei sie anfänglich noch so klein, den sensus communis einer wachsenden Kommunität anbahnt und ermöglicht. Die Beeinflussung eines Künstlers durch einen anderen ist wohl zu unterscheiden von der gemeinsamen Disposition der beiden oder von einer traditionellen Abhängigkeit, von einer auf einer Tradition beruhenden Gemeinschaft.

Formen und technische Behandlung bieten einen willkommenen Rückhalt für die Einordnung der Kunstwerke; die Gleichartigkeit der erarbeiteten Formen und Satzstrukturen führt zu bestimmten Gruppen, die sich auch zeitlich scheiden lassen. Die Invordergrundstellung dieser kombinierten Stilkriterien ist durch die Möglichkeit klarer, umfassender Analytik, die der Synthese vorausgeht und eine feste Basis der Erörterung bildet, vollauf berechtigt. Man darf aber deshalb nicht Stiluntersuchung mit Form- und Satzbestimmung vertauschen, sich nicht mit ihr begnügen. Wir haben den Komplex der Stilfragen genügend kennen gelernt. Form und Struktur sind ein Wesentliches, aber nicht das einzig Ausschlaggebende schlechthin; bei den Feststellungen der Stilgruppen in ihrer genetischen Entfaltung (zeitlich, örtlich, generell und individuell) sind neben den wesentlichen auch die unwesentlichen Momente zu berücksichtigen. Es ist das Gleiche wie im menschlichen Leben, im Staate: es gibt keinen Vorfall, der nicht der Beachtung wert wäre. Aus unscheinbaren Vorgängen entwickeln sich nicht selten wichtige Ereignisse. Sofern als die Form eine Abstraktion der melodischen Qualitäten eines Werkes ist, tritt die Melodie in den Vordergrund der stilistischen Kriterien, sowohl in formaler Beziehung, wie dem Ausdrucksgehalte nach. Die Melodie kann den Hauptausschlag geben, muß aber nicht das vorwiegend Bestimmende sein. Die mehrstimmigen Kirchenwerke der a cappella-Zeit haben vielfach das melodische Material mit dem Choral gemein und doch ist auch da die melodische Behandlung eine so spezifisch verschiedene, daß bei aller Gleichartigkeit des melodischen Stoffes die stilistischen Qualitäten grundverschieden sind. Die Unterschiede greifen in das innere Leben der Kunstwerke ein, beeinflussen die Affektmöglichkeiten, die ästhetische Ausdrucksbeschaffenheit. Sie geraten in jenes Gebiet der ästhetischen Kritik, das sich von der strengwissenschaftlichen Präzisierung absondert, in das Bereich der, ich möchte sagen, dunklen Mächte, die den Stil mitbestimmen und sich der mehr verstandesmäßigen Erfassung der Stilkriterien entziehen. Auch der strengste Forscher kann sich dem nicht verschließen. Er soll sich gegenwärtig halten, daß dies gleichsam der metaphysische Teil der Stilkritik ist.

Wie sich im Kunstleben Verbindungen und Trennungen vollziehen, hat die Forschung klarzulegen. Wie immer die Zusammengehörigkeit abgegrenzt wird, ob nach Zeit, Ort, Schule, Individuum, Gattung, Art, Zweck oder sonstwie, immer sind die Stilqualitäten das Entscheidende. Die zeitlichen Grenzen der Abhängigkeit und des Zusammenhanges können verschieden gezogen werden, nach größeren Zeitläuften in Verfolgung der allgemeinen Stilzüge oder nach engeren Etappen in Spezialisierung und minutiöser Unterscheidung der Stilmerkmale. Was innerhalb eines Zeitabschnittes wie scheinbar zufällig nebeneinander ersteht, bringt der Musikhistoriker in den organisch gegliederten Zusammenhang und deckt die innere und äußere Verbindung dieser Erscheinuugen in den Phasen ihrer Entwicklung auf. Er ergründet die Verhältnisse der zeitlichen und räumlichen Erscheinungsweisen und hat zur höchsten Synthese der zeitlichen Folge vorzudringen. Er rekonstruiert die Stufenfolgen, wie sie sich in der Gemeinschaft und Abfolge der Kunsterzeugnisse gebildet haben. Bei aller notwendigen Absonderung der einzelnen Stilstufen darf das Zusammenhaltende nicht übersehen werden: wie die einzelnen Teilerscheinungen sich zum Gesamtbau zusammenschließen. Durch alle Stilperioden gehen gewisse Grund-, man könnte sagen, Urprobleme und ihre Durchführung bildet bei aller Verschiedenheit ihrer Behandlung das einigende Band. Auch die Kunstleistungen verschiedener Nationen werden innerhalb gewisser Zeitabschnitte bei Gleichströmung, bei Analogie des Kunststrebens, also auch wegen Gleichheit der Probleme einander angenähert, ja bis zu einem gewissen Grade vereinheitlicht, wie dies Alfred Vierkandt bezüglich des Kulturlebens im allgemeinen nachzuweisen suchte*). Dies vollzieht sich gelegentlich durch Zurückgreifen auf Vergangenes, Vorhergeschaffenes, das mit der sich neu entfal-

---

*) »Die Stetigkeit im Kulturwandel.«

tenden Kunst nicht in direktem Zusammenhange steht, so z. B. in der verschiedenen Art, wie man die Antike zu verschiedenen Zeiten sowohl wegen der Eigenforderungen in diesen Zeitabschnitten, als auch mangels direkter genau zu erforschender Kunstwerke vorzüglich durch spekulative, theoretisierende, ästhetisierende Erörterungen heranzuziehen versuchte.

Die Zeitabfolge kann sich, wie erwähnt, generationsweise vollziehen, sie kann auch über mehrere Generationen reichen, wenn innerhalb eines Territoriums eine Stagnation eintritt. Innerhalb einer Generation können sich die Stilunterschiede vervielfältigen, vermannigfaltigen, wie wir dies in unseren Tagen beobachten. Jeder Abschnitt bietet ein anderes Zeitbild. Die Begebenheiten vollziehen sich in einem wandelbaren Rhythmus, in verschiedenem Tempo, in abwechselnder Dynamik, zu- und abnehmend. Wie im Schaffen jedes selbständigen Künstlers die zeitliche Abfolge sich in eigener Art vollzieht und ein Auf und Ab, ein Mehr oder Weniger eine unvermeidliche Kontinuität aufweist, so vollziehen sich die Kunstereignisse in geordneten Rhythmen und Wandlungen, in einer historisch-wissenschaftlich festzustellenden höheren Ordnung. Wie die Einflüsse sich im Leben und Wirken der Einzelkünstler zeigen, so machen sie sich in gleicher oder ähnlicher Weise auch innerhalb ganzer Etappen, Perioden geltend. Die Einwirkung ist da sowohl quantitativ wie qualitativ verschieden. Die Stileinflüsse erstrecken sich auf weitere Gebiete und differenziertere Arten. Die Ein- und Rückbeziehungen, die Ein- und Verarbeitungen vollziehen sich da in größeren Wellenlinien, in weitläufigeren Rhythmen, in komplizierterer Art, in umfassenderer Kräfteanspannung.

Der Musikhistoriker sondert und zieht zusammen nach dem Gesichtspunkte, wie die Werke in einer gewissen Ordnung aufeinanderfolgen oder nebeneinander entstehen. Das

Stoffliche bietet eine willkommene Handhabe zur Gruppierung und Einordnung. Die mannigfachen Einteilungsprinzipien haben wir kennen gelernt. Hauptaufgabe ist die Aufdeckung der inneren Entwicklungsgänge, die Zusammenfassung der Vergleichungen vom entwicklungsgeschichtlichen Standpunkt. Vermittelst dieser Zusammenfassungen vermag der Musikhistoriker die Einzelleistungen ganz anders zu würdigen, als der nur die Wirkung an sich erprobende Zuhörer. Der erstere ist dann in der Lage festzustellen, inwiefern einzelne Werke außerhalb der Entwicklungslinien liegen, sei es durch unmotiviertes Zurückgreifen auf ältere Perioden, sei es durch launische Experimente, die sich mehrmals wiederholen können, ohne den Gang der Entwicklung zu beeinflussen. Diese konsequent durchgeführte Arbeit gibt dem Forscher auch die Möglichkeit, alles, was sich entgegenstellt, was mit dem organischen Entwicklungsgang nicht übereinstimmt, als solches zu erkennen. Er vermag Äußerungen, Behauptungen der Künstler, die mit ihrem eigenen Schaffen nicht übereinstimmen, Sentenzen, die sich mit den Tendenzen der Kunstentfaltung und der in einem Kunstwerk hervortretenden Problembehandlung nicht decken, zurückzuweisen und aus dem Gang der Geschichte die Unhaltbarkeit solcher Aussagen zu erweisen. Es ergibt sich dadurch des weiteren die Möglichkeit, scheinbare Stilwidersprüche klarzulegen. Ich meine damit nicht die Aufeinanderfolge von Stilverwendungen verschiedener Art innerhalb einer als Einheit gedachten Kunstübung, wie z. B. wenn innerhalb eines Meßoffiziums Choral und Figuralmusik verwendet werden, sondern Widersprüche, die dadurch entstehen, daß innerhalb einer zyklischen Komposition, die nicht durch äußere Zweckgründe (wie bei der Messe) entsteht, einzelne Teile gegenüber der Gesamthaltung nicht übereinstimmen, ihr entgegen zu stehen scheinen. Solch ein Fall liegt z. B. vor in der Kantate von J. S. Bach, »Jesu, der du meine Seele«, in der der heitere Ausdruckscharakter des Frauenduetts, »Wir eilen mit schwachen, doch emsigen Schritten« mit den Schlußworten »Es sei uns dein gnädiges Antlitz erfreulich« nicht mit der tiefernsten Haltung des Eingangschores und der folgenden Gesänge übereinstimmt. Abgesehen davon, daß die Notwendigkeit des Kontrastes (als »ästhetische Vorschrift«) geltend gemacht werden könnte — was für die Stilbehandlung nicht ausschlaggebend sein müßte — treten da zwei Ausdrucksgebiete gegenüber, die sich nicht innerhalb einer Stilstufe halten. Im Duett kommt eine Haltung zutage, wie sie etwa Opernarien von Reinhard Keiser entspricht. Allein die Form ist streng im Sinne Bachs behandelt und die Führung der Stimmen hält sich im Stil der gleichartigen Kantatengesänge. Hier obsiegt das Formproblem gegenüber dem Ausdrucksproblem. Zudem entspricht die Haltung dem Inhalt der einleitenden und abschließenden Strophenzeile dieses Gesanges. Ein umgekehrter Fall liegt im Gesang der Geharnischten in Mozarts Zauberflöte vor. Da obsiegt das Ausdrucksproblem über das Formproblem und ermöglicht bei aller äußeren Verschiedenheit die innere Zusammengehörigkeit. Das Ausdrucksproblem ist in echt Mozartscher Weise gelöst, das Formproblem in einer an die altklassische, speziell an Bach sich eng anschließenden Art. Solche Fälle begegnen in allen Zeiten.

Während die Erkenntnis des Zusammenschlusses der Kunsttatsachen in den Höhenzügen ihrer Entfaltung, ihrer Voraussetzungen und Einwirkungen sich gewöhnlich in geregelter Art und Weise vollzieht, begegnet die Aufdeckung der vorbereitenden Stadien, der Zwischenerscheinungen, der Übergänge, die zwischen zwei klar zu scheidenden Stilgruppen (zeitlichen, örtlichen, kollektiven und individuellen) liegen, beträchtlichen Schwierigkeiten. Die Konstatierung der Ansätze einer Stilumbildung, des Schwankens, Tastens und Suchens (das keiner sich verselbständigenden Gruppe erspart bleibt) wird besonders dadurch erschwert, weil diese Bausteine vielfach von Kleinkünstlern zusammengetragen werden. Unsere Arbeit ist da erst wie im ersten Ansatz oder noch gar nicht in Angriff genommen. Da besteht die größte Gefahr für künstliche, rein spekulative Konstruktionen, die der Natur der Tatsachen nicht entsprechen, für Durchsetzung von Voreingenommenheiten, für Irrtümer aller Art. Das Dezidierte, Festgefügte, Großangelegte ist immer leichter zu bestimmen, als das Unausgesprochene (Halbausgesprochene), Schwankende. Und doch sind die Übergänge für den Historiker von gleicher Wichtigkeit und Bedeutung wie die Erreichungen. Damit soll nicht behauptet werden, daß bei der Bestimmung und Erklärung der letzteren nicht Fehltritte und Fehlschlüsse begangen werden und begangen worden sind. Wir konnten solche besonders bei der Besprechung der kunstbiographischen Literatur aufweisen.

Bei der Aufdeckung der Zusammenhänge und Verschlingungen der Tatsachen, der Verlangsamungen und Beschleunigungen, der Risse, Gegensätze und Ausgleichungen, überhaupt aller Bewegungen im ganzen, richtiger in den Gängen der Entwicklung, besteht noch die Gefahr, die Gedankenprozesse zu sehr zu destillieren, besonders auf Kosten der Erkenntnis der Eigenart der Einzelwerke; es soll vermieden werden, gezwungene Abstraktionen vorzunehmen, die der Logik der Gedankendarlegung, wie sie aus den Kunstwerken selbst sich ergibt, nicht entsprechen. Man verlöre dadurch das sichere Geleite für Stilbegründungen, -Aufstellungen und -Präzisierungen. Auch möchte ich vermieden wissen, daß die von mir behandelte und vorgelegte Methode und ihre Mittel in übertriebener Weise verwendet werden, denn wie allenthalben so auch hier könnten sich aus Übertreibungen mannigfache Schäden ergeben. Wir dürfen die Kunstwerke einerseits nicht zu Schemen von Stilabstraktionen herabdrücken, andererseits sie nicht einzig als Argumentationsobjekte für Behandlung von Problemen ansehen, die wir als

Triebfedern der Kunstentfaltung hinstellen wollen. Bisher bestand diese Gefahr in der Überspannung gewisser Voreingenommenheiten oder Annahmen, die nicht durch Stilerörterung, wie sie hier angebahnt und vertreten wird, geklärt und durch zielbewußtes Vorgehen vermieden werden konnten.

Auch durch Überspannung der durch Stilkritik ermöglichten Untersuchungsmethode könnte Schaden angerichtet werden. Dies hervorzuheben ist mir Gewissenssache gerade darum, weil ich die Stiluntersuchung in den Vordergrund aller musikhistorischen Arbeit stelle. Der Musikhistoriker wird bei der Darstellung seiner Untersuchungen und ihrer Ergebnisse bestrebt sein, allen gerechten Ansprüchen nachzukommen und sich gegenwärtig halten, daß er nebst dem Gang der Entwicklung die künstlerische Eigenart jedes Kunstwerkes sowohl nach Form wie Inhalt in Betracht zu ziehen und zu behandeln hat.

Schlußbetrachtungen.

Wenn die Hauptaufgabe der Musikgeschichte in der Darlegung der Zusammenhänge, in der Aufdeckung der Entwicklungsreihen mit Hilfe von Stilkriterien gelegen ist, so hat sich die Darstellung danach einzurichten und bei jeder Behandlung eines Spezialproblems, einer Kunstgattung, einer Einzelleistung, eines Künstlers darauf Rücksicht zu nehmen. Die Darstellung kann das Hauptgewicht auf die Stilwandlung, -höhe oder (je nach der Aufgabe, die sich der Forscher gestellt hat) auf einzelne Persönlichkeiten legen, die daran beteiligt waren; sie kann die zeitliche Folge mehr in den Vordergrund treten lassen, von der Tiefe in die Höhe oder umgekehrt steigen, oder die Zusammenhänge, die Abhängigkeiten in ihrer Verknüpfung und Verbindung mehr der Breite, der Ausdehnung nach behandeln. Das stoffliche Moment wird für den Historiker maßgebend sein und zu dessen Klarlegung kann er sich verschiedener Mittel und Wege bedienen. Bei der allgemeinen Geschichte der Musik, der Universalgeschichte der Tonkunst ist die Verteilung des Stoffes wohl die am heikelsten zu behandelnde Frage. Es muß das offene Geständnis abgelegt werden, daß der Stand unserer Forschungen noch nicht die Gewähr bietet, daß unsere Zeit noch nicht reif ist, diese Aufgabe in vollbefriedigender Weise zu lösen. Geniale Versuche, kühne Griffe können vorbereitend, einleitend wirken. Bisher scheiterten große Versuche insofern, als sie stecken blieben oder nach Willkür Probleme herausgriffen; die kleinen Versuche (der unreifen Schreiber) erlitten ausnahmslos Schiffbruch, indem sie nicht wußten, wie das Steuerruder zu führen sei. Bevor wir in verläßlicher Weise Universalgeschichte der Tonkunst zu schreiben in die Lage gesetzt sind, müssen wir mehr die Spezialthemen erarbeiten, die Hauptprobleme richtig aufstellen und zu lösen versuchen. Vielleicht bietet die vorliegende methodische Aufstellung einen Anhalt für die Zukunft. Fast auf jeder Seite dieses Buches wird auf Neuland musikhistorischer Forschung gewiesen, das erst zu erobern ist.

Die Ordnung des Stoffes wird vorzüglich chronologisch erfolgen. Innerhalb der Gruppierungen in Stilperioden, Stiletappen, die nach hohen Gesichtspunkten vorgenommen werden, gelangt die Abfolge nach Nationen, Schulen, Großgestalten mit Einordnung der mitgehenden Völker, der weniger bedeutenden Lokalverbände und der Kleingeister in der Reihe ihres Eintretens auf dem Plan zur Behandlung in der Art, daß die Folge der Geschichtsbilder den natürlichen, organischen Vorgängen gemäß sich einander schließt. Die räumliche und sachliche Reihung ordnet sich der zeitlichen ein und wie die Stilbestimmung der Zeit das erste ist, so ist die zeitliche Anordnung in der Darstellung führend. Wie sich die Tatsachen der Musikgeschichte gliedern, zu Gattungen und Gruppen zusammenschließen, denen die Individualleistungen angehören, so formt sich der Stoff und nimmt förmlich Gestalt an, deren Teile eigene Benennungen, Titel und Überschriften erhalten. Sie richten sich nach den historisch entstandenen Bezeichnungen, die erwogen und geklärt werden sollen. Verwirrung und falsche Anwendung solcher Begriffe, schwankende Terminologie soll, wie ausgeführt wurde, durch exakte Stiluntersuchungen geläutert und richtig gestellt werden. Die willkürliche Übertragung von Benennungen aus älteren Perioden auf neuere und umgekehrt, die falsche Anwendung der Begriffe soll möglichst vermieden werden. Dies gilt z. B. von »Chromatik«, »Enharmonik« im Verhältnis zu ihrer Verwendung in der Antike, von »Fuge« und »Kanon« zu der im 15. und 16. Jahrhundert. Der »strenge« Satz ist fast in jedem Geschichts- und Lehrbuch verschieden verstanden. Allen diesen Aus- und Umtauschungen weicht der gewissenhafte Forscher aus. Er berücksichtigt besonders dasjenige, was für die Hauptmomente der Stilkritik von überragender Bedeutung ist und hebt, wie der Historiker sagt, das »Wesentliche« heraus. Dabei darf er gerade in der Tonkunst das Unwesentliche nicht übersehen, denn, wie wir sahen, ist manchmal ein unscheinbares Moment für die Stilfixierung von Wichtigkeit. Wenn die Hauptzüge sich von vornherein bemerkbar machen, fällt es nicht schwer, die Auswahl zu treffen. Manchmal müssen sie erst durch minutiöse Untersuchung ausfindig gemacht und festgestellt werden. Aus dem Riesenkomplex des »fundierten« Begriffes des Stiles können für den Einzelfall nur einzelne Faktoren herausgenommen werden; für andere Teilbegriffe wird eine »Vertretung« durch Einschließung mehrerer Vorstellungen oder ganzer Vorstellungskomplexe in eine einzelne Vorstellung geschaffen. Man wird zur Kennzeichnung nicht die Gesamtheit der Stilfragen in Erörterung ziehen, sondern die bezeichnendsten Qualitäten der betreffenden Stilstufen, die als die eigentlichen Merkmale gelten können. Manchmal genügt ein Merkmal zur speziellen Charakterisierung, dann sind wieder detaillierte Beschreibungen nötig.

Während die Formalanalysen und ihre Synthesen in der exaktesten Weise beschrieben werden können, begegnet die Darstellung aller die Inhaltskomplexe umfassenden Untersuchungen und ihrer Ergebnisse (wie wir sahen) besonderen Schwierigkeiten. Die Verästelungen des seelischen Gehaltes, das Innerlichste, Kostbarste in Worte zu fassen, ist nicht selten eine unlösbare Aufgabe. Eine wirkliche Kongruenz von Wort und Gefühlsgehalt (Ideengehalt der Musik) gibt es überhaupt nicht. Beschreibung und Inhalt decken sich nicht in vollkommener Weise, auch nicht, wenn der Beschreiber vermittels besonderer sprachlicher, gedanklicher, dichterischer Anlage eine hohe (die höchste) Vermittelungsgabe hat. Jede Kunst hat ihre Eigengabe der Mitteilung, die sich nicht ohne weiteres auf eine andere Kunst übertragen läßt. Die Geheimnisse künstlerischer Wirksamkeit können zumeist nur angedeutet, wie mit Seherblick gedeutet werden. Und was vom Einzelwerke gilt, ändert sich nicht bei den Zusammenziehungen und Kennzeichnungen der seelischen Strebungen von Persönlichkeiten, Schulen, Abschnitten, nur daß hier Kollektivbezeichnungen nicht selten aus Verlegenheit und Ungeschick verwendet werden. Genaueste Erwägungen behufs sprachlicher Fixierung, richtiger Umschreibung werden angestellt. Mit der Wiedergabe des »ästhetischen Eindruckes« ist dem Historiker wenig gedient, wenngleich er diese als Brücke zur Verständigung benutzen kann. Es liegen einander zwei Gebiete gegenüber: subjektive Erfassung und Schilderung in mehr oder weniger impressionistischer Art und objektive Darstellung auf Grund präziser Erfassung. Immer wird ein Rest, ich möchte lieber statt »Erdenrest« sagen ein Himmelsrest des Nichtdarstellbaren unvermeidlich sein. Jedes Werturteil (wie wir es im Dienste der historischen Vergleichung fällen, siehe oben) behält eine Quote subjektiven Bekenntnisses und ist um so vollkommener, je näher es der absoluten Erkenntnis kommt. Diese Einschätzung trifft wohl bei jeder geschichtlichen Darstellung zu. Nur dürfte die Abstufung bei der Musikgeschichte eine andere sein, bedingt durch die bei musikalischer Apperzeption hervorgerufene größere Erregtheit. Am exaktesten können die Formprobleme gelöst, am präzisesten dargestellt werden, in Analogie mit naturwissenschaftlichen Untersuchungen. Die Unsicherheit in der Behandlung anderer Probleme wird am geeignetsten durch die Stilkritik behoben; in der richtigen Einstellung der Teilbegriffe zum Gesamtbegriff des Stiles liegt ein Mittel exakter

Kombination und Abstraktion, denen sich die Ergreifbarkeit seelischen Gehaltes und Miterlebens am passendsten einordnen kann. Auch das Subjektive des Individualstiles wird so am besten erfaßt, klargelegt und beschrieben. Nur so können wir in der Musikgeschichtsschreibung zu einer Exaktheit vordringen, wie sie überhaupt historischen Wissenschaften zu erlangen vergönnt ist. Je klarer, greifbarer die Schreibart, je »plastischer« die Ausdrucksweise, desto eher die Möglichkeit, Forderungen der Darstellung durchzuführen. Sie soll wahrheitsgetreu und anschaulich sein und sich davor hüten, gewunden, geschraubt, rhetorisch, pathetisch zu sein. Sie muß bei aller detaillierten Schilderung auf möglichster Konzentration aller Behelfe beruhen und auf die stilistische Gesamtanschauung gerichtet sein.

Ungeachtet dieser Forderung nach Objektivation kann die Individualität des Forschers in der Untersuchung und in der Darstellung gewahrt sein. Sie verleiht jedem wissenschaftlichen Werke, der kleinsten Abhandlung und Notiz einen besonderen Reiz, wobei das Schriftstellerische, das Künstlerische der Darstellung zur Geltung kommt, das im Persönlichen des Geschichtsschreibers liegt. Je genauer die wissenschaftliche Gedankenarbeit, je exakter alle Vorbereitungen zur Erreichung des Zieles der Arbeit, zur Lösung der Probleme, desto eher die Möglichkeit, Erkenntnis und Schwung bei der Darstellung zu vereinigen. Phantasie kann sich nur auf Grund der genauesten Zusammenstellung der Tatsachen, der Prüfung des Tatsächlichen in erwünschter Weise entfalten und hat einen unversiegbaren Anspruch darauf. So liegt in der Darstellung die Vereinigung eines wissenschaftlichen und künstlerischen Aktes, ohne daß in ihr der letztere eine ausschlaggebende oder gar überragende Stellung einzunehmen berufen ist. Wenn selbst Bernheim, der das leugnet, von einer »guten und schlechten Komposition einer historischen Darstellung«*) spricht, so liegt darin das stillschweigende Zugeständnis, daß in der historischen Darstellung ein Moment enthalten sein müsse, in welchem eine gewisse Verwandtschaft mit einem künstlerischen Akte liege. Allerdings ist dieser Akt kein freier Schöpfungsakt, wie beim Künstler — wenngleich auch er und sein Schaffen in gewisser Abhängigkeit ist — sondern er ist gebunden in der Darlegung der Zusammenhänge, wie sie sich aus dem Sachverhalt ergeben und von ihm erfaßt werden. Dem Musikhistoriker steht keine licentia poetica zur Verfügung, wie dem Dichter eines historischen Dramas. Dies hat doch nichts zu tun mit einer poetisierenden Darlegung in Form und Haltung, mit einer schöngeistigen Wiedergabe, sondern die im Dienste der Wissenschaft arbeitende Phantasie und die Mitteilung ihres kombinierten, konzentrierten Produktes beruht nur auf Wahrheit, Klarheit, Tiefe und Sachlichkeit. Äußerliches Ästhetentum, wie es leider auch in musikhistorischen Beschreibungen sich bemerkbar macht, ist ebenso zurückzuweisen, wie in der freien Kunst.

Die verschiedene Anlage und Geartung der einzelnen Nationen tritt auch da in entsprechender Weise hervor. Während die Deutschen möglichst rationale, sachgemäße Darstellung begünstigen und die Phantasie vorzüglich als Behelf zur Erkenntnis der Zusammenhänge heranziehen, leiten die romanischen Völker diese mit Vorliebe auch auf den Akt der Wiedergabe über. Und dies verleitet sie, auch die in sich noch nicht gefestigte Musikgeschichtsschreibung mit den verschiedensten Vergleichungen und Zusammenstellungen außermusikalischer Art auszustatten, sie vorschnell in das Bett der Kulturgeschichte überzuleiten, bevor gewisse feste Resultate der streng musikalischen Forschung gewonnen sind. Dadurch soll etwa nicht geleugnet werden, daß die eigent-

---

*) Ibid. S. 780.

lichen musikalischen Fachprobleme mit allgemeinen Kulturproblemen in Relation gesetzt werden können, allein, wie sich aus den obigen Darlegungen ergibt, kann dies nur aus innerer Notwendigkeit, in möglichster Sachlichkeit nach einem gewissen erreichten Eigenstande der Musikgeschichtsforschung mit Erfolg vor sich gehen. Ein Zufrüh, ein Zuviel, ein Überstürzen kann schädlich wirken und dafür sind auch bei den Deutschen einige Fälle bemerkbar, wie bei Lina Ramann, Oskar Bie u. a. Oberflächliche Verallgemeinerung ist dann gleichzustellen willkürlicher Hervorhebung, die sich gewöhnlich mit Zuspitzung, Zuschärfung, Übertreibung paart und von den reinen Höhen wissenschaftlicher Darstellung in die Sphäre der Tageskritik herabgleitet. Das Vorgehen der letzteren läßt sich damit rechtfertigen, daß der journalistische Betrieb in den Parteikämpfen des Tages steht, die besonders im musikalischen Leben hohe Hitzegrade erreichen und im Streit um Geltung der Kunstwerke für den Tag und das Kommende begriffen sind, während die Geschichtsschreibung, diesen Irrungen und Wirrungen entrückt, sich darüber erheben muß. Die innigste Teilnahme an den Kunstgeschehnissen darf beim Musikhistoriker weder positive noch negative Voreingenommenheit aufkommen lassen. Er muß sich in das innerste Leben der Kunstwesen versenken — eine Gabe, die im gewöhnlichen, menschlichen Umgang wenige Auserwählte haben, die Eignung, sich in andere einzuleben, sie nach ihrer Eigenart, ihren Eigentümlichkeiten, ihren Schroffheiten und Weichheiten hinzunehmen, eben wie sie sind. Diese Fähigkeit — man nennt sie »Objektivität«, sollte aber eigentlich »verständnisvolle Hingabe« sagen — ist gerade beim Musikhistoriker nicht hoch genug einzuschätzen. Wie sich im täglichen Verkehr das Hauptinteresse dem Einzelwesen zuwendet, so trifft dies auch im Kunstleben zu. Das Einzelwerk, der Einzelkünstler erregt vorerst unsere Teilnahme — die Wissenschaft erhöht das Interesse am Allgemeinen und an der Zusammengehörigkeit, wie es durch Staat und Gesellschaft gehoben und gefördert wird. Der Forscher wird über dem Suchen nach Aufdeckung der Probleme und Zusammenhänge, nach Erfassung des Stiles einer Zeit, einer Gruppe den Weg zum Einzelwerk nicht außer acht lassen, nicht die wichtige Aufgabe übersehen, dieses in seiner Eigenexistenz zu würdigen, sowie es der Künstler aus sich heraus geschaffen hat. In streng wissenschaftlicher Fassung wird bei der Aufstellung von Einteilungskategorien die Erörterung der Stilströmung, des Stilcharakters das eigentlich Zusammenhaltende sein. Auch in der Künstlermonographie, wie in der Separatbehandlung eines Kunstwerkes wird diese Stilerkenntnis das bestimmende sein, wonach die Einordnung vorgenommen wird. Bei der Einteilung in Stilperioden ist dieses Moment das maßgebende. Daraus ergibt sich die Möglichkeit, die Ursächlichkeit der Zusammenhänge nachzuweisen, die Ausdehnung, Ausbreitung einer Kunstrichtung klarzulegen. Auch die Eigenentwicklung eines Meisters läßt sich daraus am klarsten und bündigsten fassen und darstellen. Wie das Seelische in der Stiluntersuchung eine hervorragende, mitbestimmende Rolle spielt, so ist es in gleich eindringlicher Weise bei der Darstellung zu berücksichtigen — gerade in der Tonkunst, denn, wir wiederholen das Zitat: »Die Seele spricht Polyhymnia aus.« Unter solchen Bedingungen kann die Hauptaufgabe der Musikgeschichtsforschung erfüllt werden, die innere Zusammengehörigkeit, die Stilgemeinschaft und die Stiltrennung zu erfassen, zu erkennen und darzustellen.

Anhang.

Verzeichnis von bibliographischen Hilfswerken für musikhistorische Arbeiten.

Zusammengestellt von
Privatdozent Dr. **Wilhelm Fischer**,
Assistent am musikhistorischen Institut der Universität Wien.

Die folgende Zusammenstellung ist ein bescheidener Versuch, die Auffindung geeigneter Literatur bei musikgeschichtlichen Arbeiten zu erleichtern. Hinweise auf die Literatur finden sich nicht nur in spezifischen Musik-Bibliographien, sondern auch in allgemeinen bibliographischen Werken. Aus der reichen Fülle der letzteren mußte eine Auswahl getroffen werden, welche bestrebt war, die wichtigsten Behelfe aufzusuchen. Und unter diesen wurden wieder nur die Hauptwerke mit vollem Titel angeführt, alle anderen in kleineren Lettern fortlaufend, gelegentlich mit Schlagworten, verzeichnet. Ebenso beschränkt sich die Bibliographie der Hilfsgebiete der Musikgeschichte auf die Namhaftmachung einiger weniger besonders geeigneter Arbeiten.

Den Grundstock der Zusammenstellung bilden die Bestände des musikhistorischen Instituts der Wiener Universität und der Wiener Universitätsbibliothek, zur Ergänzung wurde in die der Wiener Hofbibliothek, der Bibliothek der Gesellschaft der Musikfreunde und der Staats-Bibliothek Berlin Einsicht genommen. Von schon vorhandenen bibliographischen Behelfen sind in erster Linie der »Katalog der Handbibliotheken ... der Universitätsbibliothek in Wien«, herausgegeben unter Leitung von Dr. Wilhelm Haas, der »Katalog der Musikbibliothek Peters«, 2. Aufl., und die einschlägigen Arbeiten Hugo Riemanns (»Musiklexikon« und »Grundriß der Musikwissenschaft«) herangezogen worden.

I. Allgemeine bibliographische Werke.

1. Bibliographie der Bibliographien und Verzeichnisse von Bibliotheken.

Bibliographe moderne, Le. (Unter Leitung von H. Stein.) Paris, seit 1897.
Bibliotheca bibliographica ed. Petzholdt. Leipzig, 1866.
— bibliografica italiana. (Herausg. von Ottino und Fumagalli. Rom, 1889—95.

ibliothekenführer, Berliner. (Herausg. von Schwenke und Hortzschansky.) Berlin, 1906.
Jurkhardt, Hand- und Adreßbuch der deutschen Archive. Leipzig, 1887
atalogi bibliothecarum antiqui, collegit G. Becker. Bonn, 1885.
Jentralblatt für Bibliothekswesen. (Herausg. von Hartwig und Schulz.) Leipzig, seit 1884.
Jourtney, W. P., A Register of national bibliography with a selection of the chief bibliographical books and articles printed in other countries. London, 1905.
Josephson, G. S., Bibliographies of bibliographies chronologically. Chicago, 1901. (In: Bibliographical society of Chicago.)
Library, The. A magazine of bibliography. London, seit 1889.
Library-journal, The American. (Herausg. von Dewey.) New York, seit 1877.
List of private libraries. Leipzig, seit 1897.
Manuel abrégé du répertoire bibliographique universel. Brüssel, 1905.
Pantheon. Adreßbuch der Kunst- und Antiquitätensammler und -händler, Bibliotheken, Archive, Museen, Kunst-, Altertums- und Geschichtsvereine, Bücherliebhaber, Numismatiker. Eßlingen, 1914.
Perotti, L., Dizionario statistico-geografico delle biblioteche italiane. Cremona, 1907.
Petzholdt, J., Adreßbuch der Bibliotheken Deutschlands. Dresden, 1875.
Revue des bibliothèques. (Unter Leitung von Chatelain.) Paris, seit 1891.
Rivista delle biblioteche. (Unter Leitung von G. Biagi.) Florenz, seit 1888.
Sabin, J., A bibliography of bibliography. New York, 1877.
Schriften des österreichischen Vereines für Bibliothekswesen, II: Bohatta J. und Holzmann M., Adreßbuch der Bibliotheken der österreichisch-ungarischen Monarchie. Wien, 1901.
Schwenke, P., Adreßbuch der deutschen Bibliotheken. Leipzig, 1883. (In: Zentralblatt für Bibliothekswesen, Beiheft 10.)
Sincerus, Theophilus (G. J. Schwindel), Thesaurus bibliothecalis. Nürnberg, 1738—39.
Stein, H., Manuel de bibliographie général. Paris, 1897.
Tijdschrift voor book- en bibliotheekwezen. Antwerpen, seit 1903.
Vallée, L., Bibliographie des bibliographies. Paris, seit 1883.
Verzeichnis der Bibliotheken mit gegen 50000 und mehr Bänden. (Herausg. von Richter.) Leipzig, 1890.
Vogel, E. G., Literatur früherer und noch bestehender europäischer öffentlicher und Korporations-Bibliotheken. Leipzig, 1840.

2. Allgemeine Bibliographien.

a) International.

Allgemeiner Porträtkatalog. (Herausg. von A. Lutz, dann M. Harrwitz.) Hanau und Berlin, 1887—89.
Annuario biografico universale. (Leitung: Brunnialti.) Rom, 1885—88.

Bibliographia universalis. Brüssel, 1908. (In: Contributions de l'Institut intern. de bibliographie, No. 39.)
Biographie universelle ancienne et moderne. (Neuausgabe unter Leitung von Michaud.) Paris. 1843—65.
Brunet, J. Ch., Manuel du libraire et de l'amateur des livres. 5. Aufl., Paris, 1860—80.
Compendien-Katalog, Verzeichnis von Lehr- und Handbüchern. Neue Ausg., Leipzig, 1907.
Conversationslexika von Brockhaus, Herder, Meyer.
Copinger, W. A., Supplement to Hain's Repertorium bibliographicum. London, 1895—1902.
Degener, H. A. L., Wer ist's? Unsere Zeitgenossen. Leipzig, seit 1905.
Dobell, B., Catalogue of books, printed for private circulation. London, 1906.
Ebert, F. A., Allgemeines bibliographisches Lexikon. Leipzig, 1821—30.
Encyclopaedia britannica, The. 9. Aufl., Edinburg, 1875—1903.
Ettinger, J., Das literarische Echo. Berlin, seit 1898.
Georgi's allgemeines europäisches Bücherlexikon. Leipzig, 1742—58.
Grande Encyclopédie, La. Paris, 1886—1902.
Grässe, J. G. Th., Trésor des livres rares et précieux. Dresden, 1859—69.
Haenel, G., Catalogi librorum manuscriptorum, qui in bibliothecis Galliae, Helvetiae, Belgii, Britanniae M., Hispaniae, Lusitaniae asservantur. Leipzig, 1830.
Hain, L., Repertorium bibliographicum. Stuttgart, 1826—30.
Jöcher, Ch. G., Allgemeines Gelehrtenlexikon. (Fortgesetzt von J. Ch. Adelung und H. W. Rotermund.) Leipzig, 1700—1897.
Kürschner, J., Handbuch der Presse. Berlin, 1902.
Larousse nouveau illustré. Dictionnaire universel encyclopédique. Paris, 1902—07.
Minerva. Jahrbuch der Universitäten der Welt. (Herausg. von R. Kukula und C. Trübner.) Straßburg, seit 1891.
Poole, W. E., An index to periodical literature. 3. Auflage (besorgt von W. S. Fletcher). Boston, seit 1885.
Preisliste der durch das kaiserl. Post-Zeitungsamt in Berlin und die kaiserl. Postanstalten des Reichs-Postgebietes zu beziehenden Zeitungen, Zeitschriften usw. Berlin, seit 1876.
Reichling, Appendices ad Hainii-Copingeri Repertorium bibliographicum. München, seit 1905.
Wiegendrucke und Bibliographie der vor 1501 gedruckten Bücher. München, 1903. (Antiquar. Katalog Nr. 105 von L. Rosenthal.)
Zenker, E. v., Bibliographie zu einer allgemeinen Geschichte des Zeitungswesens. Wien, 1904.

> Außerdem: Zur Bibliographie: Bauer, libri rari, 1770—97, Hummel, Seltene Schriften, 1775—82, Lechner, Dissertationen, 1826, Librairie rationaliste 1906, Oettinger, Bibliogr. biographique, 1866, Reuss, Akademie-Schriften, 1801—21.

2. Allgemeine Bibliographien.

Zur Biographie: Bornmüller, Schriftsteller-Lexikon, 1882, Dunckel, Gelehrte, 1753—56, Garollo, Dizionario, 1907, Gidel und Loliée, Schriftsteller, 1898, Gubernatis, Schriftsteller, 1888—91, Heichen, Buchdrucker und -Händler, 1884, Hirsching, Personen des 18. Jahrhunderts, 1794—1815, Hoefer, Nouvelle biogr. générale, 1857—67, Krauss und Holthof, Zeitlexikon, 1901.

Lexika: Beach 1903-05, Larousse 1866—90, Universallexikon 1732—54.

Zur Literaturgeschichte: Grässe 1837—59.

Zur Zeitschriftenbibliographie: Herder, Kathol. Zeitschriften, 1898.

b) Bibliographie einzelner Länder und Nationen.

Amerika: Catalogue of Canadian books. (Herausg. von W. R. Haight.) Toronto, seit 1896.
Catalogue, The American. (Leitung: F. Leypoldt.) New York, seit 1880.
Catalogue, The annual American. New York, seit 1887.
Index, Cumulative, to a select list of periodicals. Cleveland, seit 1896.
Index, the annual literary. (Herausg. von W. J. Fletcher und R. R. Bowker.) New York, 1893.
Publications of societies. (Herausg. von R. R. Bowker.) New York, 1899.
Québec et Nouvelle France. (Herausg. von N. E. Dionne.) Québec, seit 1905.
State publications. (Herausg. von R. R. Bowker.) New York, seit 1899.
Außerdem: Bibliografia Americana 1879, Bibliography of printing 1906, Bibliotheca Americana 1789, Bibliotheca Americana 1849—61, Bibliotheca Americana 1866, Bibliotheca americo-septentrionalis 1820, Check List 1889, Evans, Bibliogr. 1634—1820, 1903, Foley, Schriftsteller, 1897, Growoll, Buchhandel, 1898, Leclerc, Bibl. americana, 1867, Leon, Mexiko, 1902 ff., Ludewig, Local history, 1846, Men of America 1908, Newspaper annual, Periodicals 1873, Trübner, Biograph. guide, 1859, Weekly, the publishers, 1853 ff., Who 's who 1899 ff.

Asien: Bibliographie Arménienne. (Herausg. von Zarbanalian.) Wenetik, 1883.
Bibliographie japonaise. (Redaktion: L. Pagés.) Paris, 1859.
Buckland, Ch. E., Dictionnary of Indian biography. London, 1906.
Cordier, H., Bibliotheca Sinica. Paris, 1851—85.
Außerdem: Möllendorf, China, 1876, Thomsen, Palästina, 1908 ff.

Belgien: Bibliographie de Belgique. Journal officiel de la librairie. Brüssel, seit 1874.
Bibliographie nationale. Dictionnaire des écrivains belges. Brüssel, 1830—80, seit 1886.
Biographie nationale. Brüssel, seit 1866.

Recueil alphabétique et systématique des tous les journaux, paraissant en Belgique. 7. Aufl., Laeken-Brüssel, 1905.
Tables générales des mémoires de l'académie royale des sciences etc. Brüssel, 1898.
Außerdem: Introduction à la bibliographie, 1875, Potter, Vlaamsche Bibliogr., 1893—1903.

Dänemark: Bibliotheca danica. (Herausg. von Ch. v. Bruun.) Kopenhagen, seit 1877.
Bogfortegnelse, Dansk. (Herausg. von Gad.) Kopenhagen, seit 1851.
Boghandlertidende. Kopenhagen, seit 1856.
Fortegnelse over den danske personalhistoriske literatur fra aeldste tid til 1890. Kopenhagen, 1896.
Außerdem: Forlagscatalog 1841—50, Lexicon 1887 ff., Mimir, Jsland, 1903 ff.

Deutschland: Adreßbuch der deutschen Zeitschriften. Leipzig, seit 1889.
Adreßbuch der Museen, Bibliotheken, Sammler und Antiquare. (Herausg. von R. Forrer und H. Fischer.) Straßburg, 1897.
Adreßbuch, Allgemeines, für den deutschen Buchhandel. (Herausg. von O. A. Schulz.) Leipzig, seit 1839.
Bericht über die Schriften, welche die kgl. sächsische Gesellschaft der Wissenschaften in Leipzig seit ihrem Bestehen bis jetzt veröffentlicht hat. Leipzig, 1875.
Bibliographie der deutschen Zeitschriftenliteratur. (Herausg. von F. Dietrich.) Leipzig, seit 1897.
Biographie, Allgemeine deutsche. Leipzig, seit 1875.
Biographische Blätter (seit 1897 »Biographisches Jahrbuch und deutscher Nekrolog«, herausg. von A. Bettelheim). Berlin, seit 1895.
Bücher-Katalog, Hinrichs fünfjähriger. Verzeichnis der in der 2. Hälfte des 19. Jahrhunderts im deutschen Buchhandel erschienenen Bücher und Landkarten. Leipzig, seit 1856.
Bücher-Lexikon, Allgemeines, oder ein vollständiges alphabetisches Verzeichnis der von 1700 bis Ende 1892 erschienenen Bücher. (Herausg. von W. Heinsius.) Leipzig, 1892—94.
Bücher-Lexikon, Vollständiges, enthaltend alle von 1750 in Deutschland und in den angrenzenden Ländern gedruckten Bücher. (Herausg. von Ch. G. Kayser.) Leipzig, seit 1834.
Gesamt-Verlagskatalog des deutschen Buchhandels. Münster, seit 1881.
Heyse, C. W. L., Bücherschatz der deutschen Nationalliteratur des 16. und 17. Jahrhunderts. Berlin, 1854.
Hinrichs Halbjahrskatalog der im deutschen Buchhandel erschienenen Bücher, Zeitschriften, Landkarten. Leipzig, seit 1901.
Journal-Katalog, Deutscher, Leipzig, seit 1864.
Literarisches Centralblatt für Deutschland. (Herausg. von F. Zarncke.) Leipzig, seit 1851.
Literarisches Jahrbuch. (Herausg. von P. Thiel). Köln, seit 1908.

2. Allgemeine Bibliographien. 205

Litteraturkalender, Allgemeiner deutscher. (Herausg. von
H. und J. Hart, später J. Kürschner.) Bremen, seit 1879.
Litteraturkatalog, Deutscher. Leipzig, seit 1904.
Maltzahn, W., Deutscher Bücherschatz des 16., 17. und 18. Jahrhunderts. Jena, 1875—82.
Schlagwort-Katalog. (Herausg von C. Georg und L. Ost.) Hannover, seit 1888.
Spielmann, W., Handbuch der Anstalten und Einrichtungen zur Pflege von Wissenschaft und Kunst in Berlin. Berlin, 1897.
Thelert, G., Supplement zu Heinsius', Hinrichs und Kaysers Bücherlexikon. Großenhain-Leipzig, 1893.
Verzeichnis der in Deutschland erschienenen wissenschaftlichen Zeitschriften für die Universitätsausstellung in Chicago 1893. Berlin, 1893.
Verzeichnis, Wöchentliches, der erschienenen und verbreiteten Neuigkeiten des deutschen Buchhandels. Leipzig, seit 1893.
Vierteljahrskatalog der Neuigkeiten des deutschen Buchhandels. Leipzig, seit 1847.
Außerdem: Zur Bibliographie*): Bachmann (Mecklenburg) 1889, Badische Bibliothek 1897—1901, Bibliographische Gesellschaft 1904 ff., Bibliotheca Brunsvica-Luneburgensis 1744, Bibliotheca Germanica 1880, Bibliotheca Hassiaca 1884, Bibliotheca Lippiaca 1886, Braunschweiger Bibliothek 1897, Bürgner (Baden) 1854, Feddersen (Schleswig-Holstein) 1858, Katholischer Literaturkalender 1891 ff., Kayser, Bücherkunde, 1825—27, königl. sächs. Gesellschaft der Wissenschaften (Jubelfeier) 1896, Kukula, Hochschulen, 1892—93, Ledebur, Histor. Literatur, 1847, Marbach (Sachsen) 1867, Ompteda (Hannover) 1830, Panzer, Annalen, 1788—1874, Partsch (Schlesien) 1892—1900, Pfälzische Bibliothek 1886, Reher, Schlagwort-Kat., 1888, Richter (Sachsen) 1889, Schwab und Klüpfel, Wegweiser, 1870—79, Wolfs Vademecum 1890.
Zur Biographie: Baader (Bayern) 1824—25, Badische Biographie 1801—1906, Deutschlands Schriftsteller 1790, Eckart (Niedersachsen) 1891, Felder, Kathol. Geistlichkeit, 1817—20, Fikenscher (Bayreuth) 1801—05, Fürst (Innviertel) 1901, Gradmann (Schwaben) 1802, Haan (Sachsen) 1875, Hamberger-Meusel, Schriftsteller, 1796—1834, Hinrichsen, Schriftsteller, 1891, Kehrein, Kathol. Schriftsteller, 1868, Kobolt (Bayern) 1795—1824, Kordes (Schleswig-Holstein und Eutin) 1797, Lindner, bayr. Benediktiner, 1880 bis 84, Literar. Leipzig 1897, Lübker (Schleswig-Holstein-Lauenburg) 1829—86, Meusel, Schriftsteller, 1802—16, Meyer (Anspach und Bayreuth) 1782, Nowack (Schleswig-Holstein) 1836—43, Otto (Oberlausitz) 1800—21, Pataki, Schriftstellerinnen, 1898, Paullini,

---

*) Innerhalb derartiger kurzer Aufzählungen bedeuten eingeklammerte Orts- und Ländernamen nicht den Erscheinungsort, sondern das Spezialgebiet des betreffenden Werkes.

Schriftstellerinnen, 1712, Raßmann, Dichter, 1826, Raßmann (Münster) 1866—81, Rotermund (Hannover) 1823, Schaden (München) 1834, Schindel, Schriftstellerinnen, 1823—25, Schlichtegroll, Nekrolog, 1791—1806, Schlichtegroll 1802—06, Schmidt (Anhalt) 1830, Schmidt und Mehring (Berlin) 1795—1846, Schröder (Hamburg) 1851—83, Scriba (Hessen) 1831, Streit (Schlesien) 1876, Strieder (Hessen) 1781—1868, Will (Nürnberg) 1755—1808, Wrede und Renifels (Berlin) 1897 ff., Zeitgenossenlexikon 1905.

Zur Vereinsbibliographie: Müller 1883—87, Stoehr 1873.

Zur Zeitschriftenbibliographie: Griswold 1890, Zeitungskatalog 1841—69.

England: Catalogue, The english, of books comprising the contents of the London and the British catalogues and the principal works published in the United States of America. (Herausg. von S. Low). London, seit 1858.

Dictionnary of natinal biography. (Herausg. von L. Stephen.) London, 1885—1903.

Hazlitt, W. C., Bibliographical collections and notes on early english literature. London, seit 1876.

Index to general literature, biographical, historical and literary essays and sketches. (Herausg. von W. J. Fletcher.) Boston, 1893.

Reference-Catalogue, The, of current literature. London, seit 1898.

Yearbook of the scientific and learned societies of Great Britain and Ireland. London, seit 1884.

Yearbook, The literary. (Herausg. von F. G. Aflalo). London, seit 1897.

Außerdem: Allibone, Critical dict., 1859—91, Emmert, Brit. biogr., 1876 ff., London Catalogue 1773—1855, Reuss, Schriftsteller, 1791—1804, Sharp, Schriftsteller, 1897, Watt, Biblioth. britann., 1824.

Finnland: Elmgren, S. G., Öfversigt af Finnlands litteratur ifrån år 1542—1863. Helsingfors. 1861—65.

Vasenius, V., Suomalainen Kirjallisuus 1544—1877. (Mit französ. Übersetzung: La littérature finnoise 1544—1877.) Helsingfors, 1878.

Frankreich: Annuaire de la librairie française. Paris, seit 1894.

Annuaire de la presse française e du monde politique. Paris, seit 1890.

Annuaire des bibliothèques et des archives de la France. Paris, seit 1886.

Avenel, H., La presse française au XXe siècle. Paris, seit 1901.

Bibliographie de la France ou journal général de l'imprimérie et de la librairie. Paris, seit 1810.

Bibliographie française. Recueil des catalogues des éditeurs françaises etc. (Herausg. von H. Le Soudier.) Paris, seit 1896.

Catalogue annuel de la librairie française. (Redakteur: D. Jordell.) Paris, seit 1894.

Catalogue général de la librairie française. (Redakteur: O. Lorenz.) Paris, seit 1867.
Catalogue méthodique des révues et journaux parus à Paris. (Herausg. von A. Schulz.) Paris, seit 1892.
Lefèvre-Pontalis, E., Bibliographie des sociétés savantes de la France. Paris, 1887.
Sociétés savantes de France, Les. Notes et renseignements réunis par. H. Delaunay. Paris, 1902.
Außerdem: Almanach de Paris 1683 ff., Bibliographie des Bénédictins 1906, Bibliographie générale 1905, Brun-Durand, Dict. biogr., 1900—01, Brunet, Schriftst. d. 15. Jhd., 1865, Delalain, Buchdruck und -Handel, 1903, Hatin, Zeitungen, 1866, Kerviler, Akademie, 1877, Quérard, Schriftsteller, 1827—64, Répertoire bibliographique 1902, Répertoire bibliographique (Zeitungen) 1898, Thieme, 19. Jhdt., 1907.

Griechenland: Legrand, E., Bibliographie hellénique aux 15ième et 16ième siècles. Paris, seit 1885.
Legrand, E., Bibliographie hellénique du 17e siècle. Paris, seit 1849.
Papadopoulos, B. A., *Νεοελληνική φιλολογία*. Athen, 1854—75.
Sathas, K., *Νεοελληνική φιλολογία*. Athen, 1868.

Italien: Annuario della libreria e tipografia in Italia. Mailand, seit 1884.
Annuario della stampa italiana. (Leitung: H. Berger.) Mailand, seit 1895.
Bertocci, D. G., Repertorio bibliografico delle opere stampate in Italia nel secolo XIX. Rom, 1876—80.
Bibliografia d'Italia. Florenz, seit 1868.
Bibliografia di operette italiane pubblicate nel secolo XIX. (Herausg. von F. A. Casella.) Neapel, 1897—1900.
Bollettino delle pubblicazioni italiane ricevute per diritto di stampa. Florenz, seit 1886.
Catalogo collettivo della libreria italiana. Neue Ausg., Mailand, 1891.
Catalogo generale della libreria italiana. (Herausg. von Pagliaini.) Mailand, seit 1901.
Fumagalli, G., Lexicon typographicum Italiae. Florenz, 1905.
Pizzi, F., Biblioteca di biografia italiana generale. Padua, 1901.
Turri, V., Dizionario storico. Manuale della letterature italiane 1000—1900. Turin, 1902.
Außerdem: Zur Bibliographie: Amari (Sizilien) 1880—81, Ambrosini (Bologna) 1906, Bandini (Florenz) 1747—51, Bibliografia della Campania 1897 ff., Bibliografia generale di Roma 1906 ff., Bibliografia italiana 1835—46, Blanc, Bibl. italico-française, 1886, Cerrotti (Rom) 1893, Cicogna (Venedig) 1847, Frata (Bologna) 1888, Giornale generale 1861—63, Gussago (Chiari) 1820—24, Mira (Sizilien) 1875—81, Mongitore (Sizilien) 1707—14, Montarolo, Bibl. italiana, 1885, Moreni (Toskana) 1805, Predari (Mailand) 1857, Razzolini (Bologna) 1778, Soranzo (Venedig) 1885,

Toppi (Neapel) 1678, Valentinelli (Friaul) 1861, Viola (Catania)
1902.
Zur Biographie: Affò (Parma) 1789—1833, Argelati (Mailand)
1745, Arisio (Cremona) 1732—41, Bibliografia romana 1880 ff.,
Cantalamessa (Ascoli) 1830, Cantù 1873—74, Ferri, Schriftstellerinnen, 1842, Mazzuchelli, Schriftsteller, 1753—60, Minieri-Riccio
(Neapel) 1844, Minieri-Riccio (Neapel) 1875—77, Negri (Florenz)
1722, Rovito, Moderne Schriftsteller, 1907—08, Sorgato 1856
bis 70, Tipaldo 1834—35, Vedova (Padua) 1832—36, Vermiglioli
(Perugia) 1829, Villani (Apulien) 1904.

Niederlande: Bibliographie, Nederlandsche. Utrecht, seit 1885.

Bijdragen tot eene nederlandsche bibliographie. (Herausg. von P. A. Tiele.) Amsterdam, seit 1894.

Brinkman's catalogus der boeken, plaat- en kartenwerken, die in Nederland zijn uitgegeven. (Herausg. von R. van der Meulen.) Amsterdam, seit 1883.

Campbell, M. F. A. G., Annales de la typographie néerlandaise au 15e siècle. La Haye, 1874.

Naamlijst, Alphabetische, van boeken, landkaarten, die in het koningr. der Nederlanden uitgegeven zijn. Amsterdam, seit 1347.

Sciences, belles lettres et arts dans les Pays-bas surtout au 19e siècle. Bibliographie systématique. La Haye, seit 1895.

Außerdem: Catalogus (Schriftstellerinnen) 1898, Hartmann, Kolonien, 1895, Valentinelli, Wissensch.-literar. Gesellschaft, 1862, Van den Branden, Biogr. Lex., 1890—92.

Norwegen: Bibliotheca Norvegica. Christiania, seit 1908.

Halvorsen, J. B., Norsk forfatter-lexikon 1814—80. Christiania, seit 1885.

Kvartalskatalog over norsk literatur. Christiania, seit 1893.

Möbius, Th., Catalogus librorum islandicorum et norvegicorum aetatis mediae. Leipzig, 1856—80.

Außerdem: Bog-Fortegnelse 1848, Botten-Hansen, Schriftsteller, 1868, Kraft, Schriftsteller, 1863.

Österreich: Adreßbuch für den österreichischen Buch-, Kunst- und Musikalienhandel. (Herausg. von M. Perles.) Wien, seit 1866.

Bibliographie, Österreichische. (Redakteure: C. Junker und A. L. Jellinek.) Wien, 1900—03.

Buchhändler-Correspondenz, Österreichische. Wien, seit 1860.

Generalregister zu den Schriften der kgl. böhmischen Gesellschaft der Wissenschaften 1784—1884. (Zusammengest. von G. Wegner.) Prag, 1884.

Handbuch der Vereine für die im Reichsrate vertretenen Königreiche und Länder. Wien, 1892.

Künstler- und Schriftstellerlexikon, Deutsch-Österreichisches. (Herausg. von A. Kosel.) Wien, 1902.

Mayer, A., Wiens Buchdruckergeschichte 1482—1882. Wien, 1883 bis 87.

2. Allgemeine Bibliographien. 209

Pelzel, F. M., Abbildungen böhmischer und mährischer Gelehrter und Künstler. Prag, 1773—82.

Preisverzeichnis der in der österreichisch-ungarischen Monarchie und im Auslande erscheinenden Zeitungen und periodischen Druckschriften. Wien, seit 1872.

Verzeichnis sämtlicher von der kais. Akademie der Wissenschaften seit ihrer Gründung bis zum letzten Oktober 1868 veröffentlichten Druckschriften. Wien, 1868.

Voigt, A., Virorum effigies eruditorum Bohemiae. Prag, 1773—75.

Wien, Das geistige. Künstler- und Schriftstellerlexikon. (Herausg. von L. Eisenberg und R. Groner.) Wien, seit 1889.

Wurzbach, C. v., Bibliographisch-statistische Übersicht der Literatur des österr. Kaiserstaates. 2. Aufl., Wien, 1853—55.

— Bibliographisches Lexikon des Kaiserthums Österreich. Wien, 1856—91.

Außerdem: Zur Bibliographie: Bibliograph. Central-Organ 1859—60, Commender (Oberösterreich) 1890 ff., Denis (Buchdruck) 1782—93, Doblhoff (Salzburg) 1893 ff., Füldener (Schlesien) 1731, Haas (Buchdruck) 1882, Hanuš (Böhmen) 1854, Kaindl (Bukowina) 1893 ff., Largaiolli (Trient) 1897, National-Enzyclopädie 1835—37, Österr. Katalog 1861—88, Polek (Bukowina) 1892, Schlossar (Steiermark) 1886, Valentinelli (Dalmatien) 1842, Valentinelli (Dalmatien) 1845, Valentinelli (Dalmatien und Montenegro) 1855 bis 62, Wolkan (Böhmen, 16. Jahrh.) 1890, Zíbrt (Böhmen) 1900.

Zur Biographie: Ambrosi (Trient) 1883, Balbini-Ungar (Böhmen) 1776—80, Behrisch (Wien) 1784, Bodnărescŭ (Bukowina) 1903, Boeckh (Wien) 1822—23, Černik (Augustiner Chorherren) 1905, Czikann (Mähren) 1812, Füldener (Schlesien) 1731, Gliubich (Dalmatien) 1856, Heller (Mähren) 1885—92, Luca, Gelehrte, 1776—78, Nigg, Schriftstellerinnen, 1893, Righetti (Triest) 1865, Sartori (Wien) 1820, Scherschnik (Teschen) 1810, Stöger (österr. Jesuiten) 1856, Wiener Schriftsteller-Lexikon 1793, Winklern (Steiermark) 1810.

Zur Zeitschriftenbibliographie: Katholische Presse 1907.

Orient: Bibliographie, Orientalische. (Herausg. von A. Müller.) Berlin, seit 1887.

Chauvin, V., Bibliographie des ouvrages arabes ou rélatifs aux Arabes, publiés dans l'Europe chrétienne de 1810 à 1885. Lüttich, 1892—1903.

Außerdem: Herbelot, Oriental. Bibliothek, 1785—90, Jewish Encyclopedia 1901 ff., Lippe, jüdische Lit., 1881—89, Mustafa ibn Abdallah, Bibl. Lex., 1835—58, Rossi, jüdische Schriftsteller, 1839, Schems eddin Abdul Abbas, Biogr. Lex., 1843—71, Schwab, jüdische Lit. in Zeitschriften, 1899 ff., Zeitlin, jüdische Lit., 1891—95, Zeitschrift für hebräische Bibliographie 1896 ff., Zenker, Bibliotheca orientalis, 1841—61.

Rumänien: Bibliographia Daciei. Bukarest, 1872.
Bibliographie franco-roumaine du 19e siécle. (Herausg. von G. Bengesco.) Brüssel, seit 1895.
Revista bibliografică. (Herausg. von A. Hodoş.) Bukarest, seit 1903.

Schweden: Årskatalog för Svenska bokhandeln. Stockholm, seit 1891.
Avhandlingar ock program utgivna vid Svenska ock Finska akademier ock skolar under åren 1855—1890. (Herausg. von A. G. S. Josephson). Upsala, seit 1893.
Bokhandels-Tidning, Svensk. (Herausg. von E. Norstedt). Stockholm, seit 1863.
Bokhandelstidningen, Nya. (Herausg. von Tegnér.) Stockholm, seit 1888.
Bok-Katalog, Svensk. Stockholm, seit 1878.
Linnström, H., Svenskt boklexikonåren 1830 - 1865. Stockholm, 1883—84.
Lunstedt, B. W., Sveriges periodiska litteratur. Stockholm, seit 1895.
Außerdem: Horn, Literaturgesch., 1880, Nettelbladt, Schwed. Bibliothek, 1728—36, Stiernmann, Bibliotheca Suiogothica, 1731.

Schweiz: Bibliographie der schweizerischen Landeskunde, Bern, seit 1892.
Bibliographie und literarische Chronik der Schweiz. Basel, 1870—1901.
Bibliographisches Bulletin der Schweiz. (Auch französisch.) Bern, seit 1901.
Catalogue des éditions de la Suisse romande. (Redakteur: A. Jullien.) Genf, 1902.

Slavische Sprachgebiete:
Allgemein: Slovanský Katalog bibliografický. (Redakteur: J. Kloučka.) Prag, 1878—83.
Věstnik slovanských starožitnosti. (Herausg. von Niederle.) Prag, seit 1898.
Czechisch: Česka Bibliografie. Prag, seit 1892.
Česka Bibliografie. (Herausg. von Tobolka.) Prag, seit 1903.
Hanuš, J. J., Quellenkunde und Bibliographie der böhmisch-slovenischen Literaturgeschichte vom Jahre 1348—1868. Prag, 1868.
Katalog Český, bibliografický. (Herausg. von L. K. Žiška und B. Fořt.) Prag, seit 1890.
Polnisch: Estreicher-Rozbierski, K., Bibliografia Polska. Krakau, seit 1890.
Estreicher- Rozbierski, K., Bibliografia polska XIX stulecia lata 1881—1900. Krakau, seit 1906.
Katalog literatury naukowej polskiej. Krakau, seit 1901.
Katalog wydawnictw akademii umiejętności w Krakowie 1873—91. (Herausg. von Stankiewicz.) Krakau, 1891.
Spis periodicznich pism polskich, wyd. w roku 1903. (Herausg. von K. Heck.) Krakau, 1904.
Außerdem: Przewodnik bibliograficzny 1873 ff., Wasylewski. Bibl. hist. lit., 1906.

2. Allgemeine Bibliographien. 211

Russisch: **Anzeiger, Russischer bibliographischer.** Berlin, seit 1892.
Istočniki slovarja russkich pisatelej. (Herausg. von S. A. Vengerov.) St. Petersburg, seit 1900.
Katalog izdanij imper. akademii nauk. Catalogue des livres publ. par l'Académie Imp. des sciences. St. Petersburg, seit 1876.
Knigi, Russkija. S biografičeskimi dannymi ob autorach i perevodčikach (1708—1893). (Redakteur: S. A. Vengerov.) St. Petersburg, seit 1897.
Opyt, Rossijskoj bibliografii redakcija i nkacatel'. V. N. Rogožina. St. Petersburg, seit 1904.
Slovar kritiko-biografičeskij, russkich pisatelej i učenych izd. S. A. Vengerov. St. Petersburg, seit 1889.
Slovar Russkij, biografičeskij. (Herausg. von Polovkova.) St. Petersburg, seit 1896.
Spisok knig vyšedšich v Rossii. St. Petersburg, seit 1905.
Tableau général méthodique et alphabétique des matières contenues dans les publications de l'académie impériale des sciences de St. Pétersbourg depuis sa fondation. St. Petersburg, seit 1872.
Veštnik, Knižnij. St. Petersburg, seit 1872.

Außerdem: Catalogue (kais. Akademie) 1854, Katalog (Bibliothek Berezina-Širjaeva) 1900 ff., Mežov, Schriftsteller, 1869, Mežov, Literaturgesch., 1872, Neustroev 1874—98, Recke und Napiersky (Ostseeprovinzen) 1827–61, Rozpiś sistematičeskaja 1867 ff., Rossica et Baltica 1885—87, Slovar biografičeskij 1896, Strahl, Gelehrte, 1828.

Ruthenisch: **Bibliographie des publications ruthéniennes du XIXe siècle.** (Herausg. von J. E. Lewicki.) Lemberg, 1888—90.

Spanien und Portugal: **Annuario-Guia de la prensa española.** (Leitung: Santomé).
Beer, R., Handschriftenschätze Spaniens. Wien, 1894.
Bibliografia española. Madrid, seit 1901.
Boletin de la liberariá. Madrid, seit 1874.
Ossorio y Bernard, M., Ensayo de un catalogo de periodistas españoles des siglo XIX. Madrid, 1903—04.
Salva, V., A catalogue of spanish and portuguese books printed since the year 1700. London, 1826—29.
Silva, J. F. da, Diccionario bibliographico portuguez. Lissabon, 1858.

Außerdem: Antonio, Bibliotheca hisp. nova, 1783—88, Antonio, Bibl. hisp. vetus, 1788, Bibliografia Madrileña 1891 ff., Boletin bibliografico, Garcia (Guadalajara) 1899, Haebler (15. Jahrh.) 1903, Hidalgo, Bibl. Lex., 1862—81, Molius (Catalonien) 1889—95, Rodriguez de Castro, Bibl. española, 1731—36, Serrano y Sanz, Ältere Lit., 1903 ff.

Ungarn: **Apponyi, Graf S., Hungarica.** Ungarn betreffende im Auslande gedruckte Bücher und Flugschriften. München 1903.

14*

Benkert, C. M. (Pseudonym K. M. Kertbeny), Bibliographie der ungarischen nationalen und internationalen Literatur. Budapest, seit 1880.
Bibliographia hungarica. Budapest, seit 1877.
Évkönyve, Magyar könyvkereskedök. Budapest, seit 1891.
Könyvészet, Magyar. (Herausg. von Petrik.) Budapest, seit 1885.
Könyvtár, Régi Magyar, irta Szabó K. Kiadja a Magyar tud. Akadémia. Budapest, seit 1879.
Minerva, Magyar. Budapest, seit 1900.

Außerdem: Bibliographia (1712—1860) 1888—92, Bibliographie (deutsche) 1886, Bibliotheca transsilvanica 1865, Repertorium (Siebenbürgen) 1878, Trausch (Siebenbürgen) 1868—1902.

II. Bibliographie der Musikgeschichte.

1. Gesamtgebiet der Musikgeschichte.

a) Bibliographien und Werke mit namhaften Literaturverzeichnissen.

Adler, G., Der Stil in der Musik. Leipzig, 1911.
Becker, C. F., Systematisch-chronologische Darstellung der musikalischen Literatur. Leipzig, 1836—39.
Bibliographie musicale de la France. Paris, 1822.
Bibliographie musicale française. Paris, seit 1874.
Büchting, A., Bibliotheca musica. Nordhausen, 1867. (Als Fortführung von Beckers Werk gedacht.)
Curzon, E. H., Guide de l'amateur d'ouvrages sur la musique. Paris, 1901.
— Le bibliographe moderne. Paris, 1910.
Deakin, A., Musical bibliography. London, 1892.
Eck, G. H. van, Handboek der nederlandsche muziek-literatuur. Haag, 1888—90.
Eitner, R., Bücherverzeichnis der Musikliteratur, 1839—46. (Monatshefte für Musikgeschichte 1885, Beilage.)
— Quellen- und Hilfswerke beim Studium der Musikgeschichte. 1891.
Forkel, J. N., Allgemeine Literatur der Musik. Leipzig, 1782.
Freystätter, M., Die musikalischen Zeitschriften. München, 1884.
Göhler, Albert, Verzeichnis der in den Frankfurter und Leipziger Meßkatalogen 1564—1759 angezeigten Musikalien. Leipzig, 1902.
Gregory, Catalogue of early books on music.
Journal musical, Le, Bulletin international critique de la bibliographie musicale. Paris, seit 1896.
Lafage, A. L. de, Extraits du catalogue critique et raisonné d'une petite bibliothèque musicale.
— Essais de diphtérographie musicale. Paris, 1864.
Matthew, J. E., The literature of music. New York, 1896.
Meysel, A., Handbuch der musikalischen Literatur. Leipzig, 1817—21. (Fortgesetzt von C. F. Whistling bis 1842, von A. Hofmeister bis zur Gegenwart.)

Riemann, Grundriß der Musikwissenschaft. Leipzig, 1908.
Speemanns Goldenes Buch der Musik. Leipzig, 1893.
Vogel, E., Die Musikbibliotheken nach ihrem wesentlichsten Bestande angeführt. (Jahrbuch Peters 1894.)
Artikel ›Zeitschriften‹ in den Lexika von Mendel-Reißmann und Riemann.
Außerdem sehr eingehende Bibliographie in der ›Vierteljahrsschrift für Musikwissenschaft‹ 1885—94, fortgesetzt im ›Jahrbuch der Musikbibliothek Peters‹ seit 1894, in der ›Zeitschrift der Internationalen Musikgesellschaft‹, in der ›Musik‹ und in der ›Zeitschrift für Musikwissenschaft‹.

b) Lexika.

Baker, Th., Biographical dictionary of musicians. New York, 1900—05.
— Dictionary of musical terms. New York, 1895.
Baltzell, Biographical dictionary of musicians.
Bernsdorff, E., Neues Universallexikon der Tonkunst. Dresden, 1856—61.
Brossard, S., Dictionnaire de Musique. Meaux, 1703 und öfter.
Choron et Fayolle, Dictionnaire historique des musiciens. Paris, 1817.
Cummings, W. H., Biographical dictionary of music. London, 1892.
Eitner, R., Biographisch-bibliographisches Quellenlexikon der Musiker und Musikgelehrten. Leipzig, 1900—1904. (Fortgesetzt in den ›Miscellanea Musicae Bio-bibliographica‹, herausg. von H. Springer, M. Schneider und W. Wolffheim, seit 1912.)
Encyclopédie méthodique selon l'ordre des matières: Musique. 1. Teil, Paris, 1791 (Framéry und Ginguené), 2. Teil, Paris, 1818 (De Momigny).
Escudier, L. und M., Dictionnaire de musique. Paris, 1844 und öfter.
Fétis, F. J., Biographie universelle des musiciens et bibliographie générale de la musique. 2. Aufl. (mit Supplement von A. Pougin) Paris, 1861—80.
Frank, Kleines Tonkünstler-Lexikon.
Gassner, F. S., Universal-Lexikon der Tonkunst. Stuttgart, 1849.
Gerber, E. L., Historisch-biographisches Lexikon der Tonkünstler. Leipzig, 1790—92.
— Neues historisch-biographisches Lexikon der Tonkünstler. Leipzig, 1812—14.
Grove, G., A dictionary of music and musicians. 2. Aufl., London, 1904—09.
Janowka, Th. B., Clavis ad thesaurum magnae artis musicae. Prag, 1701.
Jansa, Deutsche Tonkünstler in Wort und Bild.
Koch, H. Ch., Musikalisches Lexikon. Frankfurt a. M., 1808. (Neubearbeitung von A. v. Dommer, Heidelberg, 1865.)
Kurzgefaßtes musikalisches Lexikon. Chemnitz, 1737.
Lichtenthal, P., Dizionaria e bibliografia della musica. Mailand, 1826.

Mendel, K., und Reißmann, A., Musikalisches Konversationslexikon. Berlin, 1870—83.
Morsch, A., Deutschlands Tonkünstlerinnen. Berlin, 1893.
Pedrell, F., Diccionario tecnico de la musica. Madrid, 1894.
Riemann, H., Musiklexikon. 7. Aufl., Berlin und Leipzig, 1916.
Rousseau, J. J., Dictionnaire de musique. Genf, 1767 und öfter.
Schilling, G., Das musikalische Europa. 1842.
— Universallexikon der Tonkunst. Stuttgart, 1835—42.
Walther, S. G., Musikalisches Lexikon. Leipzig, 1732.

c) Kataloge noch bestehender Bibliotheken und Museen.

Amsterdam: Bibliotheken der ›Maatschappij tot bevordering der toonkunst‹ und der ›Vereeniging vor Noord-Neederlands muziekgeschiedenis‹. 1884—86.
Assisi: Archiv des San Convento.
Augsburg: Stadtbibliothek. 1778 (Monatsh. f. Musikgesch.).
Basel: Mittelalterliche Sammlung.
  Universitätsbibliothek. 1893 und 1900 (Monatshefte).
  Schweizerische Musikbibliothek an der Universität. 1906.
Barcelona: Biblioteca musical de la Diputacio. 1908.
Berlin: Graues Kloster. 1856.
  Joachimsthal'sches Gymnasium. 1884 (Monatshefte).
  Joachimsthal'sches Gymnasium, Sammlung Thulemeier. 1899 (Monatshefte).
  Kgl. Bibliothek, Cherubini-Autographe. 1845.
  Kgl. Bibliothek, Inkunabeln. 1906.
  Kgl. Bibliothek, Neue Erwerbungen.
  Kgl. Hausbibliothek. 1895.
  Kgl. Instrumentensammlung. 1892.
Bologna: Liceo musicale. 1890—1905.
  Masseangeli, Autographensammlung.
  Opere musicale. 1910—13 (Bollettino).
Boston: Bibliothek Allan A. Brown. 1910—12.
Brandenburg: St. Katharinenkirche. 1857.
Bremen: Öffentliche Bibliothek. 1834.
Breslau: Bibliotheken, Druckwerke. 1883.
Breslau: Stadtblibiothek, Handschriften. 1890.
Brieg: Kgl. Gymnasium. 1897 (Monatshefte).
Brüssel: Bibliothek Fétis. 1877.
  Conservatoire, Bibliothek. 1898—1912.
  Conservatoire, Instrumentenmuseum. 1893—1900.
Buffalo: Bibliotheken. 1909.
Cambrai: Musiksammlungen. 1843.
Cambridge: Fitzwilliam-Museum. 1893.
Charlottenburg: Kaiserin Augusta-Gymnasium.
Crespano: Bibliothek Prof. Canal. 1885.
Danzig: Stadtbibliothek, Handschriften. 1911.
Darmstadt: Hofbibliothek. 1874.

1. Gesamtgebiet der Musikgeschichte. 215

Dresden: Kgl. öffentl. Bibliothek. 1890 (Monatshefte).
Tonkünstlerverein.
Eisenach: Instrumentensammlung des Bachmuseums. 1913.
Elbing: Stadtbibliothek. 1893—94.
Ely (England): Kathedral-Bibliothek. 1861.
Ferrara: Choralbücher. 1846.
Flensburg: Gymnasium.
Florenz: Instrumentensammlung.
  Opere musicali. 1910—11 (Bollettino).
  Reale istituto musicale. 1899.
  Sammlung Kraus.
Frankfurt a. M.: Gymnasialkirche und Peterskirche. 1872.
  Musikbibliothek Hirsch.
Freiberg: Stadtbibliothek. 1888 (Monatshefte).
Gent: Instrumentensammlung Snoeck.
Glasgow: Bibliothek Eusing (Universität). 1878.
Göttingen: Universitätsbibliothek. 1879 (Monatshefte).
Gran: Bibliothek Cardinal Simor.
Grimma: Kgl. Landesschule. 1861.
Güstrow: Gymnasium.
Haag: Bibliothek Scheurleer. 1893—1910.
Heilbronn: Gymnasium.
Heiligenkreuz: Stiftsbibliothek.
Jena: Universitätsbibliothek. 1828 (Allgem. musikal. Zeitung).
Kassel: Ständische Landesbibliothek. 1881.
Köln: Konservatorium. 1909.
  Musikhistorisches Museum Heyer. 1916.
Königsberg: Kgl. Bibliothek und Universitätsbibliothek. 1870.
Kopenhagen: Instrumentenmuseum.
Kremsmünster: Musikarchiv. 1877 (Huemer, Die Pflege der Musik im Stifte Kr.).
Leipzig: Musikbibliothek C. F. Becker. 1843.
  Musikbibliothek Peters. 1910.
Liegnitz: Bibliotheca Rudolfina der kgl. Ritterakademie, Mitteilungen darüber. 1876 (Schulprogramm).
  Bibliotheca Ruldolfina der kgl. Ritterakademie, Musikhandschriften. 1886 (Monatshefte).
London: British Museum, Handschriften. 1842.
  British Museum, Drucke.
London: British Museum, Nachträge. 1880—1913.
  British Museum, Neuerwerbungen. 1899.
  British Museum, Alte Liederdrucke (Marriage). 1901.
  King's library, Notationsentwicklung. 1885.
  Loan Exhibition. 1886.
  Philharmonic society.
  Royal college of music, Drucke. 1909.
  Sacred Harmonic Society. 1862 und 1872.
  South Kennington Museum.
  Westminster-Abtei. 1903 (Monatshefte).

Lübeck: Stadtbibliothek. 1893.
Lüttich: Universitätsbibliothek. 1861.
Mailand: Archiv Noseda.
 Opere musicali. 1910—11 (Bollettino).
Manchester: Öffentliche Bibliotheken.
Mannheim: Theaterarchiv. 1899.
Meiningen: Großherzogl. Musikbibliothek. 1912 (Neue Zeitschrift für Musik).
Modena: Biblioteca Estense. 1913.
München: Kgl. Hof- und Staatsbibliothek, Handschriften. 1879.
 Städtische musikal. Volksbibliothek.
Münster: Bibliothek Abbate F. Santini. 1910.
Neapel: Kgl. Konservatorium.
New York: Öffentliche Bibliothek, Sammlung Drexel.
Oristano: Choral-Codices. 1911.
Oxford: Christ Church. 1915.
Padua: Cappella Antoniana. 1895.
Paris: Bibliothèque nationale. 1910—14.
 Conservatoire national, Bibliothek. 1885.
 Conservatoire national, Museum. 1884, Suppl. 1894.
 St. Geneviève. 1881.
 Théâtre de l'opéra, Bibliothek. 1878.
 Théâtre de l'opéra, Über Archiv und Bibliothek. 1880.
 Byzantinische Handschriften auf allen französischen Bibliotheken. 1907 (Gastoué).
Parma: Opere musicali. 1911 (Bollettino).
Perm: Öffentliche Stadtbibliothek. 1913.
Pirna: Stadtkirche. 1857.
Prag: Autographensammlung Donebauer.
 Konservatorium. 1911.
Princetown: Universitätsbibliothek. 1909.
Rom: Opere musicali. 1912—13 (Bolletino).
 Päpstliches Kapellarchiv. 1888.
 Sammlung Abbate Santini. 1854.
Saint Germain: Museum.
Salzburg: Mozart-Museum.
 Städtisches Museum.
San Francisco: Öffentliche Bibliothek.
Schwerin: Musikaliensammlung des Fürstenhauses. 1899.
 Nachlaß der Erbgroßherzogin Augusta. 1899.
Sorau: Hauptkirche.
Stockholm: Kgl. Musik-Akademie. 1905—10.
 Instrumentensammlung. 1902.
Straßburg: Akademischer Gesangverein.
 Priesterseminar. 1902.
Stuttgart: Landesbibliothek. 1902 (Monatshefte.
Upsala: Universitätsbibliothek, Drucke des 16. und 17. Jahrhds. 1911.
Venedig: San Marco. 1888.
Washington: Library of Congress, dramatic music. 1908.

Library of Congress, opera-librettos. 1914.
Library of Congress, orchestralmusic. 1912.
Library of Congress, music division. 1908.
Library of Congress, early books on music. 1913.
Library of Congress, Portrait-Index. 1906.
Wien: Ambraser Sammlung. 1819.
Beethoven-Autographe im Besitz von A. Artaria. 1890.
Generalintendanz der Hoftheater, Porträtsammlung. Seit 1892.
Generalkatalog der laufenden periodischen Druckschriften an den österr. Universitäten und Studienbibliotheken. 1898.
Gesellschaft der Musikfreunde, Sammlungen. 1912.
Hofbibliothek, Handschriften (Tabulae). 1877—99.
Hofbibliothek, Sammlung Kiesewetter. 1847.
Peterskirche. 1908.
Schottenstift.
Universitätsbibliothek. 1904 und 1908.
Zentralbibliothek.
Wolfenbüttel: Herzogl. Bibliothek, Handschriften und ältere Drucke. 1890.
Zwickau: Ratsschulbibliothek. 1896.

d) Kataloge nicht mehr bestehender Sammlungen.

Addison, Aron, Comte de B., A. W. Bach, Bennet, Berggreen, Bertram, Bilse, Boortleman, Borghese, Brennessel, Brentano, Bülow, Burney, Clauß, Coussemaker, Dankelmann, Donebauer, Dyce, v. Erlach, Farrenc, Fink, Flinzer, Forkel, Früh, Fulda, Gähler, Gaspari, Gehring, Häßler, Hahn, Hardon, Hauber, Hauptmann, Hauser, Haydniger, Hientzsch, Hoffmann v. Fallersleben, Jahn, Jahnet, Joecher, Johann IV. von Portugal, Kafka, Karajan, Keßler, Kittel, Klöden, Kuyvelt, Kötschau, Kondelka, Konnig, Krone, Lafage, Landsberg, Lange, Lemaire, Libri, Lobris, Martin, Mathieu, Meluzzi, Mendel, Mosewius, Mone, Müller, Nägeli, Obrist, Oliphant, Opel, Patzig, Pohlenz, Radowitz, Reichardt, Reinecke, Rempt, Riehl, Rosati, Rossini, Rouard, Santini, Schatz, Scheel, Schicht, Schletterer, Schnabel, Schrammel, Schübler, Schwencke, Springer, Strigetius, Succi, Taphouse, Tessier, Thalberg, Thibaut, Thierry-Poux, Thijm, Thorpe, Troß, Türk, Vanderroost, Vasconcellos, Vincent, Baron W., Wagner, Warren, Weckerlin, Weitzmann, Wenzel, Westphal, Willigen, Winterfelt, Wustrow, Zondadari.

e) Ausstellungskataloge.

London: Loan Exhibition. 1885.
Mailand: Theaterausstellung. 1894.
München: Wittelsbacher-Ausstellung. 1911.
Prag: Musikausstellung. 1911.
Reichenberg: Musikausstellung. 1906.

Wien: Theater- und Musikausstellung. 1892 (Fachkatalog und Länderkataloge).
Schubert-Ausstellung. 1897.

f) Verlagskataloge.

Augsburg: Flurschütz. 1613.
Leipzig: Breitkopf. Seit 1762.
Venedig: Vincenti. 1519, 1621, 1644, 1662.
Wien: Traeg. 1799.
  Seit 1800: **Berlin:** Bote & Bock, Challier & Co., Fürstner, M. Hesse (früher Leipzig), Raabe & Plothow, Ries & Erler, Schlesinger, Simrock (früher Bonn).
  Boston: Ditson, A. Schmidt.
  Braunschweig: Litolff.
  Kopenhagen: Hansen.
  Leipzig: Breitkopf & Härtel, Eulenburg, Hofmeister, Kahnt, Kistner, Leuckart, Peters, Rieter-Biedermann, Schuberth Senff, Siegel, Steingräber.
  London: Augener, Boosey, Novello.
  Mailand: Ricordi, Sonzogno.
  Mainz: Schott.
  Moskau: Jürgenson.
  München: Aibl, Wunderhorn-Verlag.
  New York: Schirmer.
  Offenbach: André.
  Paris: Brandus, Durand, Heugel, Lemoine, Sénart.
  Petersburg: Bessel.
  Regensburg: Pustet.
  Stockholm: A. Lundquist.
  Wien: Artaria, Cranz (Spina), Doblinger, Gutmann, Universal-Edition
und zahlreiche andere.

g) Musikgeschichten mit mehr oder weniger umfangreicher Bibliographie.

Ambros, A. W., Geschichte der Musik, Leipzig, 1862—82. (2. Aufl. des 1. Bandes von Sokolowsky, 1887, des 2. von Reimann, 1892, des 4. von Leichtentritt, 1909.)

Brendel, K. F., Geschichte der Musik in Italien, Deutschland und Frankreich. Leipzig, 1852. (Mehrere Neuauflagen.)

Burney, Ch., A general history of music. London, 1776—89.

Bushy, Th., A general history of music. London, 1819. (Deutsch von Michaelis, Leipzig, 1821—22.)

Dommer, A. V., Handbuch der Musikgeschichte. Leipzig, 1867. (3. Aufl. von A. Schering, Leipzig, 1914.)

Fétis, F. J., Histoire générale de la musique. Paris, 1869—75.

Forkel, N., Allgemeine Geschichte der Musik. Leipzig, 1785—1801.

Hawkins, J., A general history of music. London, 1776. (Neudruck 1853.)
Kiesewetter, R. G. v., Geschichte der europaeisch-abendländischen oder unserer heutigen Musik. Leipzig, 1846.
Köstlin, H. A., Geschichte der Musik im Umriß. Tübingen, 1875. (6. Aufl. von W. Nagel, Leipzig 1910.)
Kretzschmar, H., Führer durch den Konzertsaal. Leipzig, 1887—90. (Mehrere Neuauflagen.)
Lafage, A. de, Histoire générale de la musique et de la danse. Paris, 1844.
Langhans, W., Die Geschichte der Musik des 17., 18. und 19. Jahrhunderts. Leipzig, 1882—87. (Als Fortsetzung von Ambros gedacht.)
Lacroix, H., L'histoire de la musique. Paris, 1883. (Mehrere Neuauflagen.)
Martini, G. B., Storia della musica. Bologna, 1757—81.
Naumann, E., Illustrierte Musikgeschichte. Stuttgart, Berlin, Leipzig, 1880—84. (Auch englisch, holländisch und russisch. Mehrere Neuauflagen, Neubearbeitung von Schmitz, 1908.)
Oxford history of music. Oxford, 1901—05. (1. und 2. Band von H. E. Wooldridge, 3. von C. H. H. Parry, 4. von J. A. Fuller Maitland, 5. von W. H. Hadow, 6. von E. Dannreuther.)
Parry, C. H. H., The evolution of the art of music. London, 1901.
Prosniz, A., Kompendium der Musikgeschichte. Wien, 1900—01.
Reißmann, A., Allgemeine Geschichte der Musik. Berlin, 1863—64.
Riemann, G., Handbuch der Musikgeschichte. Leipzig, 1904—13.
— Kleines Handbuch der Musikgeschichte. Leipzig, 1908.
Rockstro, W. S., A general history of music. London, 1886.
Rowbotham, J. Fr., A history of music. London, 1885—87.
Schering, A., Tabellen zur Musikgeschichte. Leipzig, 1914. (2. Aufl. 1918.)
Storck, R., Geschichte der Musik. Stuttgart, 1905. (Mehrere Neuauflagen.)

2. Einzelgebiete der Forschung.

a) Biographische Lexika und Bibliographien einzelner biographischer Literaturen.

Bach, J. S., Bibliographie der Bach-Literatur im »Bachjahrbuch« 1905 und 1910 (M. Schneider).
Beethoven, L. v., Kastner, E., Bibliotheca Beethoveniana. Leipzig, 1910.
Bennati, A., Musicisti Ferraresi. 1901.
Danziger Musiker (anonym).
Dlabacz, G. J., Versuch eines Verzeichnisses der vorzüglicheren Tonkünstler in oder aus Böhmen. (In: Riegers »Statistik Böhmens«, I, 12. Heft.) Prag, 1787—94.
— Allgemeines historisches Künstlerlexikon für Böhmen und zum Teil auch für Mähren und Schlesien. Prag, 1815.
Florimo, F., La scuola musicale di Napoli. Neapel, 1880—84.

Gaspari, G., Musicisti Bolognesi. Bologna, 1870.
Gluck, Chr. W. v., Literaturangaben im »Gluck-Jahrbuch«.
— Wortsmann, S., »Zur deutschen Gluckliteratur«. Leipzig, 1915.
Gregoir, E. G. J., Galérie biographique des artistes-musiciens belges du XVIIIe et du XIXe siècles. 2. Aufl. Antwerpen, 1885—90.
— Les artistes-musiciens néerlandais. Antwerpen, 1864.
Hiller, J. A., Lebensbeschreibungen berühmter Musikgelehrter und Tonkünstler. Leipzig, 1784.
Junker, R. L., 20 Komponisten. 1776.
Koßmaly, K., Schlesisches Tonkünstler-Lexikon. 1846—47.
Lafage, A. de, Miscellanées musicales. Paris, 1844.
Ledebur, K. v., Tonkünstlerlexikon Berlins. Berlin, 1860—61.
Lippowski, Bayrisches Musiklexikon.
Lütgendorff, W. L. v., Die Geigen- und Lautenmacher vom Mittelalter bis zur Gegenwart. 1904.
Mattheson, J., Grundlagen einer Ehrenpforte. 1740. Neudruck 1907.)
Mozart, W. A.: Curzon, E. H., Revue critique des ouvrages rélatifs à W. A. Mozart. Paris, 1906.
Radiciotti, G., Teatro, musica e musicisti in Recanati. 1904.
— Teatro, musica e musicisti in Sinigaglia. 1893.
Rimbault, E. F., Gallery of German composers. London, 1873.
Roeder, E., Geborene Schlesier.
Sala, Musicisti Veronesi.
Saldoni, B., Diccionario biografico de efemerides des musicos españoles. 1860.
Sowinski, A., Les musiciens polonais et slaves anciens et modernes. 1857.
Stiehl, R., Lübeckisches Tonkünstler-Lexikon. Lübeck, 1887.
Straeten, E. van der, La musique aux Pays-bas. Brüssel, 1867 bis 88.
Tonkünstler Schlesiens, Bayerns und Tirols (anonym).
Valdrighi, L. F. Conte, Musicisti Modenese.
Valentini, Musicisti Bresciani.
Vasconcellos, J. de, Os musicos portuguezes. Lissabon, 1870.
Vieira, E., Diccionario biografico de musicos portuguezes. Lissabon, 1900.
Wagner, R.: Oesterlein, N., Katalog einer Wagner-Bibliothek. 1882—95.
Silège, Bibliothèque Wagnérienne.

b) Bibliographien einzelner Zweige der Musikforschung.

Instrumentenkunde.

Hipkins, A. J., Musical instruments. Edinburg, 1888.
Jacquot, A., Dictionnaire des instruments.
Sachs, C., Reallexikon der Musikinstrumente. Berlin, 1912.
Schlesinger, Bibliography of musical instruments.
Stainer, Lexikon des Violinbaus.
Wit, P. de, Weltadreßbuch.

Kirchenmusik.

Katholisch:

Bibliotheca musica-liturgica.
Kornmüller, H., Lexikon der kirchlichen Tonkunst. 2. Aufl., 1891—95.
Kothe, B., Musikalisch-liturgisches Wörterbuch. 1890.

Evangelisch:

Fischer, A. F. W., Kirchenlieder-Lexikon.
Kümmerle, S., Enzyklopädie der evangelischen Kirchenmusik. 1888 bis 1895.
Zahn, J., Die Melodien der deutschen evangelischen Kirchenlieder. 1888—93.

Klaviermusik.

Parent, Ch. F. H., Répertoire encyclopédique du pianiste. 1901—07.
Prosniz, A., Handbuch der Klavierliteratur von 1450—1830. Wien, 1887.
Weitzmann-Seiffert, Geschichte der Klaviermusik I. 1899.

Lied (Volks- und Kunstlied).

Aubry, P., Esquisse d'une bibliographie de la chanson populaire en Europe. 1905.
Bibliographie des deutschen Volkslieds in Böhmen. (In: Schriften des Vereins für deutschböhmische Volkskunde.)
Böhme, F. M., Altdeutsches Liederbuch. 1877.
Breslaur, Katalog des deutschen Liedes.
Challier, E., Großer Liederkatalog. 1886—1908.
Erk, L., Deutscher Liederhort, 1856. (Neubearbeitung von F. M. Böhme, 1893—94.)
Friedländer, M., Das deutsche Lied. 1902.
Stainer, J., Catalogue of english song books.

Mehrstimmige Musik des 15. bis 17. Jahrhunderts.

Bohn, E., Bibliothek des gedruckten mehrstimmigen weltlichen deutschen Liedes vom Anfange des 16. Jahrhunderts bis ca. 1640. 1893.
Eitner, R., Bibliographie der Musiksammelwerke des 16. und 17. Jahrhunderts. 1877.
Expert, H., Bibliographie thématique.
Rimbault, E. F., Bibliotheca madrigaliana. 1847.
Vogel, E., Bibliographie der gedruckten weltlichen Vokalmusik Italiens aus den Jahren 1500—1700. 1892.

Notationskunde.

Wolf, J., Handbuch der Notationskunde. 1914.

Oper.

Clément, F. et Larousse, P., Dictionnaire lyrique ou Histoire des opéras. 1869—81. (2. Aufl. von Pougin, 1899.)
Dubreuil, Dictionnaire lyrique portatif.
Neitzel, O., Führer durch die Oper. 1890—93.

Pougin, A., Dictionnaire historique et pittoresque du Théâtres et des arts. 1835.
Riemann, H., Opernhandbuch. 1884—93.
Storck, R., Opernhandbuch. 1905.
Towers, J., Dictionary-catalogue of Operas and operettas. Morgantown, 1910.
Wotquenne, A., Zeno, Metastasio und Goldoni. 1905.

Orgelmusik.

Rothe, B. und Forchhammer, Th., Führer durch die Orgelliteratur. Leipzig, 1892.
Musica sacra. Vollständiges Verzeichnis aller von 1750—1871 gedruckt erschienenen Kompositionen für die Orgel. Erfurt, 1867—72.
Ritter, A. G., Zur Geschichte des Orgelspiels im 14. bis 18. Jahrhundert. 1884.

Tanzmusik.

Böhme, F. M., Geschichte des Tanzes in Deutschland. 1886.

Theorie.

Riemann, H., Geschichte der Musiktheorie im 9. bis 19. Jahrhundert. 1898.

Verzeichnisse neuer Ausgaben alter Musik
(neben den Verlagskatalogen).

Breitkopf & Härtel, Verzeichnis der kritischen Gesamtausgaben.
Denkmäler der Tonkunst in Österreich, Register 1913 und Verzeichnis 1918 (Beiheft V).
Denkmäler deutscher Tonkunst. Erste und zweite Folge.
Eitner, R., Verzeichnis neuer Ausgaben alter Musikwerke aus der frühesten Zeit bis zum Jahre 1800. 1871 (Monatshefte).
Müller-Reuter, Th., Lexikon der Konzertliteratur.
Pazdirek, F., Universalhandbuch der Musikliteratur aller Zeiten und Völker. Wien, 1904.
Rau, C. A., Geschichte der Musik. 1918.

www.ingramcontent.com/pod-product-compliance
Lightning Source LLC
Chambersburg PA
CBHW032050300426
44116CB00007B/684